WILD WITCHCRAFT
Copyright © Rebecca Bayer, 2022

Publicado mediante acordo com a Simon Element,
uma divisão da Simon & Schuster, Inc.
Todos os direitos reservados.

Imagens: © Yevheniia Lytvynovych/Shutterstock;
Bodor Tivadar/Shutterstock; song_mi/Shutterstock;
Arthus Balitskii/Shutterstock; On Br/Shutterstock;
Spicy Truffel/Shutterstock; Vera Petruk/Shutterstock;
Alex Rockheart/Shutterstock e bioraven/Shutterstock

Tradução para a língua portuguesa
© Paula Nishizima, 2024

Diretor Editorial
Christiano Menezes

Diretor Comercial
Chico de Assis

Diretor de Novos Negócios
Marcel Souto Maior

Diretora de Estratégia Editorial
Raquel Moritz

Gerente Comercial
Fernando Madeira

Gerente de Marca
Arthur Moraes

Gerente Editorial
Marcia Heloisa

Editora
Nilsen Silva

Adap. de Capa e Miolo
Retina 78

Coordenador de Diagramação
Sergio Chaves

Preparação
Jane Rotta

Revisão
Carina Melazzi
Lucio Medeiros
Retina Conteúdo

Finalização
Sandro Tagliamento

Marketing Estratégico
Ag. Mandíbula

Impressão e Acabamento
Braspor

DADOS INTERNACIONAIS DE CATALOGAÇÃO NA PUBLICAÇÃO (CIP)
Jéssica de Oliveira Molinari - CRB-8/9852

Beyer, Rebecca
  Bruxaria silvestre / Rebecca Beyer ; tradução de Paula
Nishizima. —Rio de Janeiro : DarkSide Books, 2024.
  288 p.

  ISBN: 978-65-5598-447-7
  Título original: Wild Witchcraft

  1. Ciências ocultas 2. Medicina mágica e mística 3. Ervas - uso
terapêutico I. Título II. Nishizima, Paula

24-4219   CDD 133.4

Índice para catálogo sistemático:
1. Ciências ocultas

[2024]
Todos os direitos desta edição reservados à
DarkSide® Entretenimento LTDA.
Rua General Roca, 935/504 — Tijuca
20521-071 — Rio de Janeiro — RJ — Brasil
www.darksidebooks.com

REBECCA BEYER

Bruxaria SILVESTRE

FEITIÇOS, RITUAIS E A
PURA MANIFESTAÇÃO
DA NATUREZA

TRADUÇÃO
PAULA NISHIZIMA

D A R K S I D E

Dedico este livro a todas as pessoas cujos conhecimentos herbais me ajudaram a construir meu próprio repertório. Refiro-me aos povos originários, afrodescendentes e trabalhadores da região dos Apalaches, de hoje e de ontem, que deixaram um legado que me permitiu desenvolver minha relação com as plantas que amo.

SUMÁRIO

Introdução .13

1 O Legado: Uma História da Bruxaria

Medicina Ancestral: Uma Breve História
da Fitoterapia Ocidental .25

O Nascimento da "Bruxa" .29

Linha do Tempo da História da Bruxaria .31

Uma Breve História dos Curandeiros em meu País .35

A Fitoterapia Hoje: Por que Cultivar
Relações com as Ervas? .40

2 A Relação: Plantando suas Próprias Ervas Mágicas e Medicinais

Mantendo um Jardim Mágico:
Introdução ao Cultivo Orgânico .55

Ervas Mágicas e Medicinais Fáceis de Cultivar .77

O Jardim Venenoso .108

Sua Colheita: Introdução ao Processamento
e Armazenamento .127

3 **COLETANDO SUAS PRÓPRIAS ERVAS MÁGICAS E MEDICINAIS**

Introdução à Coleta para Bruxas Silvestres .133

Zelando pela Vida Selvagem: Manutenção de Populações Silvestres de Plantas .143

Ervas Coletáveis Mais Comuns .147

4 **REMÉDIOS CASEIROS, FEITIÇOS, RITUAIS E A RODA DO ANO**

Introdução ao Preparo de Remédios Populares .198

A Roda do Ano: A Jornada da Bruxa pelas Estações .204
    Solstício de Inverno (Yule) .204
    Imbolc (Candlemas) .213
    Equinócio de Primavera (Ostara) .222
    Beltane .237
    Solstício de Verão (Midsummer) .244
    Lammas/Lughnasadh/Michaelmas .250
    Equinócio de Outono (Mabon) .259
    Samhain .267

Conclusão .279
Agradecimentos .282

Introdução

Meu nome é Rebecca e sou uma bruxa-coletora profissional. Gostaria de poder dizer que eu mesma criei esse título, mas ele foi concedido a mim durante uma entrevista alguns anos atrás; fiquei tão encantada, que o adotei como a maneira mais sucinta e correta de me descrever.

O que me torna uma profissional? Bem, eu sobrevivo dando aulas sobre coleta de plantas e cogumelos silvestres, fitoterapia popular, bruxaria e práticas populares apalaches. Essas não são as únicas palavras que me definem, mas são o jeito mais fácil de falar de minha estranha profissão (e obsessão) para desconhecidos; apesar de uma ou outra careta, é maravilhoso ver os sorrisos irromperem no rosto das pessoas conforme elas processam essa descrição.

Se durante minha infância você tivesse me perguntado o que eu queria ser quando crescesse, eu teria respondido fazendeira. Aos 4 anos, essa era a única palavra que eu conhecia para indicar um ser humano que passava a maior parte do tempo ao ar livre e conseguia ganhar o sustento a partir da terra, usando nada além de suas próprias mãos. Foi só depois dos 12 anos que eu soube o que realmente queria ser: uma bruxa.

Eu me mudava com frequência de um lugar para outro até os 18 anos. Nasci em Pittsburgh, na Pensilvânia, em 1987, mas só vivi nessa cidade por alguns meses. Depois, minha família se mudou para a Califórnia, e de lá para todas as partes do incompreendido estado de New Jersey. Foi aqui, nesta terra aparentemente desprovida de natureza bruta, que conheci pela primeira vez uma bruxa de verdade.

Fui criada como unitária-universalista, assim como minha mãe e minha avó, e frequentávamos a Igreja Unitária em uma área arborizada de Princeton, New Jersey. Foi ali que eu tive uma primeira amostra do paganismo e da bruxaria. Muitas Igrejas Unitárias-Universalistas (UU) têm subdivisões para pagãos e, para minha sorte, aquela também tinha.

Minha professora da escola dominical era wiccana. Parecia que eu tinha conhecido uma celebridade quando ela disse, no primeiro dia, que era uma bruxa de carne e osso. Convenientemente, seu visual era parecido com aquele retratado na mídia: cabelos pretos com mechas grisalhas até a altura da cintura, corpulenta, bonita e de olhos escuros. A programação para o sétimo ano na Igreja focava a exploração de outras religiões, e foi dessa forma que ela compartilhou a crença dela conosco.

Uma vez, eu a vi no estacionamento espalhando massa crua de pão pelo chão. Tive a sensação de que minha professora estava fazendo uma coisa muito importante (e muito estranha), então perguntei por que ela andava em círculos, espalhando massa no chão. A resposta foi que era uma oferenda para os elementais, os espíritos da natureza alinhados com cada uma das quatro direções. Eu assisti, fascinada. Acho que ali mesmo eu soube que *aquilo* era o que eu queria fazer.

Expressei grande interesse no que minha professora estava fazendo e disse que queria aprender mais. Ela rabiscou nomes de livros para mim em um pequeno pedaço de papel amarelo e eu o levei para casa, como se tivesse ganhado um prêmio secreto. Quando somos jovens, queremos nos sentir escolhidas, especiais. Eu nunca me senti tão especial quanto na hora em que coloquei as mãos naquela pequena tira de papel amarelo.

Eu era uma leitora voraz aos 12 anos, e minha mãe tinha uma regra: eu podia ler qualquer livro desde que ela desse uma olhada nele primeiro. Pedi a ela para ler os que a professora tinha indicado no papelzinho amarelo, que guardei em meu diário como se fosse um tesouro proibido, como se o próprio papel tivesse algum tipo de magia. Minha mãe não gostou da ideia logo de cara e pediu que eu mostrasse a ela o significado da palavra "pagão" no dicionário. Encontrei duas definições: seguidor de uma religião politeísta (como na Roma Antiga) e, para minha tristeza, alguém que não tem religião e se deleita com prazeres sensuais e bens materiais, uma pessoa não religiosa ou hedonista.

Franzi a testa decepcionada: o dicionário tinha me traído. Em vez disso, pedi para minha mãe procurar a palavra "Wicca" na recém-nascida internet. Lá, ela leu sobre o culto à natureza e julgou meu interesse inofensivo o suficiente para me dar os meus três primeiros livros sobre Wicca e bruxaria. Foi então aos 12 anos que minha prática começou de verdade.

Na época, morávamos em uma pequena fazenda em Hopewell, New Jersey, que ainda é um dos lugares mais queridos de minha infância. Embora pegassem no meu pé sem parar na escola, porque andava com livros sobre bruxaria (e, sejamos sinceras, por eu ser muito estranha), eu vivia a maior parte do tempo ao ar livre montando a cavalo, falando alto ou cantando mal para nossas três cabras e para um bando desajeitado de patos e galinhas. Eu amava o tempo que passava no pequeno arvoredo em torno de casa. Foi lá que um sentimento de anseio quase existencial começou a crescer em mim, uma sensação de que alguma coisa ou alguém esperava por mim, e eu por eles.

Conforme mergulhava nos livros que minha professora dominical havia recomendado, sentia esse estranho anseio se cristalizar. Eu anotava de forma ávida tudo que caísse em minhas mãos relacionado à bruxaria. Para minha sorte, fui abençoada com pais que tinham a mente relativamente aberta. Eles permitiram meus hábitos de leitura e deixaram que eu continuasse a estudar por conta própria após nossa mudança para o Norte de New Jersey, quando eu tinha 14 anos.

Essa mudança me deixou arrasada. Mudar para a periferia da cidade de Nova York foi um verdadeiro choque em meu sistema. Tentei encontrar magia onde pude. Me virei com o que eu tinha. Saía para longas caminhadas com nosso doberman, Rocky, e explorava os parques e as áreas arborizadas ao redor de casa, esperando sentir aquela faísca que tinha experimentado pelas matas em volta da fazenda. Era diferente, mas pelo menos havia algum verde.

Quando fui para a faculdade, nos profundos bosques do Norte do estado de Nova York, pude saber de verdade como era ser uma bruxa que celebra as estações durante o ano todo. Foi aqui que entrei para um grupo universitário chamado O Círculo. Era um grupo para religiões alternativas, formado por alunos mais avançados, gentis e nerds, que acolhiam pacientemente as bruxas novatas, organizando workshops sobre tudo — de trabalho energético até a história da bruxaria. Eu finalmente estava entre iguais!

Especializei-me em história medieval e estudei tudo que podia sobre bruxaria e fitoterapia vindo de fontes históricas. Foi quando deixei o conforto de meu primeiro amor, a Wicca, para me jogar nos braços do amor de minha vida: a Bruxaria Tradicional. Foi nas páginas que descreviam julgamentos de bruxas e nos livros de antropologia que encontrei a conexão direta com os saberes históricos que eu imaginava serem praticados por minhas ancestrais irlandesas, alemãs e inglesas. Ao ler sobre as dificuldades e os horrores enfrentados por elas, enxerguei uma linha ancestral e me agarrei a ela. Não eram boas nem perfeitas, mas eram minhas. No final do primeiro ano, eu sabia que queria viver o mais próximo possível da Terra, em sintonia com as estações. Desejava saber como usar as ervas para curar e como cultivar minhas próprias abóboras. Ansiava conhecer a história desta terra onde eu habitava. Parecia impossível, como uma fantasia.

Ouvir falar das comunidades intencionais por meio de uma amiga de faculdade foi o que primeiro colocou em minhas mãos curiosas a chave para minha vida atual. Visitei uma unidade local de moradia compartilhada em uma área muito pequena, e lá estava eu diante do mesmo sentimento que havia tido no estacionamento da igreja. Sou extrovertida e amo estar cercada de gente. Desabrocho em meio a uma comunidade. Eu desejava viver com um grupo que também quisesse dançar a Roda do Ano e cultivar comida. No segundo semestre do segundo ano de faculdade, fui acometida por uma doença misteriosa. Eu vivia exausta o tempo todo e mal conseguia ficar acordada ao volante. Sentia uma confusão mental que chegava a me assustar. Ao tentar explicar o que estava acontecendo para médicos e enfermeiras, recebi olhares incrédulos e um diagnóstico de síndrome do pânico. Jamais tinha me sentido tão desesperançosa e deprimida em toda a minha vida. Por mais estranho que pareça, foi na década de 1890 que eu encontraria o começo de minha cura e de meu caminho de vida.

Sempre me senti atraída e amava profundamente os costumes antigos e os velhos jeitos de fazer as coisas. Eu não era lá muito próxima de meus parentes, então buscava algum tipo de conexão ancestral. Queria saber como as pessoas que me antecederam tinham trilhado seu caminho pelo mundo antes de perderem o antigo estilo de vida.

Tudo começou com uma admiração pelos Amish quando eu era criança, até minha mãe me contar o que estava por trás de ser uma mulher Amish. Mas no verão após meu segundo ano de faculdade, no auge da "maturidade" aos 19 anos, fiz um estágio em agricultura sustentável. Trabalhei em uma fazenda de história viva chamada Howell Living History Farm, em Lambertville, New Jersey, que reproduzia os costumes e hábitos produtivos dos anos 1890. Guiei cavalos de tração, usei longos vestidos de algodão e foices para colher grandes espigas douradas de trigo. Tudo estava certo no meu mundo. Eu estava em casa. Havia colhido minhas primeiras framboesas, aquelas vermelhas, as primas brilhantes da amora silvestre, mas sem a penugem. Tirei leite de cabras e fiz queijo. Cultivei meus primeiros vegetais. De fato, essa versão idealizada e pacífica de 1890 me pareceu muito rica.

Quis o destino que, mais uma vez, eu estivesse cercada de outros pagãos. As duas mulheres com quem compartilhei a casa para estagiários também eram bruxas. Passávamos as noites sem internet, tricotando à luz de velas e ouvindo o audiolivro de *The Good Life*, de Helen e Scott Nearing, em fitas cassete. Matei meu primeiro frango lá, e foi naquela casinha no centro de New Jersey que dei entrada na papelada para me transferir para um curso de agricultura orgânica na Universidade de Vermont. Eu ia plantar, criar animais e viver essa vida todos os dias.

Vamos avançar para os meus 20 anos. Nessa época, eu permanecia doente, mas já havia me acostumado. Morava em Burlington, Vermont, e estava desabrochando em uma comunidade ecoanarquista. Apesar de toda a diversão, comecei a apresentar uma tosse seca que não ia embora. Ainda sentia a confusão mental e o cansaço constante, mas a resiliência do corpo humano é incrível. De algum jeito, havia me adaptado a tudo aquilo. Ficava me perguntando se não tinha fadiga crônica. Um dia, procurei a enfermeira da faculdade quando estava bem mal, e ela me perguntou se eu tinha feito o teste para mononucleose. Olhei para ela surpresa. Ninguém jamais havia levado meus sintomas a sério. A enfermeira pediu um exame de sangue, e eis que eu tinha um caso muito sério de mononucleose. E pior: eu já estava doente há muito tempo. Ela apalpou meu fígado e me olhou apreensiva enquanto eu estava deitada de bruços na mesa de exame. Ele estava inflamado, um sinal de mononucleose infecciosa prolongada. Normalmente, a mononucleose vem e vai como qualquer outra doença, mas por algum motivo meu corpo não conseguia se livrar desse vírus persistente. Ela me disse que havia pouco a fazer além de descansar.

Eu não estava pronta para aceitar que não havia nada a fazer para aliviar meu mal-estar constante. Saí pedindo a opinião de meus companheiros de pés descalços e roupas pretas, perguntando o que poderia fazer. Um amigo sugeriu que eu fosse de bicicleta até a loja de ervas que ficava na região. Jamais vou esquecer isso. O nome da loja era Purple Shutter Herbs e ela era gerenciada por uma mulher chamada Laura Brown. Entrei porta adentro, suada e sem fôlego, e ela me deu só três ervas após ouvir meus sintomas com paciência e seriedade. A melhor parte é que eu tinha de ir até os fundos da loja e pegar as ervas por conta própria. Era como um herbário saído de um livro infantil: centenas de potes de todos os tamanhos, etiquetados de forma metódica e com uma linda caligrafia, adornavam quatro paredes cobertas de prateleiras. Eu estava deliciada enquanto pesava meu tomilho, eupatório e hidraste na balança, despejava cada um deles em pequenos saquinhos e os etiquetava com as canetas da loja. O próprio ato de buscar meu remédio já parecia ajudar na cura.

Voltei para casa e fervi as plantas conforme as instruções dela. Não sabia o que esperar. Eu queria acreditar que as ervas funcionariam, mas precisava ver para crer. Três dias depois, minha tosse parou.

Duas semanas depois, acordei me sentindo ligeiramente lúcida pela primeira vez em quase um ano. Chorei. Eu tinha que aprender essa arte. Eu precisava disso. Se as plantas me ajudaram, elas podiam ajudar outras pessoas.

Quando terminei meu curso na Universidade de Vermont, minha melhor amiga Saro me ligou. Ela, que havia nascido no Tennessee, disse que estava se mudando para uma casa nova em Asheville, Carolina do Norte, e logo afirmou: "Você vai amar esse lugar!". Uma busca rápida no Google revelou duas coisas: havia uma comunidade de praticantes de habilidades primitivas morando em cabanas de madeira, vestindo pele de cervo e coletando plantas na região perto de onde ela ia morar. A comunidade se chamava Wildroots. Eu sentia um chamado vindo daquelas pessoas que eu vi no site, vestidas com couro de cervo, carregando braçadas de taboa e cestos cheios de plantas silvestres. Também havia três escolas de fitoterapia na região. Não precisava dizer mais nada. Juntei minhas tralhas sem ter emprego nem lugar para morar, e bati na porta de Saro 12 horas depois.

Tornei-me aprendiz. Aquelas pessoas queimadas de sol, que eu vira sorrindo na internet, eram reais, eu as conheci. Senti-me diante de uma celebridade quando tive o primeiro contato com Natalie Bogwalker. Fui sua aprendiz em 2011 e foi então que me senti confiante para identificar árvores, arbustos e plantas que cresciam espontaneamente a cada esquina de minha nova casa nos Apalaches. Ela me ensinou a fazer fogo, trançar cestas, construir uma cabana, curtir couro, cozinhar alimentos silvestres, identificar as plantas e ser uma boa ouvinte. Natalie ainda é uma amiga querida e uma mentora para a vida toda. Foi quem me ajudou a subir os primeiros degraus da escalada para me tornar uma pessoa que entende de plantas.

A partir daí, eu ganhei asas. Comecei participando de reuniões para desenvolver habilidades da Terra, que eram como grandes reuniões de família em que você podia fazer oficinas para aprender todas as coisas que alguém precisaria (algumas das quais você jamais pensou que precisaria) para viver na Terra com simplicidade. Aprendi a fazer colheres de madeira, a tecer, a confeccionar cestas e fui a todas as aulas de identificação de plantas que pude. Aprendi os nomes, o uso e a história de algumas das mais de duas mil espécies de plantas e árvores que cresciam ao meu redor. Reuni uma grande biblioteca de livros sobre o uso de plantas medicinais e os costumes apalaches. Por fim, entrei para a Universidade Estadual dos Apalaches e fiz um mestrado em Estudos Apalaches, com foco em etnobotânica apalache (a história de como as pessoas usam as plantas).

Foi assim que cheguei até aqui. Hoje, ainda leio constantemente e faço aulas e oficinas com pessoas que admiro. Especializei-me em história folclórica das plantas e em seu uso mágico, alimentício e medicinal. As histórias sobre plantas são o que me mantém viva. Estou empolgada para compartilhá-las com você.

REBECCA BEYER

Bruxaria
SILVESTRE

1

O Legado:
*Uma História
da Bruxaria*

Em tempos de consumo desenfreado e destruição ambiental, é difícil imaginar um estilo de vida mais conectado com o planeta onde vivemos. Às vezes, também é difícil imaginar que temos a capacidade e o poder para curar a nós mesmas e a outras pessoas. Não me entenda mal, não sou purista. Uso a medicina ocidental junto com a fitoterapia porque percebi que elas não se excluem mutuamente. Em geral, as duas se complementam e auxiliam uma à outra. É importante reparar que a história da medicina ocidental nos levou a ambas as práticas.

Medicina Ancestral: Uma Breve História da Fitoterapia Ocidental

Na minha opinião, é essencial compreender a história da fitoterapia ocidental antes de praticá-la. Na América do Norte, muito de nosso conhecimento vem de povos que foram historicamente assassinados e escravizados e que tiveram sua história reescrita para esconder as feridas profundas e duradouras infligidas a eles. Além de entender e reconhecer esse registro histórico, também é fundamental questionar quem o escreveu, com qual objetivo e por quê, como em tudo na história da América do Norte. Identificar as fontes de onde tiramos os saberes sobre o uso e o folclore das plantas é uma parte essencial do combate à apropriação cultural e a outras crenças prejudiciais que excluem e reduzem as contribuições dos povos negros e indígenas a um amplo rol de conhecimentos.

A fitoterapia começa na pré-história. Nossos ancestrais paleolíticos ingeriam e interagiam com muitas espécies de plantas, incluindo as medicinais, como a mil-folhas, o salgueiro e outras. Quando os humanos começaram a deixar registros por escrito, não precisávamos mais nos perguntar como e por que as pessoas usavam as plantas. O primeiro registro que menciona as ervas medicinais data de cerca de 5 mil anos atrás. Tábuas de argila encontradas na antiga Mesopotâmia descreviam uma dúzia de receitas com ervas, mencionando o uso de impressionantes 250 espécies de plantas pelos sumérios[*].

O Egito, a Índia e a China coletavam, escreviam e disseminavam textos sobre a medicina e as ervas já por volta de 400 anos AEC (Antes da Era Comum). Eles deram origem a algumas das tradições medicinais mais longevas e mais bem estudadas do mundo, a Ayurveda e a medicina tradicional chinesa. Esses sistemas influenciaram e inspiraram de forma direta os lugares onde essa história geralmente começa: a Grécia e a Roma Antigas. Hipócrates, que costuma ser considerado o pai da medicina moderna, foi um dos primeiros a separar as doenças do corpo das causas espirituais, cerca de 400 anos AEC. Na época, era uma opinião controversa discordar de que espíritos ou deuses zangados eram capazes de causar doenças, já que isso aparentemente poderia fazer com que as próprias Moiras[†] desferissem golpes prematuros contra seu fio da vida.

A história da fitoterapia ocidental é contada de forma errada como uma história europeia, embora os povos de todos os continentes a tivessem influenciado de maneiras distintas e complexas, da Ásia até a América do Norte e da África até a Índia.

A primeira e com certeza a mais importante escola de medicina na Europa ficava em Salerno, na Itália, no século x. Foi por meio de um rico legado de textos médicos islâmicos e de suas traduções do árabe para o latim que a medicina da África setentrional imprimiu sua influência nos pilares dessa prática. Os textos gregos sobre medicina escritos por

---

[*] Petrovska, B., "Historical review of medicinal plants' usage", *Pharmacognosy Reviews* 6, n. 11 (2012): 1–5.
[†] Moiras para os gregos ou Parcas para os romanos da Antiguidade. Elas eram as deusas responsáveis pelo destino de todos os mortais, geralmente representadas como três mulheres velhas que tecem os fios da vida.

Hipócrates e Cláudio Galeno também foram traduzidos pela escola em Salerno e integrados a ela. Essa instituição era única em muitos sentidos, especialmente porque oferecia apoio a praticantes de todos os gêneros, em uma época na qual as mulheres não eram incentivadas a ter uma profissão. Uma das mulheres mais famosas era Trótula de Salerno, que escreveu alguns dos textos mais influentes sobre medicina feminina na Idade Média[‡].

Os monastérios também contribuíram para o registro e a disseminação do conhecimento das plantas por meio de bibliotecas e traduções. Foi só a partir do século xv que as prensas de tipos móveis tornaram o meticuloso trabalho de copiar livros à mão uma coisa do passado. Embora o letramento ainda fosse um privilégio do clero e das classes mais abastadas, agora mais livros registrando o uso das plantas podiam circular e começar o lento processo de cruzar as fronteiras entre as classes sociais. A tradução de obras para línguas comuns, em vez do grego e do latim, também permitiu que a medicina das plantas chegasse às mãos de um público mais diverso na Europa.

Um dos mais conhecidos e mais citados herboristas falantes de língua inglesa da tradição herbal ocidental foi Nicholas Culpeper. Ele escrevia sobre a zona rural do século xvii, registrando e imprimindo seus próprios textos em inglês sobre remédios herbais e medicina astrológica. Culpeper tratava as pessoas por um custo baixo e até sem cobrar nada, e vendia suas obras por preços acessíveis, acreditando que aquela forma de cura não deveria ficar restrita à classe alta. Isso lhe rendeu duas acusações de bruxaria, além de ele ter escapado por um triz de ter sido proibido de praticar a medicina graças ao controle sobre o conhecimento médico exercido pela Royal College of Physicians de Londres.

Culpeper é importante não só por seu espírito anárquico, mas pela forma como seu trabalho influenciou a fitoterapia nos Estados Unidos. *The English Physician* (hoje mais conhecido como *Culpeper's Complete Herbal*) foi impresso em Boston, em 1708. Trata-se do primeiro texto

---

[‡] de Divitiis, Enrico, et al., "The 'schola medica salernitana': The forerunner of the modern university medical schools", *Neurosurgery* 55, n. 4 (2004): 722-44; discussion 744-5.

médico e primeiro livro sobre fitoterapia editado na América do Norte. A etnobotânica dos povos originários da América do Norte se misturou com o sistema e os conhecimentos que os colonos europeus e os povos africanos escravizados trouxeram. Tudo isso deu origem à tradição herbal popular norte-americana e à tradição ocidental como as conhecemos hoje. Algumas dessas informações foram deliberadamente mescladas, mas muitas acabaram sendo reunidas à força.

Essa é uma história bastante resumida, mas pode ser útil pensar na fitoterapia nos Estados Unidos como um banquinho de três pernas: uma indígena, outra africana e uma terceira europeia. Com o passar do tempo, várias outras culturas se juntaram na América do Norte. Hoje vemos as digitais das práticas medicinais latinas, assim como muitas outras influências de culturas diversas que agora vivem aqui. Honre as origens da medicina, reconheça a cultura, o povo e a nação, e pronuncie-os corretamente. Se cometer um erro, tudo bem: peça desculpas de coração e tente de novo. É sempre bom perguntar e dizer "ainda estou aprendendo". Sei que eu ainda estou.

O Nascimento da "Bruxa"

Na condição de alguém que se identifica como uma bruxa-coletora, muitas vezes me perguntam onde termina a coletora e começa a bruxa. Para mim, é quase impossível separá-las. Como disse anteriormente, encontrei meu caminho para a Bruxaria Tradicional por meio da Wicca. Muita gente acredita que ambas são a mesma coisa; mas embora muitas wiccanas sejam bruxas, nem todas as bruxas são wiccanas. A Wicca é uma religião moderna nascida na Inglaterra, na década de 1950, inspirada por uma variedade eclética de práticas ocultas tanto orientais quanto ocidentais. A Wicca tem muito em comum com a Bruxaria Tradicional, mas há algumas diferenças importantes. Da mesma forma como a história da fitoterapia ocidental é necessária à prática, a história da bruxaria também é necessária à bruxa. É bom saber quem morreu por nosso estilo de vida, quem sofreu por nossa magia e, por outro lado, quem obteve sucesso com sua prática. Vejamos um breve histórico da bruxaria como ela era (e é até hoje) praticada na história do mundo ocidental.

Bruxaria Tradicional é um termo guarda-chuva sob o qual estão muitas tradições. De modo geral, ela abrange uma tradição de bruxaria moderna que se baseia em práticas e crenças da bruxaria praticada na Europa e nos Estados Unidos desde os anos 1500 até os anos 1800. É composta por tradições mágicas populares únicas e pelas crenças bruxas da terra onde se habita. Entende-se que essas práticas e crenças sobreviveram ao cristianismo nos registros do folclore, nas músicas e nas superstições.

A Bruxaria Tradicional não é só o que a bruxaria *pode* ter sido séculos ou milênios atrás, mas o que ela realmente *era*. Temos entendimento disso por meio de documentos, saberes orais e práticas que sobreviveram e hoje estão presentes em culturas distintas. O que diferencia a Bruxaria Tradicional é que suas práticas se baseiam em antigos conhecimentos: cantos, encantamentos, baladas, superstições, saberes orais, costumes e rituais de bruxaria documentados.

Algumas tradições de Bruxaria Tradicional se fundamentam na cultura, como a bruxaria córnica ou a balcânica, enquanto outras tradições têm como base os escritos de pessoas específicas, como Robert Cochrane ou os Andersons, que fundaram a tradição Feri. Existem muitas diferenças sutis entre as tradições, a maioria girando em torno das personalidades por trás do conjunto de crenças.

Em grande parte, a Bruxaria Tradicional Moderna não existia enquanto conceito antes dos anos 2000. Ela se inspirou em um grupo de bruxos que escreveram entre as décadas de 1950 e 1970: Robert Cochrane, Paul Huson, Joe Wilson, Robert Graves e Victor Anderson. Pessoas como E. J. Jones, Michael Howard, Nigel Jackson, Nigel Pennick, Andrew Chumbley e Daniel Schulke têm ajudado, desde 1980, a criar o que hoje conhecemos como Bruxaria Tradicional*. Embora muitas dessas tradições se baseiem em costumes antigos, ainda estamos forjando o que significa praticar Bruxaria Tradicional no mundo moderno†. Quando mergulhei no estudo desses saberes, unir meu lado coletora e o conhecimento de jardinagem com essas tradições caiu como uma luva. Muito da Bruxaria Tradicional, dos nossos sabás e feriados, gira em torno do calendário agrícola. Então, existe forma melhor de celebrar o antigo estilo de vida do que vivenciá-lo?

Quando a bruxaria foi tão difundida quanto hoje? O que alimentou o legado ao qual as bruxas modernas dão continuidade? O começo foi antes da palavra escrita, quando nossas ancestrais antigas adoravam o mundo animista, que pulsava com vida à sua volta. Elas o faziam por meio de orações, oferendas, danças, músicas e rituais. Mas quando se trata de registros escritos, tudo começou em 1750 AEC, com o Código de Hamurabi. Esse foi o primeiro conjunto de leis escritas a ter seções sobre magia e a prever acusações formais de feitiçaria e bruxaria.

---

* Howard, Michael, *Children of Cain: A Study of Modern Traditional Witches* (Richmond Vista, Califórnia: Three Hands Press, 2011), 17.
† Inspirado pelas últimas descrições de Michael Howard.

Linha do Tempo da História da Bruxaria
(conforme o *Historical Dictionary of Witchcraft*, de Michael Bailey)*

A palavra *magia* apareceu pela primeira vez em latim no século I AEC. O primeiro emprego do verdadeiro conceito geral de "magia" no vocabulário romano apareceu no fim daquele século (entre os anos 23 e 79 AEC), a partir dos textos do poeta Virgílio. Logo abaixo temos uma breve lista histórica do que aconteceu depois.

Deste ponto, a Wicca e outras tradições mágicas seguiram para os Estados Unidos e ganharam popularidade na década de 1970. Muitas novas divisões da Wicca nasceram nos Estados Unidos, lado a lado com as práticas de Bruxaria Tradicional. No entanto, naturalmente a longa história das práticas mágicas populares no país, como o Hexerei na Pensilvânia, a magia popular apalache, as tradições de influência africana, o Hoodoo e o Voodoo, continuam a florescer. Esta linha do tempo nos conduz até os dias de hoje, mas como surgiu o *folclore* da bruxa? O que *torna* alguém uma bruxa?

O que é uma bruxa?

Segundo podemos observar, a noção da bruxaria como crime ou como uma série de atos heréticos contra a Igreja Católica começou a ganhar proporção na Europa do século XIII. As ações e práticas anteriormente vistas como parte do estilo de vida de quem estava às margens da sociedade logo se transformaram em um crime punível com a morte. Com frequência, muitas pessoas foram acusadas de bruxaria por serem

---

* Bailey, Michael David, *Historical Dictionary of Witchcraft*, Historical Dictionaries of Religions, Philosophies and Movements (Reino Unido: Scarecrow Press, 2003).

400 AEC	Platão condena os *magoi*, membros de uma casta sacerdotal praticante de magia, e eles ganham uma reputação negativa.
1022 EC	Primeira morte de hereges na fogueira em Orleans, de que se tem notícia.
1233	Papa Gregório XI emite o *Vox in Rama*, documento no qual descreve reuniões de hereges para adorar o demônio na forma de um sapo ou de um homem pálido, seguidas de orgias muito parecidas com descrições posteriores dos Sabás de bruxas.
1400	Uma das primeiras caças às bruxas conhecida na Europa Ocidental, na região do Vale do Simme, nos Alpes.
1427-1436	Principais caças às bruxas na Europa: Saboia, Delfinado e Valais.
1458	Nicholas Jacquier escreve *Flagellum haereticorum* (*Flagelo das Bruxas Hereges*), um dos primeiros grandes tratados sobre bruxaria e caça às bruxas.
1486	O *Malleus Maleficarum* (*O Martelo das Feiticeiras*) é escrito, delineando como identificar e caçar bruxas.
1575-1675	A caça às bruxas chega ao seu auge na Europa.
1584	Reginald Scott, o pensador cético, publica *The Discoverie of Witchcraft*.
1675-1750	A maior parte da Europa vê uma redução das caças às bruxas.
1692-1693	Julgamento das bruxas de Salém, em Massachusetts.
1736	O *Witchcraft Act* passa por mudanças em Londres.
1828	Karl Ernst-Jarcke argumenta que a bruxaria histórica é na verdade uma religião pré-cristã.
1888	A Ordem Hermética da Aurora Dourada, uma sociedade secreta de elite dedicada a rituais mágicos, é fundada na Inglaterra.
1899	O folclorista amador Charles Leland publica *Aradia*, O Evangelho das Bruxas.
1921	*The Witch-Cult in Western Europe* (*O Culto das Bruxas na Europa Ocidental*), de Margaret Murray, é publicado: essa é a primeira de três obras que argumentam que a bruxaria histórica é um antigo culto pagão à fertilidade.
1951	O *Witchcraft Act* de 1736 é revogado.
1954	Gerald Gardner publica *A Bruxaria Hoje*, inaugurando os pilares da Wicca.

mulheres solteiras, com algum transtorno mental ou deficiência, ou por serem diferentes da norma. Às vezes, elas eram acusadas de bruxaria por possuírem terras cobiçadas por outras pessoas ou devido a disputas pessoais insignificantes. No século xv, quando os demonologistas começaram a argumentar que a bruxaria era uma heresia em vez de invenção, ideias sobre os sabás das bruxas e o diabo arrebataram as mentes dos europeus, e as confissões de bruxaria se tornaram um novo registro escrito dos saberes mágicos.

Muitas das presunções sobre o que era a bruxaria apenas reproduziam o oposto da visão de mundo pelo ponto de vista divino. Isso significa que as bruxas traziam a morte e destruição, enquanto Deus dava a vida e a salvação. As bruxas foram ligadas ao culto do diabo em forma de cabra, gato ou sapo. Participavam de orgias sexuais com demônios e umas com as outras. Provocavam tempestades para destruir as plantações e machucar as pessoas. Essas eram as coisas que os oficiais da Igreja pregavam e nas quais a maioria da Europa acreditava.

Algumas dessas ideias tiveram origem em estereótipos judaicos e em outras heresias católicas ou cristãs. Essas histórias foram confirmadas a partir de confissões forçadas. Muitas delas também podem ser derivadas da crença na Caçada Selvagem (uma espécie de caçada espectral em grupo), conduzida por diferentes deuses e deusas pagãs da Europa Ocidental, que provocavam raios e trovões enquanto reuniam as almas penadas.

A mudança ocorrida nas crenças da Igreja foi de que a bruxaria e a feitiçaria deixaram de ser um delírio para se tornarem crimes perigosos. Devido a um interesse nas leis romanas, os processos judiciais do século XII também adotaram uma postura inquisitorial em vez de acusatória. Além disso, novos interesses pelos textos mágicos dos antigos romanos, árabes e hebreus forneceram a visão de um mundo habitado por poderosos demônios que precisavam ser combatidos de forma rápida e severa*.

---

* Bailey, *Historical Dictionary of Witchcraft*, xxxii.

Todos esses fatores (além de muitas mudanças complexas na economia) levaram ao desenvolvimento da crença de que, no século xv, havia um culto bruxo diabólico baseado na adoração do demônio e na destruição do mundo cristão. Ela permitiu o nascimento da caça às bruxas que devastaria partes da Europa, com resquícios que são sentidos até hoje.

Mesmo sendo uma bruxa moderna, é comum eu receber cartas de ódio ou mensagens preocupadas de cristãos teimosos implorando que eu pare de adorar o diabo. Já fui acusada de sacrificar animais (eu crio as galinhas que como) e de outras coisas estranhas e fantásticas que vêm do medo profundo que algumas pessoas têm daquilo que elas imaginam ser a bruxaria. Não vou dizer que ser uma bruxa é fácil ou sempre seguro. Infelizmente, no mundo em que vivemos, poucas identidades e crenças religiosas estão fora de perigo por completo. Isso não vai me impedir, mas afeta a forma como eu ajo em espaços públicos e como eu compartilho minha prática com o mundo que me cerca. Até o fato de eu ser herborista implica enfrentar certos preconceitos.

Uma Breve História dos Curandeiros em Meu País

A história dos curandeiros nos Estados Unidos começa com nosso gesto de optar por uma definição. A medicina popular pode ser definida como "representante de um conjunto de crenças e práticas isoladas de muitas maneiras das consideradas 'tradicionais' do ponto de vista social e cultural. É intrigante o fato de elas não terem sido afetadas pelo conhecimento 'moderno', com o qual são frequentemente comparadas, baseando-se na suposição de que 'popular' e 'moderno' sejam classificações mutuamente excludentes"*. A medicina popular norte-americana começa como a história da medicina indígena. O início acontece em 1500, com a chegada dos espanhóis e dos africanos escravizados trazidos com eles. Os espanhóis usavam a medicina humoral romana combinada com ideologias cristãs e, em algum momento, misturaram-nas com as crenças indígenas. Essa combinação sofreu ainda influências dos povos escravizados, principalmente da África Ocidental, que trouxeram suas próprias tradições de cura e visão de mundo. Quando os colonos britânicos chegaram à América do Norte, deixaram um sistema médico que se baseava na especialização e estratificação de classes. Farmacêuticos e cirurgiões eram vistos como classes mais baixas em comparação com os ilustres médicos educados nas universidades. No entanto, não foi possível impor tais diferenças sociais a um país selvagemente novo.

As fronteiras entre as profissões médicas ficaram menos claras à medida que as pessoas cuidavam da saúde como podiam, visto que não havia aqui universidades para educar os médicos nem associações para reunir os farmacêuticos e cirurgiões. Foi só a partir do século XIX que

---

* O'Connor, Bonnie B., and David J. Hufford, "Understanding folk medicine", in *Healing logics: culture and medicine in modern health belief systems* (2001), 13.

as escolas de medicina e as licenciaturas foram impostas. Isso permitiu que médicos populares e praticantes de magia assumissem o papel de curar e cuidar da vizinhança*. Os colonos britânicos ouviram histórias sobre os indígenas fortes, altos e saudáveis povoando a terra que eles estavam prestes a invadir. Acreditava-se que a medicina indígena era superior à que eles conheciam.

Isso se devia a uma variedade de fatores, entre eles a transformação desses povos em populações exóticas. A ideia de que a medicina dos povos indígenas era inerentemente mais poderosa que a trazida pelos brancos vacilaria nos próximos séculos, conforme o roubo sistemático das terras indígenas avançasse. O fato de serem vistos como "nobres selvagens", ou como povos que atrapalhavam a posse das terras, dependia dos interesses dos colonos. Os povos indígenas não tinham imunidade contra muitas das doenças que os colonos carregavam. Por isso, nos anos seguintes, a varíola, o tifo e muitos outros males seriam responsáveis por dizimar suas populações, abrindo caminho para a criação dos Estados Unidos que conhecemos hoje.

Apesar das tensões raciais, a terra foi o grande equalizador: ela não convidou os habitantes colonizadores e indígenas a misturar suas culturas. Ela quase os obrigou a isso. Sem o conhecimento que os povos originários ofereceram aos colonos, muitos, senão a maioria, teriam perecido diante dos invernos rigorosos em um território novo, cheio de animais e plantas estranhas. As crenças europeias também tiveram seu impacto nos povos nativos. Eles passaram, por exemplo, da crença no fato de que negligenciar um ritual durante a caçada atrairia doenças para a convicção de que o caçador, se inalasse odores nocivos, poderia adoecer†. A teoria dos miasmas prega que inalar ares ruins ou maus cheiros era a causa de muitas doenças, como uma espécie de teoria protogerme. Ela é um legado de Hipócrates, médico grego do século IV‡.

---

† Cavender, Anthony P., *Folk Medicine in Southern Appalachia* (Chapel Hill: University of North Carolina Press, 2003).
‡ Eijk, P.J. van der, *Hippocrates in Context: Papers Read at the XIth International Hippocrates Colloquium* (University of Newcastle upon Tyne, Reino Unido, 2002), 17.

Migrar para uma região completamente nova exige o abandono de partes de uma cultura que não se adequem ao novo cenário. Assim, práticas culturais novas e mais efetivas — em geral aquelas vindas dos nativos da área — são adotadas. Os povos originários vivem aqui há milhares de anos e sabem como fazer as coisas para garantir uma vida boa nessa biorregião específica. Nenhum preconceito racial poderia descartar por completo seu conhecimento e experiência. Os nativos também apresentavam em seus sistemas de cura uma combinação única de certas crenças africanas. Por volta de 1620, essa mistura vinha acontecendo à medida em que pessoas escravizadas fugiam para áreas remotas nas montanhas, bem longe de seus opressores. Esses povos geralmente mantinham seu próprio sistema médico de forma independente daquele usado pelo homem branco, pois alguns deles permitiam às vítimas da escravidão que se curassem com os métodos que conheciam. Mesmo assim, esse definitivamente não era o caso dos que consideravam essas práticas como bruxaria e preferiam deixar pessoas morrerem a permitir que se tratassem usando sua medicina nativa.

Em muitas regiões, é possível perceber as marcas da perspectiva da África Ocidental na medicina popular norte-americana. Observar práticas específicas é uma ótima maneira de começarmos a rastrear culturas populares diversas até seus países de origem. Uma dessas crenças, evidente no Sul dos Estados Unidos, é a de que os espíritos podem provocar doenças. O mesmo pode ser dito de seus costumes variados e complexos de conjuração e magia. Em muitas culturas, encontramos o conceito de que viver em uma "relação correta" — ou seja, relacionar-se com as outras pessoas e com o próprio entorno de forma mutuamente gentil, recíproca e atenciosa — não só é o certo a se fazer, mas também é essencial para uma boa saúde. Essa é uma forma simplificada de analisar uma crença compartilhada por muitas culturas da África Ocidental e das comunidades indígenas: a de que as nossas relações interpessoais e com a terra podem afetar a saúde. Tais visões de mundo e crenças compartilhadas permitiram que a mescla cultural acontecesse de pronto. Por outro lado, devido a visões distintas, muitos africanos viam pouco valor na medicina dos brancos[§].

[§] Light, Phyllis D., "A History of Southern and Appalachian Folk Medicine", *Journal of the American Herbalists Guild* 8, n. 2 (Mar. 2008): 27.

Métodos de cura acabaram sendo disseminados com mais frequência entre os brancos pobres e os negros e indígenas livres. Enquanto isso, a demarcação de qual crença pertencia a qual lugar foi ficando cada vez mais incerta. Poderíamos argumentar que as bases da medicina popular norte-americana surgiram no Sul do país, mais pacífico, após muitos brancos perderem seus bens na Guerra Civil. Nesse contexto, a divisão entre as classes se suavizou e permitiu o intercâmbio de métodos de cura popular não só entre as diferentes raças, mas também entre as diversas classes sociais*. Existem alguns livros que circularam amplamente nos primeiros estados do país, como *Every Man His Own Doctor* (*Todo homem é seu próprio médico*), publicado em 1794 por William Buchan, *Gunn's Domestic Medicine or Poor Man's Friend* (*Medicina Doméstica ou Amigo do Homem Pobre*), de John C. Gunn e traduções para o inglês do livro alemão *The Long Hidden Friend* (*O amigo há muito oculto*), de John George Hohman. Seus remédios, orações e rituais podem ser vistos em muitas tradições populares de cura nascidas no continente.

Os curandeiros norte-americanos vieram e ainda vêm de todas as raças, idades e gêneros. Era comum alguém se especializar em uma área específica de cura, seja na forma de orações (como os médicos ministeriais dos colonizadores ingleses) ou das ervas usadas pelo médico apalache de alguma linhagem particular. Alguns compartilhavam informações abertamente com seus pares, como as parteiras e os cavadores de ervas. Já outros, como os praticantes de magia popular, trabalhavam em segredo, dado que o mistério era parte da cura[†].

A história por trás de como as pessoas se tornaram curandeiras é uma das partes mais fascinantes e mágicas das diferentes tradições de cura popular nos Estados Unidos. Como já mencionado, muitas aprenderam com outras praticantes. No caso das parteiras, as mulheres mais jovens adquiriam conhecimento com as mais velhas. No entanto, algumas pessoas já nasciam com o dom. Acreditava-se que particularidades relacionadas ao nascimento poderiam conceder habilidades inatas de

---

[*] Light, "A History of Southern and Appalachian Folk Medicine", 33.
[†] Hand, Wayland, *Magical Medicine* (Berkeley: University of California Press, 1980), 44.

cura. Era o caso de pessoas que nunca conheceram o pai ou nasceram com uma membrana fetal cobrindo o rosto. Na região dos Apalaches e dos montes Ozark, ser o sétimo filho de um sétimo filho é garantia de ser curandeiro. Entre os descendentes de espanhóis, o quinto ou sexto filho ou filha consecutiva seria um *saludador*, curandeiro ou "aquele que traz a saúde"[‡].

Hoje, muitos não pertencem a uma linhagem dessas tradições de usar ervas e amuletos, mas nunca é tarde para atender ao chamado. Com todas as minhas viagens e cursos, uma das coisas mais maravilhosas que aprendi é que as antigas práticas de cura não morreram: elas só estão escondidas em plena vista. Muitas pessoas me contam histórias de um avô que sussurrava perto de um machucado e fazia a dor ir embora, ou de uma tia que conseguia estancar um sangramento a quilômetros de distância com uma prece ao pôr do sol. Essas são histórias clássicas de cura popular, mas já encontrei umas trinta pessoas que conheceram um curandeiro em pessoa. Isso me dá vontade de chorar aliviada. Quando achava que a magia havia sido totalmente despedaçada e sepultada sob a calçada, um dente-de-leão encontra o caminho para a luz por entre as rachaduras no cimento.

[‡] Hand, *Magical Medicine*, 46.

A Fitoterapia Hoje: Por Que Cultivar Relações com as Ervas?

Compreender o contexto e a história da medicina por meio das plantas neste continente é fundamental para alcançarmos uma prática ética, mas isso nos leva a uma outra pergunta: por quê? Por que se dar ao trabalho de mexer com ervas? Por que, em um mundo como este, usar o próprio tempo para respirar, desacelerar e mergulhar na relação com as plantas quando já temos a medicina moderna? Não existe uma só resposta, mas vou dizer por que considero essa uma prática valorosa.

Apesar das ideias antiquadas associadas a ele, o estudo do trato com as plantas é relevante para a atualidade, principalmente em um território tão rico em espécies de plantas como o dos Apalaches. Há tantas oportunidades de cultivar e colher plantas não ameaçadas de extinção e transformá-las em remédios ou alimento, tudo isso graças à diversidade impressionante de espécies. Existem várias possibilidades de acessar remédios simples e alimentos nutritivos, assim como materiais para nossas práticas.

Embora muita gente preocupada com o meio ambiente se mobilize para salvar o planeta pelo bem dele, preciso ser sincera e pensar também na mentalidade e na cultura atual que regem a vida da maioria das pessoas: uma grande parte delas não atribuem um valor intrínseco à natureza e se se veem como criaturas separadas, não pertencentes ao lugar onde vivem. Isso não é culpa de ninguém. Tem sido um divórcio lento e deliberado ocasionado por séculos de opressão econômica, espiritual e física orquestrada pelas forças da colonização, da industrialização e do capitalismo contra os ancestrais universais e animistas de todos os países. Perceber a "utilidade" de uma planta pode ser a porta de entrada para reconhecer sua força vital única, seu verdadeiro ser, após criar uma relação com ela. Em uma festa, as pessoas não chegam todas na mesma hora nem usam o mesmo meio de transporte.

Quando uma planta é vista como algo útil para os humanos, é muito mais difícil considerá-la "o outro" ou ignorá-la completamente ao nos engajarmos em uma prática. Inspirar as pessoas para que enxerguem valor nas plantas e nos ecossistemas pode ajudar a conservá-los, já que vivemos em um mundo antropocêntrico e a sustentabilidade do nosso estilo de vida a longo prazo depende das escolhas que fazemos agora[*]. Ao introduzir ou reintroduzir o valor percebido nos ecossistemas do nosso planeta, podemos não só combater a perda de espécies e a destruição de seus habitats, mas também a perda de práticas tradicionais e de costumes regionais, uma vez que eles se transformam em conhecimento acessível. É possível combater o divórcio completo entre os humanos e seus semelhantes nos reinos animal, vegetal e mineral.

Cultivar uma relação com as plantas, seja cultivando-as ou coletando-as, serve de apoio e pode até ajudar a aumentar a diversidade biológica e cultural. Os povos originários da América do Norte reuniram e usaram quase 1.800 espécies de plantas, algas, liquens e fungos em suas relações culturais[†]. Por outro lado, apenas doze espécies vegetais compõem cerca de 75% de toda a cadeia alimentar dos Estados Unidos hoje, enquanto apenas quinze espécies de mamíferos e aves representam mais de 90% da produção doméstica global de bens semoventes. Basear a segurança alimentar e os compostos medicinais globais em algumas poucas espécies é perigoso devido à ameaça de doenças e epidemias dentro de uma comunidade de animais e plantas intimamente ligada[‡]. Não só a biodiversidade é ameaçada, mas nossa diversidade cultural também. Buscar uma relação direta com o verde à nossa volta é uma das muitas táticas para responder a esses desafios. Fazemos isso quando percebemos significado e valor nas plantas, conservamos seu habitat e preservamos seus usos tradicionais em diferentes culturas.

[*] Araujo, Elcida, et al., "How Ethnobotany Can Aid Biodiversity Conservation: Reflections on Investigations in the Semi-Arid Region of NE Brazil", *Biodiversity and Conservation* 18, n. 1 (n.d.): 127–150.
[†] Turner, Nancy Jean, and Patrick von Aderkas, "Sustained by First Nations: European Newcomers' Use of Indigenous Plant Foods in Temperate North America", *Acta Societatis Botanicorum Poloniae* 81, n. 4 (2012): 295.
[‡] Pongsiri, Montira J., et al., "Biodiversity Loss Affects Global Disease Ecology", *Bioscience* 59, n. 11 (Dez. 2009): 945.

Outro motivo para estudar as ervas está ancorado na história. A medicina moderna que conhecemos hoje é apenas isso: moderna. O que ela não tem em anos de existência é compensado pela inovação, mas existe uma linha do tempo muito longa na qual plantas, minerais e animais representavam o grosso de nossas práticas de cura. Essa linha do tempo é um dos pontos fortes da fitoterapia. Foram séculos tentando dosagens e misturas diferentes, anotando resultados no contexto popular e médico profissional, o que nos rendeu um registro extenso e detalhado de quais remédios são seguros e confiáveis. Isso, combinado com a pesquisa herbal moderna (que ainda existe, apesar do pouco investimento), tem nos mostrado os lugares onde a fitoterapia consegue se desenvolver de pronto.

Hoje, poucos de nós não são afetados por pequenos machucados ou doenças leves que não exigem uma visita ao médico, mas pedem algum tipo de tratamento. A fitoterapia proporciona respostas seguras e acessíveis (ou até gratuitas) para essas situações desagradáveis. Essa prática pode ser benéfica ao conforto e à tranquilidade geral em um país que permite à maioria das pessoas pouco ou nenhum acesso aos cuidados de saúde. Dito isso, as ervas não são só para as coisinhas pequenas. Elas também representam uma alternativa segura para lidar com doenças autoimunes e crônicas. Enquanto a medicina ocidental convencional brilha no tratamento de acidentes graves, as ervas geralmente roubam a cena no gerenciamento a longo prazo de condições clínicas. A fitoterapia pode ajudar a preencher as lacunas da medicina ocidental convencional e trabalhar lado a lado com ela, enquanto lutamos por um sistema médico que seja mais holístico e ético.

Por que plantar e colher as próprias ervas?
Por que trabalhar com as plantas ao seu redor?

Por que plantar e colher as próprias ervas quando uma rápida busca on-line pode trazer o que você precisa por um preço justo? Acredito que algumas das razões são: intimidade, conhecimento profundo e sustentabilidade. Quero responder a essas perguntas com as lentes através das quais vejo as plantas: as do biorregionalismo. O pesquisador biorregionalista Kirkpatrick Sale define uma biorregião como um "território-vida, um lugar definido por suas formas de vida, topografia e biota, e não pelo que os humanos determinam"[*]. Eu foco minha utilização e meu aprendizado nas plantas com as quais posso trabalhar diretamente onde moro. Isso me ajuda a lidar com algumas das principais preocupações da medicina herbal hoje.

Existem muitas perguntas sobre a sustentabilidade da coleta e da colheita de plantas silvestres para uso medicinal. Algumas pessoas respondem a esses questionamentos sugerindo que elas nunca coletam nada do ambiente, enquanto outras adotam uma atitude de "salve-se quem puder", com o consumismo exagerado. Creio que a resposta está nas nuances. Em algumas biorregiões, como no Colorado, onde chove pouco e os frágeis ecossistemas desérticos não respondem bem ao estresse, perguntar se a terra consegue lidar com a prática da coleta é de extrema importância. Nos Apalaches (onde eu moro), as chuvas abundantes e a riqueza de espécies nos permitem olhar de modo diferente para esses questionamentos. Só porque podemos falar com pessoas de qualquer lugar do mundo ao pressionar um botão, às vezes esquecemos que somos seres com vínculos biorregionais, da mesma forma como nossos ancestrais.

Pensar com cuidado na localização única e na geografia ambiental, biológica e cultural de uma região é um ótimo passo para chegarmos a uma ética de manejo da terra que se baseie na localização. Isso quer dizer que aquilo que funciona no Colorado definitivamente *não* vai funcionar

---

[*] Sale, Kirkpatrick, "Bioregionalism—a Sense of Place", *Nation* 241, n. 11 (Out. 1985): 336.

aqui. Qualquer regra universal para a coleta (ou para qualquer coisa que tenha a ver com a terra) deve ser adaptada ao local único em que se vive. Esse fato é muito difícil de aceitar para pessoas que nunca conheceram um estilo de vida baseado no lugar em que habita. Isso pode gerar muita resistência, e está tudo bem. É difícil começar a "recuperar" a mente e fazer um esforço consciente para encolher um pouco o nosso mundo, mantendo a atenção no ambiente onde moramos. A Universidade ReWild, um centro educacional focado em habilidades ancestrais como a coleta e a construção, define a recuperação ambiental: "A recuperação não tem a ver com voltar a viver como caçadores-coletores. Em vez disso, trata-se de examinar nossos paradigmas culturais, percebendo como eles afetam nossa saúde física, mental e emocional, e de reivindicar o que é nosso por direito como seres humanos"*. O movimento *Eat Local* é um ótimo exemplo de estratégias biorregionais que também pensam na recuperação ambiental. Aproveitar integralmente alimentos que sejam frescos e venham do lugar onde moramos nos permite obter nutrientes vitais ao mesmo tempo que somos convidadas a aprender mais qual planta se desenvolve bem em nosso clima e o que é sustentável em estações diferentes. Isso também nos possibilita enxergar de modo mais cíclico aquilo que alguns consideram ser o centro de nossa existência: o estômago.

Os hábitos alimentares ancestrais se tornaram muito importantes tanto para os movimentos relacionados à saúde quanto para os movimentos culturais de comunidades indígenas por todo o país. Comer alimentos silvestres e plantados localmente pode ter uma relevância espiritual, o que ajuda a cultivar valor, orgulho e um sentimento de sacralidade na forma como as refeições são preparadas, consumidas e compartilhadas. Encontrar maneiras próprias de nos dedicarmos às dietas ancestrais é um jeito muito bonito de estabelecer uma conexão não só espiritual, mas também física com aqueles que se foram, mesmo que jamais possamos

---

* "What Is Human Rewilding?", modificado pela última vez em 19 de março de 2021.

comer com eles à mesa. Se não soubermos quem são nossos ancestrais (em caso de adoção), podemos compartilhar dessa prática mergulhando nas tradições alimentares do lugar que chamamos de lar.

Os franceses cunharam o termo *terroir* para discutir o caráter único atribuído ao gosto e à magia dos alimentos presente em uma biogeografia específica. Pode ser a combinação única do ar, da água e do solo de um lugar ou algo indefinível que o torna especial. Aqui nos Apalaches temos muitas espécies de plantas comestíveis, animais de caça e cogumelos coletáveis. Fomos abençoadas com a abundância. Chuvas temperadas semelhantes às de uma floresta tropical combinada com a moderação das estações tornam possível o crescimento de muitos frutos, castanhas e vegetais que seriam muito difíceis de obter se estivéssemos mais ao Norte ou ao Sul do globo.

Na condição de coletora, acredito de coração nas nuances do *terroir* de um lugar, os sabores e nutrientes únicos dos alimentos silvestres e cultivados no lugar que chamamos de lar. A maravilha de ser uma coletora é que podemos ser boas entusiastas de comida. Podemos pular a feira, guardar nosso dinheirinho suado e petiscar da abundância de alimento disponível em nosso quintal ou na mata fechada. O mais desafiador é encontrar formas de reaprender esse conhecimento perdido.

Eu não fui criada como bruxa, fazendeira ou coletora. Aprendi tudo que sei durante a juventude, quando fiz um período de aprendizagem com Natalia Bogwalker, na *Wild Abundance*, no Oeste da Carolina do Norte, e com muitas, muitas outras pessoas. Aprendi com livros, vídeos do YouTube e amigos. Tive o privilégio de esbarrar com a comunidade da qual participo no Oeste da Carolina do Norte e devo dizer que finalmente encontrei meu lar.

Um dia, estava comendo o chucrute que meus amigos e eu preparamos e pensei nos sabores únicos e estranhos que existem. Se há um *terroir* para a comida, as plantas e os animais, imagino que isso também aconteça com a magia. Quero trabalhar pelo *terroir* da magia popular. Uma magia do lugar. Uma magia única e especial que flui pelo rio French Broad e pela Floresta Nacional de Pisgah. Um *terroir* mágico dos Apalaches do Oeste da Carolina do Norte. Esse é só um exemplo do meu lar. Você também tem um *terroir* em sua biorregião. Como ele é?

Para mim, o animismo de uma biorregião ou a magia de um lugar específico realmente criam vida quando estou procurando coisas para coletar. Vejo a variedade única de plantas, fungos e animais que essas montanhas abrigam e fico maravilhada com os rios e nascentes antigas que alimentam esse clamor secreto e sombrio. Amo o fato de que meu corpo é feito do solo único sobre o qual eu caminho e das águas que bebo e onde nado. Amo o fato de que não há outro lugar na Terra como este.

Redescobrir sabores locais definitivamente ainda é um assunto muito discutido, à medida que restaurantes e supermercados exibem alimentos cultivados e até coletados localmente. Tanto recuperadores quanto pessoas "normais" podem estar atrasados no consumo de alimentos de uma biorregião, já que isso faz sentido; e, algum dia, pode ser que esse seja o único alimento disponível no cardápio. Assim como quero apoiar pessoas que cultivam, coletam e compartilham hábitos alimentares, também quero apoiar e defender as práticas mágicas biorregionais. Em defesa da magia popular, digo que não há maneira mais apropriada de honrar os lugares em que vivemos e as criaturas que neles habitam do que nos lembrarmos e descobrirmos os costumes que vieram antes de nós. Não só saber como as cestas eram tecidas ou como as músicas eram cantadas, mas também o modo como os espíritos querem ser vistos, como pedir ao milefólio que cure nossas feridas ou como deixar uma oferenda para agradar ao *genius loci*, o espírito de um lugar.

Amo essa expressão. O espírito de um lugar. É o *terroir* do espírito do mundo. Aprendi esse termo com Marcus McCoy, um dos fundadores do Simpósio Viridis Genii, uma conferência maravilhosa sobre magia das plantas, cerca de oito anos atrás quando li um artigo dele. Vejo esse termo com mais e mais frequência desde que ele o popularizou, e isso me dá um calorzinho no coração. O tempero único acrescentado pelos seres e criaturas que rastejam, voam ou nadam nas localidades onde moramos. Independentemente de onde estivermos, podemos interagir de forma direta com esses seres.

Enquanto buscamos estabelecer uma relação com a terra, é importante lembrarmos que vivemos em uma terra roubada. Firmar um compromisso com os costumes da terra não é um convite para nos apropriarmos das práticas culturais e religiosas dos povos indígenas que vieram antes de nós e ainda vivem aqui. Esse chamado é uma convocação para procurar e encontrar os espíritos, não para invocá-los ou controlá-los. É um apelo para escutar e observar, para ouvir e cheirar, para sentir o gosto da terra e para alimentá-la. Para mim, a bruxaria biorregional implica viver uma prática que se orienta pelos seres entre os quais habitamos, tanto humanos quanto não humanos. É uma prática que vive e cresce.

Ao estudarmos fitoterapia medieval ou amuletos apalaches contra espíritos malignos, digo aos meus alunos que algumas coisas não foram feitas para nós. Eu nasci nos Apalaches, mas fui criada em diferentes lugares por todo o país. As coisas que conheço são diferentes daquelas conhecidas por alguém nascido e criado aqui, nestas montanhas que hoje chamo de lar. Não vou lamentar por isso. Afinal, que bem isso me faria? É normal experimentarmos a percepção, às vezes desconfortável, de que todos temos acesso a coisas diferentes e trabalhos distintos a realizar. Viver com vergonha ou inveja não é a resposta. Assim como muitos encaram os próprios privilégios alcançados por meio da branquitude, da classe ou do talento, também devemos examinar de perto e com carinho as tradições com as quais nos relacionamos em busca de benefícios espirituais.

Todos temos um passado animista e pagão. Vejo uma tendência de idealizar coisas antigas e evitar a inovação nas práticas da bruxaria quando, na verdade, aquilo que fazemos é a junção de costumes antigos diferentes e fragmentados. Podemos criar, reimaginar e ressuscitar vigorosas práticas biorregionais de bruxaria a partir dos cacos que outras pessoas tentaram jogar fora. É possível realizar isso ao estabelecer relações com a terra à nossa volta e entrelaçá-la com as práticas que nossos ancestrais nos deixaram. Podemos experimentar algo antigo quando o transformamos em uma coisa nova e cheia de energia.

Não precisamos fazer parte de uma linhagem perfeita de bruxas nem lançar feitiços escritos no ano 100 EC. É possível encontrar novas maneiras para que muitos de nós, que não temos acesso a tradições consolidadas, consigamos viver nesta terra e observar a mudança das estações de forma autêntica. Podemos alcançar isso sem fazer uma seleção espiritual apropriadora que prejudique os grupos e as comunidades racializadas. Podemos descobrir um novo jeito de coletar, plantar e escutar. Ele é velho e novo ao mesmo tempo. E acredito que isso seja muito bom.

Optar por viver em um mundo menor e tentar tirar o sustento e os recursos dos espaços à minha volta sempre que isso for sustentável não me deixa com uma sensação de escassez. Não vejo isso como uma perda de detalhes ou conhecimento, mas sim como um convite a construir uma intimidade com os animais, as plantas, os minerais e a história de um lugar. Isso só vem a partir da intensa compreensão desse lugar específico. Esse é um dos maiores presentes do biorregionalismo para as bruxas. Existe fundação mais firme para sustentar a magia do que o conhecimento profundo de alguma coisa?

A relação direta com a natureza para quem a cultua

Conforme viajo e participo de conferências e debates distintos mundo afora, geralmente saio desses lugares com a triste sensação de que muitas herboristas e bruxas não conhecem de verdade as plantas com as quais trabalham. Elas podem saber um pouco aqui e ali, mas muitas vezes lhes falta um compromisso com o ato de aprender a identificar, colher e criar remédios ou magia com esses recursos.

Isso acontece por muitos motivos complexos: em grande parte devido ao conhecimento inacessível, mas creio que também pela crença arraigada de que somos algo separado da natureza. Talvez esse seja o maior desaprendizado pelo qual precisemos passar para podermos permitir completamente o reestabelecimento das boas relações com outros seres que não os humanos. Escolher se dedicar ao trabalho com as plantas a partir de um entendimento profundo delas já é por si só um ato de magia. É uma iniciação e uma reafirmação constante do compromisso com o caminho definido.

Todos os nossos ancestrais coletivos eram animistas, pois essa foi a primeira forma pela qual os humanos interagiam espiritualmente com o mundo. Os animistas creem que "o mundo está cheio de indivíduos, alguns dos quais são humanos"[*]. Definições mais antigas do animismo focavam sobretudo a crença em espíritos, mas um conceito mais recente cunhado por Graham Harvey, professor de estudos religiosos da Universidade Aberta no Reino Unido, considera a maneira como as pessoas se relacionam com esses outros seres de suma importância. A maioria das bruxas também é animista. Vemos vida em todas as coisas. Vemos "personalidade" em todas as coisas. Isso não quer dizer que as personificamos, mas que reconhecemos os rios, as plantas, os insetos, os animais, as montanhas e a diversidade de seres com a qual dividimos este mundo como seres únicos e dignos de respeito, valor e honra[†].

Ser uma bruxa que trabalha com plantas permite que cada momento seja uma oração e que cada cheiro, gosto, som ou sensação seja uma oferenda. Quando escolhemos conhecer, proteger, propagar e trabalhar com plantas em profundidade, podemos encontrar maneiras de enxergar a personalidade de cada uma, mas também possibilitar que elas enxerguem a nossa. Somos convidadas a dar um passo atrás no chão de terra batida sobre o qual a humanidade caminhava e retomar o rumo a uma vida cíclica: uma vida que acompanhava o crescimento do alimento, o nascimento das pessoas e das criaturas não humanas, e a morte daqueles que se ama. Conseguimos encontrar mais caminhos a serem abraçados em meio a uma cultura profundamente desconectada onde reinam os sentimentos de desvalor e solidão.

---

[*] Harvey, Graham, *Animism: Respecting the Living World* (Austrália: Wakefield Press, 2005), xi.
[†] Harvey, *Animism: Respecting the Living World*, xviii.

Vivendo em sincronia com as estações

A conexão com nós mesmas e com o mundo não humano à nossa volta é só uma maneira especial pela qual a vida mais cíclica manifesta conexão e significado. Sei que parece estranho adotar atitudes específicas e mudanças no estilo de vida para criar um significado individual, mas muitas de nós somos privadas de laços familiares e culturais fortes. Acredito que essa é uma das diversas razões pelas quais os humanos modernos enfrentam tanta apatia, depressão e falta de propósito. Observar a mudança das estações, seja em Michigan ou no Sul da Flórida, nos ancora em mudanças sutis da terra e de seus habitantes, tanto física quanto energeticamente. Assim, se não enxergamos nada que faça sentido ou seja saudável para nós na vida que vivemos, podemos sempre realizar pequenas mudanças para começar.

Enquanto prática espiritual, a bruxaria é sobretudo o culto à natureza. E é na observação da mudança das estações que estão algumas de nossas comemorações mais sagradas. Ao longo da história, povos de todas as culturas escolhiam dias específicos com base na agricultura e na astrologia para fazerem banquetes, rezar, dançar e comemorar os dons da vida e a riqueza do mundo ao redor. Na bruxaria, chamamos esses momentos de sabás. Em algumas vertentes da Bruxaria Tradicional e de outras tradições neopagãs modernas, comemoramos oito sabás; eles se baseiam em antigos festivais ingleses e irlandeses da era pré-cristã e em dois equinócios e dois solstícios. Pessoalmente, considero que dedicar tempo para comemorar esses momentos importantes, com raízes em meu passado ancestral, tem enchido a minha vida de um rico simbolismo e significado que jamais pensei ser possível. Além disso, sempre amei o nome dado a esse ciclo de oito datas comemorativas: a Roda do Ano.

Uma das maravilhas de ser uma bruxa é que você não precisa comemorar datas com as quais não tenha nenhum vínculo ancestral, cultuar deuses e deusas, ou adotar qualquer prática indesejada. Uma das coisas que eu amo é adaptar a celebração dos sabás com alimentos e plantas que eu possa coletar ou plantar aqui nos Apalaches. Por exemplo: um prato tradicional consumido no Imbolc, celebrado durante o inverno, são os *hot cross buns*, pãezinhos doces com frutas secas e especiarias. Eu preparo alguns usando sementes de língua-de-vaca (*Rumex crispus*) que coletamos, e uso uma receita sem glúten: não posso comer trigo, não importa o quanto meus ancestrais o apreciassem. Comemos carne de cervo, que nós mesmos caçamos, em vez de comer cordeiro comprado no mercado, e consumimos muito verde silvestre desidratado, como urtiga (*Urtica dioica*) e folhas de violeta azul comum (*Viola sororia*).

Isso passa longe do que muitos livros de culinária bruxa recomendam em termos de receitas tradicionais de Imbolc. Mas, para nós, comer esses alimentos sagrados vindos da terra onde vivemos *é* a maneira como consolidamos as tradições. A beleza da tradição é que ela precisa começar em algum lugar. Esse é o espaço que eu mais gosto de ocupar. Aquele entre a tradição e a realidade de minha experiência vivida. De que maneira comer e viver conforme as estações transformaria sua prática de bruxaria?

Eu não só me alimento conforme as estações, mas também faço a colheita de algumas plantas para meus rituais e outras atividades frequentes, como a produção de cestas e a tecelagem. Quando o caule do verbasco (*Verbascum thapsus*) cresce bonito e alto no começo de outubro aqui nas montanhas da Carolina do Norte, sei que já está quase na hora do Samhain. Eu junto verbasco todos os anos para mergulhá-lo em cera de abelha e fazer velas, para nossos rituais da lua negra e para a maioria de minhas datas comemorativas preferidas. Elas são chamadas de círios de bruxa: são velas biorregionais incríveis, principalmente se você comprar a cera em sua região ou criar suas próprias abelhas. Esses são apenas alguns exemplos da variedade de maneiras pelas quais é possível alinhar sua prática com a Roda do Ano conforme ela gira. Neste livro, incluirei rituais, feitiços e remédios com ervas pensando na Roda do Ano: assim você poderá celebrar e explorar novas possibilidades enquanto expande suas próprias práticas de bruxaria.

VI. PLANTS USED FOR BEVERAGES.

VII. PLANTS USED FOR MANUFACTURES.

VIII. MISCELLANEOUS.

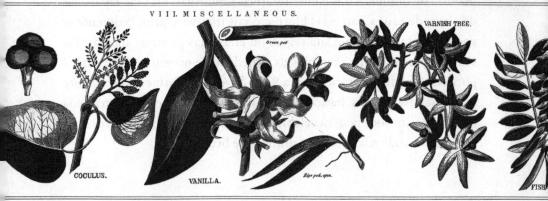

REBECCA BEYER

Bruxaria
SILVESTRE

2

A Relação:
*Plantando Suas
Próprias Ervas
Mágicas e Medicinais*

A terra tem uma energia e uma magia especiais. Existe uma conexão intrínseca entre as ervas e a bruxaria, já que ambas são companheiras naturais uma da outra. Para qualquer pessoa que queira sujar as mãos e se tornar uma bruxa jardineira de verdade, esta parte do livro servirá de introdução às ferramentas e às informações que você precisa para mergulhar fundo no assunto.

Mantendo um Jardim Mágico: Introdução ao Cultivo Orgânico

Terra. Todas as pessoas vêm de algum lugar, mas 64% da população norte-americana é sem-terra, o que significa que não detemos propriedades em nosso nome. No entanto, isso não quer dizer que não possamos cultivar nossas próprias plantas. Há muitas maneiras de obter acesso ao solo para trabalhar e se divertir. Se não tiver um espaço em sua propriedade com incidência direta da luz do sol por pelo menos seis horas (de preferência mais) por dia, ou não tiver acesso a um pedaço de terra onde possa plantar, aqui vão algumas opções:

Horta comunitária: trabalhe em conjunto! Alguns lugares oferecem aluguel de lotes a preços acessíveis e compartilham ferramentas e recursos para o cultivo em grupo (além disso, é uma ótima maneira de conhecer sua comunidade verde!). Veja se consegue começar uma horta comunitária, caso já não exista alguma por perto.

Quintal compartilhado: algumas pessoas com muitas propriedades ficam felizes em compartilhá-las. Coloque anúncios em quadros de avisos comunitários para divulgar que você está buscando um pedacinho de chão para plantar.

Plantar em vasos: você consegue cultivar uma quantidade e variedade surpreendentes de plantas em vasos em um apartamento nas alturas. Tudo que precisa é de luz e algum espaço dentro de casa. Falaremos mais disso daqui a pouco.

Neste capítulo, detalharei os conhecimentos básicos que você precisa ter para criar e manter seu jardim mágico.

Identifique sua zona

As plantas respondem à mudança das estações. Por isso, a primavera e o verão são a época dos frutos, enquanto o inverno tende a fazer muitas plantas hibernarem. Se você mora em um clima com invernos particularmente rigorosos e tem problemas com a neve, precisará prestar atenção a quais plantas conseguem sobreviver em sua região. Se mora em um lugar como a Califórnia, não precisará se preocupar muito. As plantas reagem quando as temperaturas despencam. Aquelas que são anuais morrem e as perenes ficam dormentes durante o inverno. Você pode se preparar sabendo o que esperar e conhecendo sua zona climática.

As zonas climáticas se baseiam nas temperaturas máximas e mínimas previstas para uma área. Você pode usar um mapa dessas zonas como guia para identificar quais plantas crescerão e se desenvolverão bem em sua região. O USDA (Departamento de Agricultura dos Estados Unidos) tem um mapa de resistência de plantas on-line. Se estiver nos EUA, pode procurar sua região com base no código postal e aprender sobre sua zona (a categorização das zonas se baseia na média de temperaturas mínimas por ano).

Para conhecer as zonas climáticas de outros países, sugiro acessar a página da Wikipédia em inglês para "Hardiness Zone". Ela tem um mapa-múndi que exibe a zona aproximada de todas as regiões do planeta.

Solo

O cultivo de plantas para fins mágicos tem de começar em algum lugar: no solo. Independentemente do fato de você estar cultivando plantas em vasos em sua varanda ou direto no solo, a maneira de cuidar, e até de criar o solo, é de suma importância para o crescimento e a saúde das plantas. Em resumo, o solo é uma substância composta por quatro partes: sólidos minerais, ar, água e matéria orgânica. Existem muitas substâncias em cada uma dessas quatro categorias, mas vou simplificar. Os sólidos minerais são a argila, o silte e a areia. O ar cria espaços, chamados poros, que servem de estradas que permitem aos gases, como o oxigênio, se moverem pelo solo. A água movimenta os nutrientes dissolvidos pelo solo. Todos são importantes, mas o coração do solo orgânico de um jardim é a matéria orgânica. Gosto da maneira como Fred Magdoff, professor de minha *alma mater*, a Universidade de Vermont, e autor do incrível *Building Soil for Better Crops,* explica o que é matéria orgânica e a ciência do solo.

Segundo ele, a matéria orgânica do solo é uma mistura de três tipos diferentes de materiais:

Material vivo: essa parte é composta por organismos do solo e raízes de plantas. São basicamente o rebanho vivo do subsolo. Esses organismos são responsáveis por uma variedade de funções úteis que vão desde capturar a energia solar até decompor resíduos orgânicos e acabar com pragas.

Material morto: material orgânico morto recentemente, como resíduos de colheitas, aparas de jardim e esterco de animais. Em geral, essa parte é rica em nutrientes e fácil de se decompor. Por isso, ela serve de alimento para o "rebanho do subsolo".

Material bem morto: húmus do solo, ou seja, o produto de toda a alimentação e decomposição feita pelo material vivo. O húmus é ativo do ponto de vista físico e químico. Ele armazena nutrientes e água, estabiliza as estruturas do solo, desintegra toxinas e auxilia o crescimento das plantas. Pode ser entendido como "o pasto" para o rebanho do subsolo, pois compõe a maior parte da matéria orgânica. Ele é importante devido ao seu tamanho, que corresponde ao de pequenas partículas. A matéria orgânica bem decomposta tem uma grande superfície de área em relação ao volume, o que significa que o húmus está em contato com boa parte do solo. Isso permite muitas reações entre essas camadas próximas, como o lançamento de nutrientes na água que se encontra no solo[*].

Não é preciso ser cientista para ter um solo saudável e reconhecer seus atributos. Assim como na identificação de plantas, a verificação de padrões básicos é um ótimo meio para classificar algumas características do solo com o qual você trabalha.

Solos mais escuros: têm mais matéria orgânica, são bem aerados e apresentam alto índice de retenção de água.

Solos vermelhos ou marrons: têm boa aeração e são um pouco encharcados. A cor vermelha geralmente indica um alto grau de argila no solo.

Cinza/verde-oliva: solo muito encharcado. O solo pode ser considerado encharcado quando está saturado de água a maior parte do tempo, tanto que os espaços para o ar são restritos.

Subsolo mesclado: águas subterrâneas oscilantes. Talvez uma zona de inundação.

Agora que já sabemos o quanto a matéria orgânica é importante para a composição do solo, como podemos adicioná-la ao local onde queremos plantar? Acrescentando composto orgânico! Esterco de animais, resíduos

---

[*] Magdoff, Fred, *Building Soils for Better Crops* (Estados Unidos: Sustainable Agriculture Network, 2000), chapter 2.

de plantações (como palha cortada ou folhas secas) e outros materiais vegetais podem fazer parte do composto. Também é possível cobri-lo com uma espécie de cobertura (plantas cujo principal objetivo é beneficiar o solo). A matéria vegetal resultante dessa cultura pode ser deixada para apodrecer e cobrir o solo no intuito de acelerar o processo; outra possibilidade é revolvê-la gentilmente para que se misture ao solo, utilizando uma pá ou uma espátula de jardim, e fazer uma camada sobre ele para evitar que o sol cause a dispersão do nitrogênio e dos outros nutrientes e minerais do solo.

Nutrientes do solo

As plantas precisam de 18 elementos químicos para seu crescimento: NPK, carbono, hidrogênio, oxigênio, cálcio, magnésio, enxofre, boro, cobre, ferro, cloro, manganês, molibdênio, zinco, níquel e cobalto. O modo como esses nutrientes se movimentam pelo solo e ficam disponíveis para nossas amigas plantas tem relação direta com a quantidade de matéria orgânica que ajudamos o solo a produzir[†].

NPK é a sigla que representa todos os nutrientes principais, usados em grandes quantidades por vários processos de crescimento das plantas, e geralmente são os primeiros a se esgotarem.

Nitrogênio (N): apesar de a composição do nosso ar ter 78% de nitrogênio, ele é bastante volátil. Isso dificulta sua retenção no solo. O nitrato é a forma de nitrogênio que as plantas adoram, mas infelizmente ele tem uma alta tendência a escapar. É por isso que solos ricos em matéria orgânica com uma boa lavoura e estrutura podem ajudar a segurá-lo. Funciona como uma esponja: os solos não compactados e bem aerados são os que melhor retêm seus nutrientes. O nitrogênio é necessário para muitos processos, entre

---

[†] Gatiboni, Luke, "1. Soils and Plant Nutrients", NC State Extension Publications, North Carolina Extension, 14 fev., 2018.

eles o crescimento e a reprodução das plantas. Depois da água, ele é o segundo nutriente mais importante no desenvolvimento vegetal. Às vezes, manchas amareladas nas folhas indicam uma deficiência em nitrogênio. E como podemos obtê-lo? A partir da compostagem, do esterco, das leguminosas plantadas como cobertura (como a ervilha ou a fava) e das farinhas de sangue, osso e peixe. Testar o solo regularmente (uma vez na primavera e outra no outono) também é sempre bom. Você pode comprar um teste para fazer em casa ou enviar uma amostra à universidade mais próxima que ofereça testagem do solo. Por fim, pode comprar fertilizantes ricos em nitrogênio. Aliás, farinha de sangue é o nome de um fertilizante natural disponível para compra. Ele é um produto dos abatedouros que, do contrário, seria descartado.

Fósforo (P): assim como o nitrogênio, o fósforo é um componente essencial à fotossíntese e ao crescimento rápido. Ele incentiva a planta a florescer e as raízes a crescer. A deficiência de fósforo geralmente surge após alguns anos de crescimento em um mesmo local. Às vezes, pontinhos meio roxos ou avermelhados na parte de baixo das folhas indicam o baixo teor de fósforo. Quando acrescentamos matéria orgânica suficiente e encorajamos a produção de uma rede alimentar saudável no subsolo (sobretudo para os fungos que fazem parte dessa rede), tornamos possível a presença de mais fósforo no solo. Infelizmente, na maioria das vezes ele fica preso a ligações químicas no solo, o que o torna inacessível às plantas. Mas se alimentarmos de forma contínua o rebanho do subsolo e adicionarmos matéria orgânica, o fósforo será mais acessível. O trigo sarraceno é um acumulador muito útil de fósforo. Ele pode ser usado como fertilizante ecológico ou plantação de cobertura. Se quiser acrescentar um produto adquirido em loja, lembre-se de que a farinha de ossos é o ideal: o fosfato das rochas é um produto da mineração e um recurso finito, além de ser prejudicial à Terra. Muitas lojas de material de jardinagem têm farinha de ossos, já que ela é um auxiliar orgânico comum.

Potássio (K): o potássio vem dos minerais do solo e de materiais orgânicos e é absorvido em grandes quantidades pelas plantas, mais que todos os outros elementos minerais (com exceção do nitrogênio e do cálcio). Ele é removido com facilidade e geralmente é retirado do solo em grandes quantidades durante a época da colheita. Ele ajuda na construção das proteínas, na fotossíntese e na redução de pragas. Se você perceber um crescimento lento ou mudinhas que não se desenvolvem, é provável que seja devido à deficiência de potássio. Podem surgir áreas alaranjadas ou bordas amareladas nas folhas. O tecido das folhas pode parecer queimado antes de finalmente se tornar marrom e morrer. Em geral, o potássio é fornecido pela compostagem, pelas plantas de cobertura e pelos resíduos vegetais. O esterco é uma ótima fonte desse elemento, com exceção do esterco de galinha (não se preocupe, a maior parte do esterco vendido vem das vacas). Folhas e granito em pó são outras ótimas fontes que liberam potássio de forma lenta. As cinzas de madeira também são ricas em potássio, mas a calagem produzida por ela, cerca de dois terços da produzida pelo calcário, pode aumentar demais o pH do solo se feita de modo indiscriminado[*]. O pH é muito importante para a disponibilidade de nutrientes e, por isso, testar o solo é essencial. Se o solo estiver muito ácido ou básico, plantas diferentes sofrerão para se desenvolver.

Os nutrientes secundários são o cálcio (Ca), o magnésio (Mg) e o enxofre (S). Eles geralmente existem em quantidade suficiente no solo de forma natural, então pode ser que você não precise acrescentá-los. Além disso, grandes volumes de cálcio e magnésio são adicionados quando se aplica cal aos solos ácidos. O enxofre resultante da decomposição de matéria orgânica é suficiente na maioria das vezes. Não jogue fora as aparas de grama ou as folhas secas, pois elas podem ajudar a fornecer o que suas plantas precisam!

[*] Magdoff, *Building Soils for Better Crops*, 282.

Cálcio: necessário para produzir as paredes das células e para as folhas crescerem. Precisamos desse nutriente em quantidades diferentes, a depender da planta que estamos cultivando.

Magnésio: faz parte da clorofila de todas as plantas verdes e é essencial para a fotossíntese. Ele também ajuda a ativar muitas enzimas exigidas para o crescimento. Minerais do solo, material orgânico, fertilizantes e calcário dolomítico são fontes de magnésio. Eu uso uma mistura de calcário e magnésio no meu jardim.

Enxofre: alimento essencial para que as plantas produzam proteínas. Promove a atividade e o desenvolvimento de enzimas e vitaminas, entre muitas outras funções. O enxofre está presente na água da chuva e no gesso. Ele também aparece na matéria orgânica, é claro!

Os micronutrientes são elementos essenciais para o crescimento, necessários em quantidades muito pequenas. Algumas vezes são chamados de micro ou oligoelementos. Os micronutrientes são o boro (B), o cobre (Cu), o ferro (Fe), o cloro (Cl), o manganês (Mn), o molibdênio (Mo) e o zinco (Zn). Reciclar matéria orgânica, como aparas de grama e folhas secas, é uma ótima forma de proporcionar micro e macronutrientes para o crescimento das plantas[*].

Por fim, você sempre pode comprar substrato para plantio no viveiro local.

---

[*] "Essential Nutrients for Plants", último acesso em 6 mar. 2020.

Sementes

Amamos ter opções, sobretudo quando o assunto é alimentação e medicina. Há cerca de 12 mil anos, os seres humanos usam as sementes para escolher que alimentos querem plantar. A agricultura de grãos enquanto prática só foi amplamente difundida a partir de 9.500 AEC. Acredita-se que naquela época os oito "cultivos fundantes" da civilização se consolidaram como marco do cultivo sedentário ao redor do mundo. São eles os trigos emmer e einkorn, o grão de bico, a linhaça, a ervilha de pombo, a cevada, a ervilha e a lentilha[†]. Foi só a partir de 1880 que as empresas começaram a ditar o modo como armazenamos, acessamos e escolhemos as plantas que merecem ser guardadas e as que podem ser esquecidas[‡]. Antes disso, a maioria das pessoas guardava, trocava e vendia sementes na própria comunidade. As sementes provenientes das empresas permitiram uma maior variedade de espécies disponíveis no início. Porém, com o passar do tempo e com as revoluções industrial e científica acontecendo na década de 1920, a diversidade de plantas oferecidas foi ficando cada vez menor e prevaleceram o armazenamento e a venda de sementes orientados à produção.

Combinado às mudanças nas ciências pertinentes à cura médica, isso significou que cada vez mais pessoas estavam se afastando dos remédios caseiros e dos alimentos cultivados em casa para irem ao médico e consumirem produtos à base de monocultura de milho. Essa é uma versão muito simplificada dessas grandes mudanças; mas na condição de pessoas que trabalham com sementes, é ótimo saber um pouco o quanto é antiga a arte de produzir as próprias sementes, e que de certa forma também se trata de um ato radical. Escolher trabalhar com as sementes das ervas e das flores que um dia foram valorizadas por nossos ancestrais diversos, seja aqui ou no exterior, é uma forma especial de reconectar e ancorar a uma linhagem nossa prática de trabalho com as plantas.

[†] Zeder, Melinda A., "The origins of agriculture in the Near East", *Current Anthropology* 52, n. 4 (2011): 221–235.

[‡] Navazio, John, "A Short History of Agricultural Seed", *A Short History of Agricultural Seed*, Chelsea Green Publishing, 3 mar. 2021.

O *American Heritage Dictionary* define herança como "algo valioso passado de geração em geração". A jardinagem crioula é a preservação de variedades de plantas antigas e valiosas. Muitas variedades que um dia estiveram presentes nos jardins e nas residências dos séculos XVII e XVIII se perderam devido às mudanças no agronegócio mencionadas anteriormente. No entanto, assim como aconteceu com o interesse recorrente pelas habilidades primitivas e pelas artes herdadas, o interesse pelas sementes crioulas também ressurgiu[*]. E eu amo cultivar ervas e vegetais que têm história.

O cultivo de ervas a partir da semente

As plantas são incríveis. A maioria delas tem as partes reprodutivas masculina e feminina, sendo a primeira composta pelo estame, com seus filetes e anteras cheias de pólen na ponta. Essas anteras amadurecem gradualmente e então se abrem, expondo o pólen quando estão prontas para se reproduzirem. A parte feminina é o pistilo, composto pelo estigma e pelo estilete. Este último tem um ovário com um ou mais óvulos dentro. O estigma é a parte que recebe o pólen.

Quando o grão fértil de pólen se junta ao estilete, eles formam um tubo polínico que alcança e fertiliza os óvulos no ovário. O ovário se transforma em um pericarpo ou fruto, enquanto os óvulos fertilizados se tornam as futuras sementes.

Fazer sementes germinarem pode ser incrivelmente fácil *e* difícil ao mesmo tempo! Em resumo, o que precisa acontecer é que o revestimento da semente (a casca) tem de ficar frágil o suficiente para que a planta comece a crescer em direção a uma fonte de luz. Para saberem que é hora de acordar, algumas sementes também precisam de mudanças de temperatura ou oscilações que imitem o congelamento do inverno ou o degelo da primavera.

---

[*] "Seed Saving and Heirloom Gardening at the Wylie House", *Wylie House Museum*, Indiana University Bloomington, 3 fev. 2015.

O nome desse processo é estratificação. As sementes de determinadas espécies de plantas e de árvores precisam de escuridão, umidade e temperaturas congelantes. Essas mudanças amolecem o revestimento da semente e permitem que ela germine. Na natureza, as sementes caem das plantas e são cobertas pelo solo e pelas folhas. Lá, permanecem frias e úmidas até a primavera. Você pode simular esse processo natural colocando uma semente debaixo de camadas de areia úmida ou de uma mistura de areia e turfa. Se forem sementes pequenas, pode acomodá-las entre pedaços de tecido de algodão ou papel toalha. É possível usar a geladeira ou o freezer, se tiver espaço suficiente. Para saber se a planta precisa desse processo, leia as informações no pacotinho das sementes ou familiarize-se com as necessidades de cada espécie que planeja cultivar. Nem todas as sementes precisam da estratificação; as que precisam são, em sua maioria, sementes com cascas muito duras. A lavanda é um exemplo de planta que germina muito melhor após a estratificação.

Outra maneira de enfraquecer o revestimento da semente e permitir que a umidade entre para iniciar a germinação é com a escarificação mecânica, ou seja, provocar um dano físico intencional ao envoltório. Você pode tranquilamente usar uma lixa de unha para isso. Para acelerar a germinação das sementes de *Ipomoea alba* ou dama-da-noite (que são bem duras), eu as lixo até fazer um buraquinho antes de encharcá-las e plantá-las. Deixar as sementes de molho em água quentinha antes de plantá-las também ajuda na germinação. Eu gosto de fazer isso até com minhas ervilhas, para adiantar o processo antes de afundá-las na terra dura e fria.

Gosto de plantar sementes crioulas ou variedades de polinização aberta. Isso significa que eu posso guardar as sementes dessas plantas e compartilhá-las com minha comunidade. Sementes híbridas são obtidas a partir do cruzamento entre duas plantas diferentes no intuito de obter algum benefício ou característica, como a resistência a pragas, uma cor específica ou outro traço desejável[†]. A planta resultante dessas sementes jamais produz outra igual à original. Se eu as guardar, elas

---

[†] Burrows, Rhoda, "Saving Seed: Will the Seed Produce Plants Similar to the Plant It Was Collected from?", SDSU Extension, South Dakota University Extension, 30 ago. 2019.

podem produzir plantas iguais a uma ou a outra planta mãe, visto que vieram de um cruzamento de plantas diferentes. Não posso guardar sementes geradas por plantas híbridas. Por fim, sempre podemos comprar plantas do viveiro local, se preferirmos pular o processo de semeadura.

Propagação das plantas

As plantas podem se reproduzir através de alguns métodos diferentes. Acabamos de aprender sobre o modo sexuado (pela germinação de sementes). Existem muitas outras formas de propagar as ervas que amamos de maneira assexuada e até através de clones. Há um mundo vasto e complexo envolvendo a propagação das espécies, mas vamos abordar essa arte antiga apenas superficialmente, falando dos métodos mais fáceis, mais baratos e que façam sentido para quem planta ervas mágicas.

Divisão

A divisão é qualquer método de reprodução assexuada que separe uma parte da planta mãe (plântulas, bulbos, brotos laterais, brotos ladrões, escamas ou tubérculos). O processo de divisão é útil por muitos motivos. Um deles é que podemos encorajar mais plantas a crescer e se espalharem. Ele ajuda a manter as plantas saudáveis, dando mais espaço para suas raízes se desenvolverem e explorarem os nutrientes do solo. Além disso, aumenta o fluxo de ar em volta das plantas, já que elas ficam menos apertadas (o fluxo de ar é importante para evitar doenças por fungos). Nem todo tipo de propagação assexuada funciona com qualquer planta. Ainda assim, a maioria das ervas perenes herbáceas pode se reproduzir dessa forma. Plantas como a erva-cidreira, o tomilho, o orégano, todas as espécies de hortelã, o levístico, a monarda e a manjerona podem ser divididas. É só cavar até alcançar as raízes da erva. Faça isso durante a primavera, antes de elas começarem a crescer com vigor, e divida as raízes. Para isso, eu uso uma *hori hori*, uma faca japonesa de jardim, mas uma colher de pedreiro também funciona. Divida a planta a partir do emaranhado das raízes em duas ou quatro partes, a depender do tamanho dela. Replante e regue as plantas "novas" imediatamente para evitar que sequem e morram.

Estaquia

É possível fazer com que muitas plantas herbáceas perenes (aquelas que vivem mais de dois anos) se reproduzam cortando certas partes da planta e permitindo que cresçam plantas novas a partir delas. Ao contrário do cultivo com as sementes, essa técnica não gera uma nova planta geneticamente diversa. Em vez disso, obtém-se um clone ou uma cópia genética da planta original. A parte da planta cortada é chamada de estaca, mas não são todas as partes que servem a essa forma de reprodução. Podemos usar algumas específicas das raízes, dos galhos ou das folhas da planta mãe, que são cortadas e replantadas no solo para darem origem a uma planta nova de modo assexuado. Se você não souber ao certo se é possível cortar uma planta ou não tiver certeza sobre qual parte cortar, faça uma pesquisa para confirmar ou pergunte no viveiro local.

As plantas difíceis de crescer a partir das sementes ou cujo crescimento seja muito lento, como o alecrim, são ótimas candidatas a esse método de propagação. Cada planta tem um tipo específico de estaca que pode ser retirada dela. As rosas, por exemplo, conseguem se reproduzir a partir de estacas extraídas do caule das flores que surgiram naquele ano. Ele pode ser plantado depois de embebido em hormônios de enraizamento, que dá para comprar ou fazer em casa. Esse hormônio, chamado de auxina, induz a planta a produzir raízes. Embora as plantas não precisem desse passo extra, é possível que ele aumente as chances de um enraizamento bem-sucedido. Você também pode fazer as estacas de algumas plantas criarem raízes na água. Minha planta favorita para realizar a propagação por estaquia é o sabugueiro: é só cortar um galho novo e macio que esteja começando a ficar marrom e mais duro.

O que é ótimo no sabugueiro é que dá para conseguir várias mudas novas a partir de um único galho. É só retirar todas as folhas dos dois terços inferiores da estaca, mas manter pelo menos um raminho de folhas na parte de cima, para que ela ainda consiga fazer a fotossíntese. Deixo minhas mudas criarem raízes em um jarro com água, colocando a parte que será a raiz para baixo e o galho submerso até a metade. É só posicionar a nova estaca em um lugar ensolarado e de vez em quando borrifá-la com água, além de trocar a água do jarro. As raízes devem começar a brotar a partir da oitava semana! Eu a transfiro para um vaso com substrato logo depois disso e espero até que ela pareça robusta. Só então planto-a no local definitivo.

Você pode comprar um substrato pronto para plantar suas divisões e estacas, mas também é possível fazer o seu próprio, se preferir. Ao longo da história, muitas pessoas usaram areia de rio para propagar as plantas. Também dá para usar areia limpa ou seguir a receita abaixo para fazer seu próprio substrato. Misturas prontas são muito convenientes, mas elas geralmente são feitas de recursos finitos, como turfa, vermiculita ou perlita, que são materiais extraídos da natureza. Em parte, nosso compromisso com uma espiritualidade baseada na Terra implica questionar o que causa menos danos ao planeta. De que forma nossas práticas mágicas com plantas podem provocar o menor mal possível à maioria dos seres? Para mim, fazer o substrato em casa é maravilhoso, porque eu economizo dinheiro ao evitar uma compra de turfa e perlita ensacadas e fico descansada ao saber que usei componentes das terras ao meu redor, sem compactuar com a mineração.

Esta receita caseira de terra para plantio foi adaptada da versão de Barbara Pleasant, do icônico *Mother Earth News*[*]:

- Duas partes de composto em estágio avançado de decomposição (veja mais sobre compostagem na próxima página!)

- Uma parte de terra boa para plantio

- Uma parte de serragem decomposta (obtida de madeira não tratada) ou cascas de arroz

[*] Pleasant, Barbara, "How to Make Your Own Potting Soil", *Mother Earth News*, Ogden Publications, Dez. 2008.

Se quiser, você também pode usar um composto de folhas no lugar da serragem para afofar um pouco mais o solo. Se precisar de um solo com alta drenagem, é possível adicionar um punhado de areia limpa por litro de mistura.

Não é preciso seguir a receita à risca: use a criatividade e produza sua própria mistura! A principal orientação que deve levar em conta ao fazer seu próprio substrato é não usar muito material biologicamente ativo ou composto úmido. Além disso, tente dar prioridade à utilização de um composto em estágio bem avançado e quase seco. Existem vários sinais de alerta em relação a usar terra e composto no substrato e, para a produção em larga escala, essa é uma grande preocupação. As bactérias e os fungos que existem de forma natural nesses substratos às vezes podem provocar doenças em mudas suscetíveis a elas. Dito isso, acredito que os benefícios de plantar uma espécie no solo onde ela crescerá ultrapassam a chance pequena de algumas de minhas mudas serem infectadas por fungos. Percebo que consigo evitar muitos problemas com fungos em minhas plantas ao me certificar de não regá-las em excesso e ao permitir que o solo onde estão seque um pouco entre as regas. Mesmo assim, faça aquilo que funciona melhor em sua região! Eu moro em um clima quente, úmido e chuvoso. Por isso, doenças como a murcha bacteriana são comuns.

Transplantes

Transplantar é o nome dado ao ato de tirar uma planta do lugar onde ela nasceu (dentro de casa ou em uma estufa) e plantá-la ao ar livre. Eu amo transplantar, porque posso colocar as minhas plantas no ponto exato onde quero, e isso dá a elas uma vantagem, independentemente do clima! Algumas sementes são muito frágeis para serem deixadas para germinarem lá fora por conta própria, direto no solo. Isso é necessário se você mora em um clima temperado e lida com temperaturas congelantes no inverno. Uma vez que o risco de geada tenha ficado para trás na primavera, é hora de transplantar todas as plantas encantadoras que você viu crescer desde a semente.

Cada planta tem seu tempo de semear e de transplantar, que depende do clima onde você vive e está indicado em muitos calendários de plantio. Muitas universidades realizam projetos de agricultura e desenvolvimento econômico voltados à comunidade. Procure um desses serviços de informação gratuita e peça um calendário que funcione para sua biorregião[*].

Compostagem

O composto é o material derivado da decomposição aeróbica de matéria orgânica vegetal; ou seja, ele é resultado da ação de micro-organismos que se multiplicam com a presença de ar. Pode levar até seis meses para produzir uma porção de composto maduro e utilizável[†].

Você pode acelerar o processo de compostagem picando os materiais lenhosos em pedaços menores para que eles se decomponham mais rapidamente. A maioria dos compostos precisa de um tempo de maturação que dura até 30 dias, mesmo depois de o seu conteúdo original não ser mais reconhecível. O produto final precisa ter a cor marrom-escura. Ele não deve cheirar mal, mas apresentar uma textura neutra e parecida com a do solo. Para mim, o composto perfeito se parece com uma mistura para bolo de chocolate.

O que eu posso compostar: esse é um assunto bastante discutido. Muita gente diz para não compostar carne e laticínios porque eles atraem pragas, mas outras pessoas utilizam esse processo em carcaças inteiras de animais provenientes do abate em casa. Eu já vi resultados bem-sucedidos com ambos, e contanto que o composto seja bom e esteja quente por tempo suficiente, é possível reduzir ossos a um substrato fino. Geralmente, aparas de alimentos (material vegetal ainda verde,

---

[*] Ellis, Barbara W., *Starting Seeds: How to Grow Healthy, Productive Vegetables, Herbs, and Flowers from Seed* (North Adams, MA: Storey Publishing LLC, 2013), 80.

[†] Raj, Abhay, et al., *Microorganisms for Sustainable Environment and Health* (Holanda: Elsevier Science, 2020), 32.

como aparas de grama e esterco de animais) são consideradas "verdes" ou ricas em nitrogênio, enquanto restos vegetais secos, como palha, papelão, papel ou galhos, são considerados materiais "marrons" ou ricos em carbono. A proporção entre materiais verdes e marrons determinará se o seu composto será bom ou não.

O que faz um composto ser bom: oxigênio, água e uma proporção de carbono para nitrogênio tão simples quanto um terço de material verde para dois terços de material marrom, sob as condições certas de temperatura.

Temperatura: a faixa entre 48 e 60 graus Celsius é ideal para fazer um composto rico em nutrientes e utilizável. Podemos pensar no processo de compostagem como se fosse culinária. Se iniciado do jeito certo (veja mais a seguir), o composto começa a esquentar imediatamente, e o "cozimento" se inicia. Acrescentar água e oxigênio, molhando e revolvendo o composto, vai acelerar de imediato a produção da pilha que se decompõe com lentidão e gerar um composto útil e bem feito de forma mais rápida. Você pode adicionar oxigênio mexendo o composto. Dá para perceber que o material está se decompondo devagar quando a pilha não encolhe e o conteúdo cheira mal!

Umidade: uma pilha saudável de composto precisa de quanta umidade? Dá para saber rapidamente se uma pilha está muito úmida quando você espreme um punhado de composto na mão e sai água dele. Se não sentir umidade nenhuma contra a pele, ele está seco demais.

Composto de folhas: você pode compostar folhas incorporando-as à sua pilha de composto ou criando uma pilha só para elas. Gosto de compostá-las de forma separada por alguns motivos. As folhas geram um composto baixo em nitrogênio e fofinho, que pode ser usado como uma cobertura condicionadora de solo (uma matéria orgânica que ajuda a manter o solo úmido e fofo também), ou para cultivar plantas que gostam de poucas quantidades de nitrogênio. Cada planta, assim como cada pessoa, prefere algo diferente.

É possível produzir um composto simples ou um composto de folhas empilhando-as junto com a terra. Faça com um metro e vinte de comprimento e mais ou menos um metro de altura, com uma camada

Como fazer uma pilha de composto

1. Comece a pilha sobre a própria terra. Isso permite que as minhocas, as bactérias e outros organismos benéficos alcancem a pilha e tornem o composto aerado. Essa etapa também fará com que a água drene direto para o solo depois da chuva, mantendo o espaço dos poros aberto e evitando o encharcamento.

2. Espalhe gravetos, folhas, palha e outros materiais vegetais secos sobre a terra. Faça uma camada com alguns centímetros de espessura. Isso ajudará a manter a pilha drenada e aerada.

3. Alterne camadas de material úmido e seco. Os ingredientes úmidos são restos de comida, saquinhos de chá, algas etc. Já os materiais secos são palha, serragem, folhas e cinzas de madeira. Se for usar cinzas de madeira, faça uma camada fina com elas. Do contrário, formarão bolotas de cinzas e sua decomposição será mais lenta. Lembre-se de que as cinzas de madeira também podem afetar o pH do solo, então cuidado para não usar demais. Úmido e seco são outra forma de pensar nos materiais verdes e marrons, garantindo assim que você tenha a proporção certa para fazer um bom composto.

4. Acrescente esterco, um adubo verde (trevo, trigo sarraceno, grama de trigo, aparas de grama) ou outra fonte de nitrogênio. Isso ativa a pilha de composto e acelera o processo essencialmente por inoculação.

5. Mantenha o composto úmido. Regue-o de vez em quando ou deixe que a chuva se encarregue do trabalho. Se achar que molhou demais, realize o teste da umidade espremendo um punhado de composto com a mão.

6. Cubra seu composto com uma lona ou faça um pequeno telhado para cobri-lo. Isso será muito importante se você morar em um lugar com clima chuvoso. A cobertura também pode ajudar a aquecer a pilha nos meses mais frios.

7. Você não *precisa* revolver o composto. Sei que isso é blasfêmia, mas meu truque favorito é acrescentar galhos ou ramos entre as camadas mais espessas de material verde, para ajudar a manter mais espaços de ar e garantir que o composto não fique encharcado. Não me importo de esperar um pouco mais para ele ficar pronto, se eu puder poupar esforço.

de terra entre cada trinta centímetros de folhas, aproximadamente. A pilha deve ficar mais úmida do que o ideal para um composto. Se você pegar um punhado de folhas do meio e espremê-las nas mãos, devem cair algumas gotinhas de água. As folhas também se decompõem de forma rápida sozinhas, em cerca de quatro a seis meses. Eu amo quando elas estão quase compostadas e podem ser usadas como se fossem "folhas de papel". Elas ficam juntinhas entre as minhas plantas e ajudam a sufocar as ervas daninhas e a segurar a umidade do solo.

Chá: você pode pegar um saco de tecido grosseiro, enchê-lo com folhas (mas não as de nogueira!) e deixá-las de molho na água por um período de três a cinco dias. O resultado é um chá que funciona como uma vitamina para as plantas, embora não seja uma boa fonte de nitrogênio.

Esterco: se criar animais, é possível deixar o esterco deles amadurecer por até seis meses (com exceção dos dejetos de coelhos, alpacas e lhamas, que podem ser espalhados direto no solo, como se fossem bolinhas fertilizantes de liberação lenta!). Acredito que seja melhor misturar um pouco de lascas de madeira, palha ou outra cobertura ao esterco, pois isso acelera a decomposição e evita o mau cheiro. Também dá para fazer um chá de esterco, assim como o chá de folhas ou de composto, mergulhando sacos de esterco em recipientes com água. O resultado é um líquido rico em nutrientes cheio de nitrogênio e vida microbiana. Essa é outra forma de usar o esterco como fertilizante, seja para derramar o líquido nas folhas das plantas (a chamada adubação foliar) ou diretamente no solo. Ele também age como fungicida natural, pois os organismos benéficos no líquido podem ajudar a manter uma quantidade saudável de fungos.

Aqui estão outras maneiras de adubar o solo e produzir matéria orgânica:

Cobertura do solo: espalhe folhas, aparas de grama, palha ou esterco direto sobre o solo. Deixe que eles se decomponham no local. Essa também é uma ótima alternativa se você tiver algum tempo de sobra antes de querer cavar os canteiros. Também é possível comprar a cobertura, é claro.

Método da trincheira*:* uma das maneiras mais antigas e mais simples de adicionar matéria orgânica é cavar uma trincheira ou um buraco por vez e enterrar o material vegetal. A trincheira pode até ser cavada entre duas plantas ou duas fileiras durante a estação de crescimento. A matéria orgânica geralmente é composta pelo lixo da cozinha, englobando restos de alimentos ou borra de café, mas qualquer material orgânico pode ser usado dessa forma*. Algumas pessoas chamam isso de composteira no lugar. No outono, eu enterro minhas couves velhas, folhas de mostarda ou ervas-cidreiras gastas onde quero começar novos canteiros, para que a matéria vegetal em decomposição alimente as plantas do próximo ano.

---

* Mazza, Charles P., Sally J. Cunningham, and Ellen Z. Harrison, "Using organic matter in the garden", 2014.

Jardinagem em vasos

Plantar em vasos é divertido e bonito, independentemente de ter um jardim ou não. Eu gosto de plantar certas ervas em vasos só pela beleza do resultado, ou quando a planta é sensível ao frio. Assim, posso trazê-la para dentro de casa no inverno. Isso torna mais espécies de plantas disponíveis, mesmo se elas não tolerarem o clima em que vivemos! A escolha do recipiente onde deseja plantar vai muito da sua imaginação. Eu já usei pias e banheiras velhas (que eu amo porque já vêm com um buraco para drenagem). O ralo deixa a água da chuva passar e evita que a terra fique encharcada. Também é um ótimo jeito de reciclar o que, de outro modo, iria para um aterro sanitário! Gosto que minha prática de jardinagem seja tão acessível ou gratuita quanto possível. Além disso, checar o Craigslist ou outro quadro de avisos comunitário em busca de barris ou vasos de graça é um garimpo constante e divertido.

Você também pode usar vasos de plástico, mas tente obtê-los em um viveiro que esteja jogando fora esses objetos, já que o plástico é produto de uma indústria muito tóxica. Apesar de serem leves e portáteis, o que é bom, eles contribuem para a geração de lixo quando quebram. Recipientes de cerâmica e terracota representam uma alternativa sustentável, mas são muito pesados. Além disso, eles também podem rachar ou quebrar. A única preocupação com a cerâmica é que ela seca rapidinho. Então, se você mora em um clima seco, certifique-se de regar as plantas o suficiente para evitar que elas sequem por completo.

Recipientes de madeira são outra opção, não importa se tiverem sido feitos por você ou comprados em forma de vasos estilo barril ou caixa. Gosto de usar sobras ou tábuas de serrarias locais, porque elas não são perfeitamente quadradas e oferecem um visual único de "vasinhos de troll". É possível confeccionar vasos rústicos primorosos e de qualquer tamanho com esse material. Apenas se certifique de fazer um furo na parte de baixo para drenar a água! Também tenha em mente que tipos diferentes de madeira têm durabilidades distintas: de todas as espécies, o pinheiro se decompõe mais rápido e as madeiras duras, como o carvalho e a acácia falsa, apresentam maior duração. Outras madeiras com alta durabilidade são o cedro e o cipreste. Tenho ligado para serrarias diferentes e perguntado se elas têm tábuas costaneiras sobrando e se poderiam me dar: essas tábuas são produzidas pelo corte externo de uma árvore quando serrada, partes que ficam redondas de um lado e em geral são jogadas em uma pilha enorme e esquecidas. Essas costaneiras também dão ótimos separadores de jardim. No entanto, elas precisam ser trocadas de tempos em tempos, pois acabam se desgastando.

Se você mora em um lugar de clima seco, plantar em vasos é uma ótima alternativa para regular a umidade do solo. Lembre-se de que quanto maior o recipiente, mais facilmente você conseguirá regular a umidade*. Também é possível acrescentar algum material fofinho ao substrato, como a fibra de coco ou o composto de folhas, para ajudá-lo a segurar a água. Certifique-se de não deixar suas preciosas plantas à mercê de um sol pleno implacável o dia todo, se houver um espaço de meia-sombra que pode ser mais agradável para elas. Um solo encharcado apodrece as raízes e gera doenças por fungos. Você pode evitar tudo isso deixando o substrato secar entre as regas, adicionando gravetos ou palha no fundo do vaso, antes de colocar o solo ou erguendo o recipiente para permitir o fluxo de ar na parte de baixo. Eu ergo meus vasos dispondo pedras ou tijolos que estavam por aí debaixo deles ou então os deixo em lugares que não acumulem água. Para decidir qual vaso usar e com que frequência regar uma planta, sempre confiro as instruções no pacotinho das sementes para saber se a erva que pretendo cultivar prefere condições úmidas ou secas.

---

* Blankenspoor, Juliet, "Growing Herbs in Containers", *Chestnut School of Herbal Medicine*, Chestnut School of Herbal Medicine, 4 nov. 2020.

Ervas Mágicas e Medicinais Fáceis de Cultivar

Existe muita coisa para aprender a partir da história e dos usos especiais dessas plantas. Esta seção serve como uma introdução a esses seres especiais, mas não é de modo algum um guia definitivo em história, ervas ou *materia magica*. Sinta-se convidada a se aprofundar no conhecimento das plantas que ama, a ler e aprender mais suas aplicações e cultivo.

Zonas de resistência: como mencionado anteriormente, nem todas as plantas crescem em todos os climas nos Estados Unidos. Para saber em qual zona você está e se uma planta pode ser cultivada ao ar livre onde mora, comece identificando sua zona de agricultura. As zonas de resistência se baseiam na média de temperatura mínima anual de uma localidade. Se mora nos Estados Unidos, você pode pesquisar seu código postal, sua zona de cultivo ou zona de resistência no site do USDA, o Departamento de Agricultura dos Estados Unidos. Mesmo se morar em outro país, também é possível se basear pelas legendas do mapa no site do USDA, já que o nome de cada zona está acompanhado pela faixa de temperatura correspondente a ela. Eu moro em uma zona 6b, o que significa que tenho cerca de seis meses sem neve para cultivar alguma coisa. Na América do Norte, ficamos na zona 3a mais ao Norte (que é a mais fria da parte continental dos Estados Unidos), enquanto o Sul nos leva à zona 11b (a mais quente sem considerar o Havaí).

Espaçamento: definir o espaço ideal entre as sementes ou as mudas transplantadas não é uma ciência exata. Siga as instruções do pacotinho das sementes ou plante-as um pouco mais próximas que o recomendado. De modo geral, quanto mais perto uma planta estiver de outra, mais água e fertilizante teremos de usar. Além disso, lembre-se de jamais ingerir uma planta sem ter 100% de certeza quanto à identificação dela e fique atenta a possíveis reações alérgicas. É muito importante pesquisar a contraindicação das ervas usadas em todos os remédios, principalmente se estiver grávida ou amamentando.

Calêndula, Margarida-dourada (*Calendula officinalis*)

Informações de cultivo: fácil de plantar a partir da semente. Plante-a diretamente no jardim depois da última geada prevista para o ano ou, para obter flores extras mais cedo, plante-a dentro de casa seis semanas antes da previsão do fim das geadas, e transplante-a para fora quando ficar mais quente. Certifique-se de que o transplante aconteça em um local com sol pleno e solo de umidade moderada. Ela é muito resistente, consegue tolerar um pouco de geada e pode florescer até a primeira geada severa do outono. É uma planta anual que espalha as próprias sementes e assim se reproduz. Isso quer dizer que ela vai espalhar sementes e crescer ano após ano, se você cuidar para a grama não tomar conta do local onde ela for plantada.

Região: zonas 3 a 10.

Partes usadas: pétalas das flores.

Momento da colheita: quando florescer, entre o verão e o começo do outono.

Folclore e magia: em inglês, o nome dessa planta foi dado em função da Virgem Maria, *marigold* ou "Mary's gold" (o ouro de Maria). É uma das ervas sagradas do início do verão, tal qual o sol abrasador. Muitas espécies de pragas detestam a calêndula. Por isso, é plantada ao lado de vegetais, atuando como inibidora de pestes. Ela tem sido usada desde o ano 1100 para fins médicos, principalmente contra a melancolia[*], e tem um lugar especial nas magias e poções de amor há muito tempo. Nos países eslavos, homens e meninos traziam consigo raízes de calêndula enroladas em seda roxa para serem considerados mais atraentes pelas mulheres. Uma crença popular britânica diz que as flores devem ser colhidas enquanto a lua está em Virgem com o ascendente em Júpiter. Ao rezarmos três Pais-Nossos e três Ave-Marias, a planta produzirá uma flor útil para desmascarar ladrões[†].

---

[*] Arrowsmith, Nancy, *Essential Herbal Wisdom* (Woodbury, CT: Llewellyn Publishers, 2009), 176.
[†] Arrowsmith, *Essential Herbal Wisdom*, 179.

Culinária e medicina: existem vinte espécies da família das calêndulas. Elas são originalmente das Ilhas Canárias e de toda a região do Mediterrâneo até o Irã. A planta é conhecida como remédio para problemas de pele e como antifúngico, embora tenha sido usada no passado para doenças do estômago, icterícia e muitas outras coisas. Eu prefiro utilizá-la como pomada para feridas ou problemas com fungos e como chá. A bebida feita de suas pétalas, depois de fria, é maravilhosa para lavar membranas mucosas irritadas ou tratar coceiras vaginais em geral. As flores da calêndula podem ser ingeridas cruas e adicionadas a saladas, biscoitos e bolos. Amo acrescentá-las aos bolos que faço para o Lughnasadh e para o solstício de verão, além de usá-las em outras receitas para invocar a energia fulgurante do sol que elas revelam.

Erva de gato (*Nepeta cataria*)

Informações de cultivo: essa planta da família da hortelã cresce com facilidade e pode se tornar agressiva ou espontânea em locais úmidos. Por isso, é uma ótima candidata a ser plantada em um vaso. É possível retirar as flores para evitar que espalhem as sementes. Inicie o cultivo a partir das sementes ou propague-as fazendo estacas do caule e dividindo as raízes. A *Nepeta cataria* prefere sol pleno e solos pobres que não acumulam água. Com certeza não é uma planta exigente.

Região: zonas 3 a 9.

Partes usadas: folhas e extremidades floridas.

Momento da colheita: em qualquer época.

Folclore e magia: a erva de gato era usada como um repelente para ratos, tanto porque os gatos a amam quanto porque os roedores a odeiam. Acreditava-se que mastigar a planta traria a discórdia, apesar de sua utilidade medicinal para acalmar os nervos.[‡] Encher travesseiros com ela ajuda a tratar a insônia. Existe também uma lenda que diz que o carrasco jamais pode cumprir seu dever sem antes mastigar a raiz da erva de gato.[§]

[‡] Thiselton-Dyer, Thomas Firminger, *The Folk-lore of Plants* (Reino Unido: D. Appleton, 1889), 264.

[§] Genders, Roy, *The Scented Wild Flowers of Britain* (Reino Unido: Collins, 1971).

Culinária e medicina: essa planta doce e esparramada foi mencionada pela primeira vez no século XI pelo herbário *De viribus herbarum*, graças à sua habilidade de acalmar nervosismos ocasionais e promover um sono tranquilo. Na medicina popular Apalache, ela é administrada em forma de chá a bebês e crianças com cólica e sono inquieto. Na França, as folhas e os brotos jovens também são usados como condimento para adicionar sabor a molhos e guisados. Os antigos anglo-saxões a utilizavam para males nos pulmões, fazendo uma decocção da erva de gato com folhas de amora silvestre e "lança de junco", hera terrestre, betônica (*Stachys officinalis*) e alfavaca (mais provável que fosse a *Achillea ptarmica*).

Na medicina popular do Sul, ela também é administrada a bebês com cólica ou em fase de crescimento da dentição e a crianças irritadas, para ajudá-las a se acalmarem e descansarem[*]. Além disso, era adotada em forma de chá para pneumonia e é usada até hoje para tratar bronquite crônica[†]. As ervas de gato (*Nepeta x faassenii*) com flores azuis também são utilizadas de modo bastante parecido e consideradas muito fáceis de cultivar. Eu fervo as partes de cima da planta e faço um chá para ansiedade e resfriados. Também gosto muito dela para tratar o estufamento estomacal causado por indigestão e gases.

Camomila (*Matricaria recutita*)

Informações de cultivo: essa doçura é tolerante ao frio, mas ainda assim você também pode transplantá-la para fora depois da última geada prevista para o ano, para que ela floresça mais cedo. Semeie-a direto no jardim em um local de sol pleno ou meia-sombra, após a previsão de última geada do ano. Ela gosta de um solo bem compostado e soltará sementes, renascendo anualmente.

Região: zonas 5 a 9.

---

[*] Hyatt, Harry Middleton, *Folk-lore from Adams County, Illinois* (Estados Unidos: Alma Egan Hyatt Foundation, 1965).

[†] Schauenberg, P., and F. Paris, *Guide to Medicinal Plants* (Londres: Lutterworth Press, 1977).

Partes usadas: flores e folhas.
Momento da colheita: verão.

Folclore e magia: proveniente do Oriente Próximo e do Leste e Sul da Europa, essa humilde erva é uma das nove plantas anglo-saxãs sagradas do Feitiço das Nove Ervas. Na Idade Média, ela era espalhada pelo chão das casas, para exalar um aroma agradável conforme as pessoas caminhassem. Você pode ainda colocá-la ao redor da casa para bloquear magias negativas. Associada às previsões e aos sonhos, a camomila floresce com força total no solstício de verão. Seu miolo amarelo e brilhante a classifica como uma erva do sol, assim como a calêndula, mas ela também pode ser vinculada à lua graças às suas propriedades que induzem ao sono e que acalmam. Misture-a com outras ervas, como flor de maracujá, folhas de louro, quinquefólio, milefólio, calêndula e artemísia, para rechear travesseiros ou para fazer um banho, encorajando o trabalho com os sonhos. É possível usar esse chá para lavar instrumentos usados em divinação, como espelhos ou pêndulos. Mantenha a camomila na carteira se quiser atrair dinheiro. Ela simboliza a energia diante da adversidade, visto que quanto mais é pisoteada, mais cresce e se espalha.[‡]

Culinária e medicina: também é possível usar a camomila em receitas culinárias. Eu amo adicioná-la ao vinagre para temperar saladas ou simplesmente incluí-la nas refeições principais, seja por sua beleza ou pelo sabor parecido com o da maçã. A camomila é um remédio antigo muito popular. Tal qual a erva de gato, faz-se um chá de suas flores para a indigestão e a azia, bem como para obter seus efeitos calmantes. Essa planta pode ser administrada a crianças sem problema.

A camomila é um produto de tratamento tradicional para cabelos claros: é só ferver um chá com as folhas e flores e derramar sobre o cabelo recém-lavado para deixá-los mais brilhosos. É uma planta medicinal ancestral, usada pelos egípcios e romanos para praticamente tudo. Era utilizada como laxante, para tratar desconforto abdominal, insônia e nevralgia, além de curar picadas de cobra, ajudar mulheres em trabalho

---

[‡] Leyel, Hilda, *Herbal Delights* (Nova York: Houghton-Mifflin, 1938).

de parto e lavar úlceras e feridas. O orvalho retirado das flores tratava a tuberculose no país de Gales[*]. Na Irlanda, suas raízes curavam dores de dente. Segundo a medicina popular inglesa, seu chá era oferecido até a crianças agitadas, para que parassem com suas travessuras[†].

Confrei (*Symphytum officinale*)

Informações de cultivo: planta perene resistente e de crescimento vigoroso. Cresce tanto em condições de sol pleno quanto de meia-sombra. Dividir suas raízes é a maneira mais fácil de propagá-la. Além de ser muito agressiva, é quase impossível se livrar de suas raízes primárias profundas quando ela já tiver se estabelecido. Por isso, escolha com cuidado onde cultivá-la. Plante as sementes no outono, em um solo bem compostado.

Região: zonas 3 a 9.

Partes usadas: raízes, folhas e flores.

Momento da colheita:

- Raízes: após o florescimento no outono.
- Folhas: em qualquer época.
- Flores: no verão. Remova o caule grosso e suculento das folhas antes de secá-las, porque ele tem muita umidade para secar naturalmente sem mofar.

Folclore e magia: o confrei é nativo de boa parte da Europa. Seu nome é uma corruptela de *con firma*, uma alusão à crença de que essa planta era capaz de curar ossos fraturados. O nome botânico *Symphytum* é derivado do grego *symphyo* (unir)[‡]. Guirlandas de confrei eram usadas para demonstrar virgindade (acreditava-se que uma decocção da planta podia restaurar o hímen). O nome em latim significa "crescer junto", em referência à fama histórica da planta de curar fraturas. Em Exmoor, uma região montanhosa na Inglaterra, um material gelatinoso

---

[*] Trevelyan, Marie, *Folk Lore and Folk Stories of Wales* (Whitefish, MT: Literary Licensing, LLC, 2014).
[†] Wiltshire, Kathleen, *Wiltshire Folklore* (Reino Unido: Compton Russell, 1975).
[‡] Watts, D.C., *Dictionary of Plant Lore* (Holanda: Elsevier Science, 2007), 79.

proveniente das raízes era fervido e deixado para secar, como se fosse gesso, e o seguinte feitiço era repetido três vezes no intuito de consertar um osso quebrado:

> O Nosso Senhor cavalgou,
> O potro pela colina,
> Nervo com nervo, osso com osso,
> Em nome do Pai, do Filho e do Espírito Santo[§].

Os holandeses da Pensilvânia realizam uma cura mágica retirando o confrei da terra, colocando a planta sobre uma hérnia, aquecendo-a e depois a plantando de novo. Se ela crescer, a hérnia será curada[¶].

Culinária e medicina: essa planta já foi consumida como alimento (ela era preparada como espinafre). As folhas eram cozidas e as flores, acrescentadas a bolos. No entanto, devido à presença de pirrolizidínico, uma substância tóxica, *não recomendo a ingestão dessa planta*. As folhas e raízes também foram usadas por muito tempo como tratamento tradicional para a tosse. Na medicina anglo-saxã, a receita para cuidar de uma tosse seca consistia em ingerir mel puro com confrei e ênula. Outro uso milenar é na cura de feridas. As folhas eram levadas ao campo de batalha pelos integrantes das Cruzadas e tiveram a mesma finalidade em território britânico. As raízes fervidas eram aplicadas em furúnculos, erupções na pele e queimaduras[**].

Eu gosto de acrescentar as folhas à água do banho para tratar problemas como fungos ou para tonificar a pele. Coloque algumas folhas dentro de um saquinho de tecido e submerja-o na água, quase como se a banheira fosse uma xícara de chá gigante. Também uso a planta em minhas pomadas para feridas, pois ela é rica em um alcaloide chamado alantoína, que acelera maravilhosamente a cicatrização da pele.

[§] Tongue, Ruth, *Forgotten Folk-tales of the English Counties* (Londres: Taylor & Francis, 2020).
[¶] Watts, *Dictionary of Plant Lore*, 79.
[**] Vickery, Roy, *A Dictionary of Plant-lore* (Oxford: Oxford University Press, 1995).

Ênula, Erva-campeira (*Inula helenium*)

Informações de cultivo: cresce com facilidade, seja pelo plantio a partir da semente ou pela divisão das raízes. Plante-a ao ar livre quando não houver mais perigo de temperaturas abaixo de zero. A segunda opção é começar o cultivo dentro de casa seis semanas antes do dia previsto para a última geada do ano e transplantá-la para o lado de fora, depois que o primeiro parzinho de folhas aparecer. Essa planta é intolerante a climas quentes ou úmidos e pode não florescer no primeiro ano. A ênula prefere o sol pleno e um solo sem acúmulo de água. Não precisa ser um solo muito rico, tampouco muito úmido e encharcado. Uma vez que é uma planta perene, ela gosta de uma aplicação de composto toda primavera.

Região: zonas 3 a 7.

Partes usadas: raízes.

Momento da colheita: no outono do segundo ou terceiro ano para o aproveitamento da raiz.

Folclore e magia: nativa da Europa e da Ásia, essa planta já foi naturalizada em algumas partes da América do Norte, desde a Nova Escócia até a Carolina do Norte. O nome em latim revela uma referência a Helena de Troia, pois dizem que ela segurava um ramo de ênula quando foi levada por Páris. Outra lenda afirma que a planta nasceu das lágrimas que ela derramou[*]. A *Inula helenium* era usada como amuleto de amor em Guernsey, na Inglaterra. Ela deveria ser colhida na véspera do Dia de São João ou no solstício de verão, colocada para secar, transformada em pó e misturada com âmbar-cinzento. Depois, tinha de ser mantida perto do coração por nove dias. Após esse período, a pessoa desejada precisava ingerir um pouco da mistura (pessoal, vamos lembrar que isto aqui é só para fins de entretenimento e que conseguir o amor de alguém à força não só é nojento, mas por que alguém ia querer isso, afinal?!).

No folclore galês, a ênula traz sorte. Quando usada no chapéu, diz-se que ela afastava os ladrões. Se você a colocar no chapéu de um mentiroso, essa pessoa ficará com o rosto vermelho, entregando sua

---

[*] Palaiseul, Jean, *Grandmother's Secrets: Her Green Guide to Health from Plants* (Londres: Penguin, 1976).

real intenção. Nos Balcãs, é costurada às roupas das crianças para afastar a bruxaria. É utilizada há séculos como um remédio valioso, tendo sido mencionada por Dioscórides e Plínio. Um antigo dístico em latim enaltece suas virtudes: *Enula campana reddit praecordia sana* (A ênula sustentará os espíritos)[†]. Em inglês, um dos seus nomes populares é *elf dock*, dialogando com o folclore que a associa às fadas.

Culinária e medicina: suas folhas eram cozidas e usadas como tempero, da mesma maneira que se fazia com o confrei. As raízes jovens também eram cozidas e consumidas na forma de alimento. Os romanos antigos serviam as raízes cozidas como aperitivo para estimular o apetite[‡]. Elas eram caramelizadas e servidas como um doce. Gosto de caramelizá-las com mel. Na França e na Suíça, costumavam adicioná-la ao absinto.

A ênula tem uma longa história médica, tanto que ela aparecia como ressuscitadora dos mortos nas peças populares medievais. As raízes são a parte mais potente do ponto de vista médico, tendo sido usadas para tratar a tosse de pessoas e animais. Essa belezinha é meu remédio favorito para aquelas tosses persistentes e carregadas. Faço uma tintura e um chá com as raízes. Você também pode produzir uma mistura de mel e ênula fervida em água com limão para tratar tosses teimosas. Assim como o dente-de-leão, essa planta é rica em inulina, que age como um probiótico e repõe a flora intestinal.

[†] Grieve, Margaret, *A Modern Herbal, Vol. 1* (Mineola, NY: Dover Publications, 1971), 279.
[‡] Hatfield, Audrey Wynne, *A Herb for Every Ill* (Reino Unido: Dent, 1973), 76.

Funcho (*Foeniculum vulgare*)

Informações de cultivo: prefere lugares secos e ensolarados, como sua terra natal no Mediterrâneo. Plante-o na primavera, após a previsão da última geada do ano, em um solo fértil e com boa drenagem. Você também pode cultivá-lo em um vaso, mas evite molhá-lo demais.

Região: zonas 6 a 10.

Partes usadas: folhas, caules, bulbo e sementes.

Momento da colheita:
- Folhas e caules: em qualquer época.
- Bulbo: outono.
- Sementes: começo do outono.

Folclore e magia: nativa do Mediterrâneo, seu nome em latim significa "pequeno feno". Essa erva culinária encantadora era usada no fim da Idade Média para fins mágicos, principalmente junto com a erva de São João. O funcho é uma das ervas que carregam o poder mágico do sol no início do verão. Ele era pendurado acima das portas na véspera do solstício no intuito de afastar a feitiçaria, a bruxaria, os anões, os demônios e o fogo. Além de aparecer no famoso Feitiço de Nove Ervas, era uma planta sagrada para os anglo-saxões. No folclore italiano, é um amuleto contra os maus espíritos[*].

Culinária e medicina: o funcho é uma planta alimentar celebrada. Eu amo funcho tostado em forno holandês de ferro fundido, acompanhado de truta e manteiga de boa qualidade. Faça uma manteiga temperada cortando as folhas em tiras bem fininhas e misturando-as à manteiga em temperatura ambiente. Enrole-a em papel de cera com um pouco de sal e pronto: você tem uma bela manteiga herbal para adicionar a vários pratos salgados ou comer com torradas. As sementes agem como um excelente auxiliar digestivo. Elas também são maravilhosas quando usadas como um estimulante que ajuda a dissolver os gases e a diminuir o inchaço depois de uma refeição pesada. Pegue um pote de conserva com capacidade para aproximadamente um litro e encha um quarto dele com sementes de funcho trituradas. Em seguida, despeje conhaque até completar três

---

[*] Cameron, Malcolm L., *Anglo-Saxon Medicine* (Cambridge: Cambridge University Press, 1993), 142.

quartos e complete o último quarto com mel. Deixe descansar por duas semanas, mexendo o pote de vez em quando, e coe. Ponha um cubo de gelo em seu copinho favorito e coloque duas colheres de sopa dessa tintura por cima. Preencha o restante com água mineral gasosa e sirva como aperitivo ou depois de uma refeição em que alguém tenha se excedido.

Matricária (*Tanacetum parthenium*)

Informações de cultivo: ótima erva para ser cultivada em vaso. Cresce facilmente a partir da semente. Espalhe as sementes direto sobre o solo e não as cubra. Elas preferem solos que não acumulam água. Faça uma poda no outono, e essa planta perene de vida curta reaparecerá na primavera.
Região: zonas 5 a 9.
Partes Usadas: flores e folhas.
Momento da colheita: solstício de verão, após florescer.
Folclore e magia: a matricária é uma planta de flores pequenas, parecidas com a margarida, da família *Asteraceae*. Seu miolo brilhante e amarelo abre todos os anos por volta do início do verão. Nos países de língua inglesa, isso deu a ela um de seus nomes populares, *Midsummer daisy*, pois ela floresce em junho (época em que o hemisfério norte está no início do verão) e se parece com uma margarida (*daisy*, em inglês). Outros nomes que ela adquiriu ao longo do tempo foram margaridinha-branca, olguinha e rainha-das-ervas. Em *O Cânone da Medicina*, um dos livros médicos mais influentes da história, Avicena atribui à matricária as características de aquecer e secar. Segundo os últimos saberes anglo-saxões, a planta era um remédio contra o "tiro de elfo"[†], ou o que algumas pessoas nos Apalaches chamam de "bolas de bruxa", uma dor misteriosa no corpo sem causa aparente. Acreditava-se que ela vinha de uma flecha atirada por um elfo ou por uma bruxa.

Conforme disse o herborista e botânico do século XVI John Gerard, o método para colhê-la tem que garantir que a magia da erva permaneça intacta: é preciso apanhá-la com a mão esquerda enquanto se diz em voz

---

[†] Johnson, Thomas, and John Gerard, *The Herbal: Or, General History of Plants* (Reino Unido: Dover Publications, 1975). *CRC Handbook of Medicinal Herbs*

alta o nome da pessoa que sofre do mal, e sob hipótese alguma deve-se olhar para trás[*]. A planta também era usada pelos cavalariços de East Anglia, na Inglaterra, para apaziguar magicamente cavalos indomáveis. Esses homens eram conhecidos por deterem certos segredinhos do mundo da equitação. Acreditava-se que essa flor pequenina ajudava pessoas sofrendo de melancolia quando não pudessem mais falar de tanta tristeza. Ela era utilizada até para ajudar a contrapor os efeitos do uso abusivo de ópio[†].

O nome em latim, *Tanacetum*, vem de Tânatos, o deus grego da morte[‡]. Esse fato rendeu à planta um nome popular menos conhecido: margarida do diabo. Isso pode ser uma consequência de seu aroma estranho, que divide opiniões. Eu gosto da fragrância similar à da artemísia, mas algumas pessoas sentem seu cheiro e o detestam com todas as forças, comparando-o a odores corporais. Os gregos e romanos a associavam ao submundo, e seu aroma, aos cadáveres: essa planta fragrante era, para o bem ou para o mau, usada para mascarar o cheiro dos mortos em ritos funerários. Como era de se esperar, essa flor de verão é tanto um emblema do sol que dá a vida quanto um acompanhamento para a morte[§]. Essas associações conferiram à matricária uma influência mágica poderosa, na condição de planta protetora, com poderes do início do verão e, por fim, dos espaços liminares entre a vida e a morte.

Culinária e medicina: a matricária continuou a ser usada para aliviar a dor ao longo da história dos povos romani. Ela também era utilizada no lugar da camomila, talvez pela aparência similar de ambas. Do mesmo modo, era adicionada em chás sedativos, tal qual a camomila. Hoje, é conhecida por aliviar enxaquecas. Uma maneira tradicional de prevenir enxaquecas é comer uma folha fresca de matricária com um pedaço de pão, para evitar a azia. Também dá para beber um chá feito das folhas e das flores para tratar dores de cabeça, mas é melhor não o fazer por períodos prolongados, pois, em excesso, ela pode causar úlceras bucais.

---

[*] Duke, J. A., *CRC Handbook of Medicinal Herbs* (Nova York: Routledge, 1985).
[†] Alcock, Randal Hibbert, *Botanical Names for English Readers* (Reino Unido: J. Heywood, 1884), 172.
[‡] Pareek, A., M. Suthar, G. S. Rathore, and V. Bansal, "Feverfew (*Tanacetum parthenium* L.): A systematic review", *Pharmacognosy Reviews* 5, n. 9 (2001): 103–110.
[§] Arrowsmith, *Essential Herbal Wisdom*, 141.

Hissopo (*Hyssopus officinalis*)

Informações de cultivo: essa planta é fácil de cultivar, desenvolve-se bem em solo pobre e é tolerante à seca. Cresce com facilidade a partir da semente, de estacas e da divisão das raízes. As abelhas a adoram.

Região: zonas 4 a 9.

Partes usadas: partes aéreas.

Momento da colheita: para fins médicos, antes de ela dar sementes. Para fins mágicos, pode ser colhida em qualquer época.

Folclore e magia: o hissopo é uma das ervas infundidas com o poder do sol do solstício de verão e é sagrada para esse dia. Existe uma planta chamada hissopo mencionada na Bíblia, supostamente dotada de muitos poderes. Ela estava presente em antigos rituais judaicos de purificação. No entanto, a espécie utilizada naquela época permanece desconhecida. Por isso, seria irresponsabilidade afirmar que ambas são a mesma planta. O hissopo era usado na Bulgária, amarrado com absinto e levístico, para proteger as pessoas dos espíritos femininos das encruzilhadas, que criavam redemoinhos de vento e atraiam viajantes para o seu fim com suas cantorias[¶]. Essa é uma erva tradicional de limpeza e purificação. Recém-casados a penduram em casa para atrair sorte. Também pode ser pendurada após uma boa faxina na casa, para fazer uma limpeza espiritual no ambiente. Diz-se que os espíritos malignos detestam o hissopo[**].

Culinária e medicina: nativa do Sul e do Leste Europeu, o hissopo é usado há muito tempo como remédio respiratório e, da mesma forma que vários dos seus parentes da família da hortelã, tem propriedades antivirais. Foi naturalizado em algumas partes dos Estados Unidos e pode ser encontrado na beira de calçadas ou estradas. Essa planta é maravilhosa para tratar pulmões congestionados e tosses carregadas. Também é usada há muito tempo contra a asma. É uma excelente ideia tomar uma xícara de chá de hissopo adoçado com mel quando sentir os primeiros

---

[¶] Barber, E. J. W., *The Dancing Goddesses: Folklore, Archaeology, and the Origins of European Dance* (Londres: W. W. Norton, 2013), 79.

[**] Rago, Linga Ours, *Mugworts in May* (Virgínia Ocidental: Quarrier Press, 1995), 90.

sinais de um resfriado ou gripe, ou estiver com uma febre baixa. A erva fresca com flores dá um ótimo oximel e pode ser administrada em casos de bronquite, tosse, resfriado e gripe (uma colher de chá a cada hora com água quente). Evite o uso prolongado e não faça a ingestão de hissopo durante a gravidez ou a amamentação. Se você tem uma condição médica ou toma medicamentos farmacêuticos, consulte seu médico ou médica antes de usar o hissopo: a erva pode interferir nos efeitos de certos remédios, como aqueles utilizados para tratar a epilepsia.

Erva-cidreira (*Melissa officinalis*)

Informações de cultivo: essa planta lenhosa perene é fácil de cultivar, mas se espalha muito rápido; por isso, tenha certeza de que você a quer onde a plantou. Ela é fácil de brotar através de sementes, estacas ou divisão de raízes. Comece cultivando as sementes em vasos dentro de casa, seis semanas antes da última geada prevista para o ano, e transplante-a para fora quando não houver mais risco de frio excessivo. Também é uma ótima opção para cultivar em vaso. Em climas mais frios, cubra o solo em volta dela no inverno para evitar que morra congelada. Essa é uma erva que prefere solo úmido e compostado e um lugar à meia-sombra. Faça uma poda para controlar seu crescimento ou divida as raízes com amigos, para evitar que ela tome conta de todo o seu jardim de ervas.

Região: zonas 3 a 7.

Partes usadas: folhas e flores.

Momento da colheita: em qualquer época.

Folclore e magia: a erva-cidreira é outra planta de proteção que penduramos em casa para espantar as magias prejudiciais. Na noite do solstício de verão, é pendurada acima da porta para afastar o mal. Na Alemanha, um raminho de erva-cidreira era preso às fraldas dos bebês para afastar os maus espíritos e a flatulência[*]. Usar seus ramos nas roupas ajuda a atrair o amor, pois ela é considerada uma planta sagrada para a deusa grega Diana.

---

[*] Arrowsmith, *Essential Herbal Wisdom*, 448.

Culinária e medicina: a erva-cidreira é um tempero pouco reconhecido. Use em tudo que combinar com limão. Picada ainda fresca, desidratada ou moída como vinha d'alho seco, ela pode ser adicionada em pratos doces e salgados. Do ponto de vista médico, tem poderoso efeito antiviral e calmante. Eu amo tomar chá de erva-cidreira todos os dias ao longo de uma semana inteira, para ajudar a acalmar minha ansiedade durante momentos difíceis de transição. A planta contribui para acalmar o herpes labial: tome um chá ou faça uma tintura com ela assim que surgir o primeiro sinal.

Hortelã (*Mentha spp.*)

Existem muitas espécies de hortelã graças à imediata polinização cruzada e hibridização que acontece entre diferentes variedades. Algumas das mais populares são a hortelã-da-água (*Mentha aquatica*), hortelã-maçã (*Mentha suaveolens*), hortelã-pimenta (*Mentha x piperita*) e hortelã-comum (*Mentha spicata* var. *spicata*).

Informações de cultivo: essa planta ama um solo rico em húmus, úmido e soltinho. Ela geralmente é encontrada perto de cursos d'água e à beira de riachos. Eu obtive algumas das minhas hortelãs do jardim de amigos e do meio do mato, onde são abundantes, e as transplantei para os cantinhos mais baixos e úmidos de meu jardim. A erva se espalha crescendo raízes a partir dos caules que tocam o solo. Deve ser colhida com frequência para evitar que tome conta do jardim. Plante-a em vasos grandes para ajudar a conter seu crescimento fenomenal.

Região: zonas 3 a 8.

Partes usadas: folhas e flores.

Momento da colheita: em um dia ensolarado, logo após o orvalho secar, ou em qualquer época do ano em que a planta esteja com uma aparência vistosa.

Folclore e magia: ela é oriunda do Mediterrâneo, mas foi trazida à Inglaterra pelos romanos. Hoje, a hortelã-pimenta pode ser encontrada quase no mundo inteiro! Hortelãs de todas as espécies são usadas há muito tempo na confecção de festões e para ajudar na limpeza espiritual dos ambientes, livrando-os de pragas e doenças. John Gerard, famoso herborista do século xvi, resumiu a satisfação que a fragrância maravilhosa da erva inspira quando disse: "O gosto ou o cheiro... recupera o coração do homem, razão pela qual eles a espalham nos aposentos". A hortelã-da-água é sagrada para Afrodite e incluída até hoje na decoração de casamentos na Grécia*. Há muito tempo se acredita que as hortelãs são estimulantes de diversas formas. Segundo Dioscórides e seus inúmeros sucessores da tradição herbal do Ocidente, elas provocam principalmente a luxúria. Além disso, era associada aos mortos na Grécia, sendo queimada em rituais funerários e plantada nos túmulos. Todas as hortelãs eram vistas como ervas de proteção contra bruxas e vermes e ajudavam a curar doenças causadas por feitiços[†].

Culinária e medicina: as hortelãs são alimentos e remédios excelentes. Elas integram a culinária tradicional de muitos lugares no mundo, como os molhos *tzatziki* e *raita*, da Grécia e Índia. Gosto de adicionar folhas picadas nas saladas, ou trituradas em chás gelados ou na água; também é uma boa ideia congelar as folhinhas dentro de cubos de gelo para as bebidas especiais de verão. Amo chá de hortelã-pimenta para queixas estomacais de todos os tipos. Os fortes óleos voláteis da família das hortelãs — responsáveis pelas fragrâncias incríveis que as tornaram conhecidas — são antimicrobianos. Eu uso uma colher de chá de hortelã desidratada e uma de camomila, deixadas em água fervente por dez minutos para acabar com os gases e o estufamento. Misture folhas de hortelã desidratadas com as flores do sabugueiro ou as flores e folhas do milefólio para tratar resfriados e gripes. É uma combinação favorita para lidar com esses agravos respiratórios comuns. O chá da hortelã-pimenta também funciona como um leve calmante. Na medicina popular de diferentes partes do mundo, uma boa xícara de chá quente de hortelã é prescrita para amenizar a ansiedade. Gotinhas de chá gelado pingadas em um tecido limpo e colocado sobre a testa de pessoas com febre ou dor de cabeça também é ótimo para diminuir a dor e a inflamação.

---

[*] Arrowsmith, *Essential Herbal Wisdom*, 456.
[†] Arrowsmith, *Essential Herbal Wisdom*, 461.

Rosa (*Rosa spp.*)

Assim como as hortelãs, existem muitas espécies de rosas. Algumas têm pouco aroma, mas para magia e medicina, eu prefiro as que são fragrantes e medicinais: a *Rosa rugosa*, *Rosa canina* e *Rosa damascena*.

Informações de cultivo: a maioria das rosas gosta de solos bem drenados, algumas a ponto de preferirem os tipos arenosos, de áreas costeiras. Outras são espécies arbustivas e apresentam um desenvolvimento expressivo no solo mais rico e úmido das áreas bem arborizadas. É possível cultivar rosas em sol pleno ou meia-sombra e elas sempre crescem melhor a partir de estacas ou divisões. As plantas podem ser difíceis de cultivar e propensas a doenças. Por isso, gosto de escolher as espécies mais duradouras como a rosa rugosa (*Rosa rugosa*). Elas resistem melhor a doenças e produzem flores mais bonitas quando estão em condições de sol pleno.

Região: as rosas podem crescer em uma variedade de climas. Confira qual espécie se adapta melhor à sua zona. A rugosa consegue crescer em quase todos os climas temperados, desde que seja protegida no inverno.

Partes usadas: flores e frutos (conhecidos como "quadris de rosa").

Momento da colheita: da primavera ao começo do verão, quando as flores perfumadas tiverem acabado de se abrir, e começo do outono, quando os frutos estiverem vermelhos e maduros.

Folclore e magia: é provável que as rosas sejam originárias do Norte da Pérsia antiga. Elas acumulam folclore suficiente para encher um livro, sendo associadas ao amor, à morte e a muitas outras coisas. Na magia popular Apalache, para encontrar o amor verdadeiro, deve-se colher uma rosa à meia-noite da véspera do solstício de verão, sem dizer uma palavra, e enrolá-la em papel limpo. Não olhe para ela e deixe que desidrate até o solstício de inverno. Use-a no decote nessa ocasião, e quem quer que a tire de lá será seu verdadeiro amor[‡]. As rosas, apesar de lindas, têm espinhos terríveis, que são usados extensivamente na magia popular de todas as culturas e podem servir de proteção, se enterrados

---

[‡] Opie, Iona Archibald, and Peter Opie, *The Lore and Language of Schoolchildren* (Nova York: New York Review Books, 2001), 362.

do lado de fora de casa em garrafas de bruxa. Sonhar com rosas significa que logo você obterá sucesso no amor[*]. Lançar folhas de roseira ao fogo traz sorte[†]. Gosto de guardar e desidratar algumas folhas no fim da estação para esse fim. Experimente queimar pétalas de rosa como incenso durante seus trabalhos mágicos para o amor; e para atrai-lo, use uma rosa afixada à sua blusa favorita.

Culinária e medicina: as rosas têm sido usadas na culinária e na medicina ao longo da história. O quadril, como é chamado o fruto da rosa, é rico em vitamina C e flavonoides benéficos. Esses dois nutrientes ajudam a manter um sistema imunológico saudável e conferem às rosas parte de seu poder mágico. Você pode usar o quadril de rosa para fazer geleia, como qualquer outra fruta em conserva, e saboreá-la com torradas amanteigadas. Os quadris também desidratam muito bem e rendem um ótimo chá para a temporada dos resfriados e gripes, ajudando a aumentar o nível de vitamina C no corpo. Mas tome cuidado para não superaquecer o chá ou ferver os quadris, pois as temperaturas altas eliminam a vitamina C.

As sementes têm uns cabelinhos que às vezes são indigestos, então geralmente usamos só o fruto em volta delas. O chá de pétalas de rosa é adstringente: tem ação anti-inflamatória, é ótimo para lavar olhos ou membranas mucosas inflamadas e pode ser bebido em caso de aftas. Para tecidos urogenitais irritados, faça um banho com água morna misturando quantidades iguais de calêndula e milefólio. As rosas também se prestam a ótimos hidrolatos ou perfumes e são utilizadas desse modo há séculos. Faça um chá de pétalas de rosa e use-o como tônico para acalmar a pele irritada ou avermelhada. Eu amo conservar pétalas murchas no mel para noites afrodisíacas: é possível adicionar o mel sobre fatias de maçã ou misturá-lo em bebidas quentes fermentadas.

---

[*] Higgins, Rodney, *Plants of Courtship and Marriage*, Plant Lore Studies, edited by Roy Vickery (Londres: Folklore Society, 1984).
[†] Napier, James, *Folklore: Or, Superstitious Beliefs West of Scotland Within This Country* (Arden Library, 1980).

Alecrim (*Rosmarinus officinalis*)

Informações de cultivo: já que o alecrim demora muito para brotar a partir da semente e tem taxa reduzida de germinação, eu prefiro cultivá-lo através de estacas ou comprar mudas em um viveiro. O alecrim cresce melhor sob o sol pleno e em solo arenoso, bem drenado. Ele se dá bem em vasos de cerâmica, já que faz parte do time que prefere solos mais secos. Eu amo trazer nosso pé de alecrim para dentro de casa no inverno e aproveitar seu aroma.

Regue-o cuidadosamente quando o solo parecer seco, mas deixe-o secar entre uma rega e outra. Se você mora na zona 6, plante-o perto de um muro ou da face sul da casa para que ele receba um pouco do calor do ambiente durante os dias de inverno e se proteja do frio excessivo. É possível propagar um ramo de uma planta madura por meio de alporquia: enterre o ramo (sem removê-lo da planta), espere que as raízes se formem sob o solo e então remova o novo ramo enraizado da planta original, plantando-o em outro lugar. O alecrim vive muitos anos se bem cuidado e adubado de vez em quando.

Região: zona 6 com proteção ocasional contra o inverno, zonas 7 a 10.

Partes usadas: ramos e folhas.

Momento da colheita: em qualquer época. Evite retirar mais de um terço da planta em cada colheita. Depois de colhidas, as folhas secam com muita facilidade em buquês pendurados.

Folclore e magia: *Rosmarinus* significa "névoa do mar". O alecrim é originário do Mediterrâneo e adora lugares secos e ensolarados. Essa é uma erva da lembrança, então é ideal para o Samhain, época de culto aos ancestrais. Na Inglaterra, as pessoas a traziam consigo quando iam a funerais. Também se acreditava que ela fazia os mais velhos rejuvenescerem. Em Derbyshire, mulheres jovens costumavam colocar um ramo de alecrim ou uma moeda torta embaixo do travesseiro no Halloween, para sonharem com o futuro marido.

Os romanos diziam que seu odor ajudava a preservar os mortos. Isso provavelmente contribuiu para que ele fosse usado como emblema da eternidade. O alecrim também representava um símbolo da recordação, sendo incluído em buquês e guirlandas para celebrar a amizade e a fidelidade, além de ser usado em guirlandas de noivas e funerais. Embora isso seja questionado, ele pode ter sido uma das plantas que desabrochou para esconder Maria dos soldados de Herodes. Suas flores de um pálido tom de índigo teriam adotado a cor do manto de Maria, em memória do serviço prestado à Santa Mãe[*]. Porém, a planta apresenta conotações mais sinistras na Sicília e em Portugal, onde é considerada uma erva pagã sob a qual as fadas se escondem disfarçadas de cobras. Isso faz sentido, já que em certa época o alecrim era queimado como incenso para os deuses do Olimpo. Apesar disso, ele também já foi usado como amuleto contra o mau-olhado. Na Inglaterra, um ramo trazido no peito garantia o sucesso em todas as suas tarefas[†].

Como outras plantas perenes, galhos de alecrim eram trazidos para dentro de casa, para perfumar o ambiente e dar um ar mais agradável aos escuros salões medievais e romanos. Ele decorava salões de banquete do solstício de inverno ou do Natal e as tigelas de *wassail*, uma bebida típica feita de cidra e temperos. Na Idade Média, era espalhado pelo chão à meia-noite da véspera de Natal, para que sua fragrância preenchesse o ar conforme as pessoas caminhassem. Isso era feito devido à crença de que quem cheirasse alecrim na véspera de Natal teria um ano de saúde e felicidade. Essa prática deu início à longa tradição de utilizar a erva nas guirlandas de Natal e em outras decorações de datas comemorativas[‡]. Um nome francês antigo para o alecrim era *"incensier"*. Outra prática antiga consistia em queimar a planta em hospitais. Em geral, era misturada com bagas de zimbro para evitar infecções e purificar o ar nos quartos de doentes[§]. Eu gosto de guardar os cabinhos que sobram depois de remover as folhinhas de alecrim: uso-os para fazer incenso ou bastões de ervas, que são queimados para realizar uma limpeza energética nos ambientes e preparar meus aparatos de bruxa para os rituais.

---

[*] Watts, *Dictionary of Plant Lore*, 324.
[†] Waring, Phillipa, *Dicionário de Agouros e Superstições* (Publicações Europa-América, 1978)
[‡] Miles, Clement A., *Christmas in Ritual and Tradition* (Forgotten Books, 1912).
[§] Grieve, Margaret, *A Modern Herbal: Volume 2* (Stone Basin Books, 1992), 682.

Culinária e medicina: o alecrim é uma planta culinária comum e popular, usada em todo o mundo como tempero (principalmente na culinária italiana). Na magia popular italiana, acredita-se que a erva alivie a tristeza e o luto¶. Ele fica fantástico com batatas, frango e quase todos os pratos salgados. Gosto de usá-lo em caldos e sopas curativas tanto por seu sabor quanto pelas propriedades antibacterianas. O alecrim é um poderoso antioxidante, é útil para eliminar os radicais livres do corpo, e rico em óleos voláteis antissépticos, que ajudam a manter o coração saudável, estimulando a circulação. Adicione ramos da planta a um banho quente para desanuviar a mente, limpar os seios da face e relaxar os músculos ou as juntas doloridas. Eu também tomo chá de alecrim para tratar dores de garganta e eliminar a congestão nasal.

Sálvia (*Salvia officinalis*)

Informações de cultivo: a sálvia pode ser cultivada do mesmo jeito que o alecrim: estacas ou alporquia. Ela adora crescer tendo o alecrim como companhia e, por mais engraçado que pareça, os repolhos se dão muito bem quando plantados perto da sálvia. Segundo a sabedoria dos antigos jardineiros, dá azar plantar sálvia a partir das sementes**. Essa é uma planta que não gosta de solo encharcado. Por isso, cultive-a em um lugar com boa drenagem.
Região: zonas 5 a 8.
Partes usadas: folhas, caule lenhoso para incenso.
Momento da colheita: colha algumas folhas aqui e ali quando quiser, mas certifique-se de não a deixar "pelada" demais. As flores surgem no verão.
Folclore e magia: vinda do Sul da Europa e pertencente à família da hortelã, *Salvia* significa "ser salvo", em referência aos poderes medicinais e mágicos diversos desse gênero de plantas. Na Roma Antiga, era um tabu colhê-la com qualquer ferramenta que contivesse ferro. Dizia-se

---

¶ Fahrun, Mary Grace, *Italian Folk Magic* (Weiser Books, 2018), 97.
** Whitney, Anne, and Caroline Canfield Bullock, *Folklore from Maryland*, American Folklore Society Memoirs, vol. 18 (1925), 19.

até que os assaltantes usavam a sálvia para ajudar a abrir cadeados magicamente. Ao longo da história, ela também tem sido utilizada há muito tempo na saúde das mulheres, como abortivo e para secar o leite de lactantes. A sálvia também é associada às serpentes e aos sapos: em algumas crenças como repelente desses animais; em outras, como isca*.

Culinária e medicina: o chá de sálvia é bom para resfriados. Na medicina popular Apalache, usamos a erva para todos os tipos de infecções respiratórias. A planta conta com fortes propriedades antibacterianas e antifúngicas, pois contém um composto chamado tujona. Isso significa que ela não deve ser consumida por pessoas grávidas ou que estejam amamentando! A sálvia também é muito utilizada para dar gosto à linguiça de porco e aos outros pratos com carnes gordurosas. Você pode cultivar e desidratar seus próprios ramos para cozinhar carnes, cogumelos e muito mais.

Erva de São João (*Hypericum perforatum*)

Existem cerca de 350 espécies nesse gênero, mas essa é comumente usada na medicina do mundo todo.

Informações de cultivo: mergulhe as sementes em água morna por algumas horas ou deixe-as de molho durante a noite, antes de plantá-las em um bom substrato. Cultive-as em área externa no início da primavera, quando o perigo de geada já tiver passado, e certifique-se de transplantá-las para um solo bem drenado e compostado assim que as mudas estiverem com cerca de cinco centímetros de altura. Muitas espécies conseguem tolerar um solo pouco encharcado ou seco, mas uma rega consistente ajuda a produzir flores mais bonitas. Elas amam crescer em lugares onde bata um belo sol de manhã e faça sombra à tarde. Essa planta também se espalha facilmente e é considerada invasora em alguns lugares. Então, cultivá-la em um vaso é uma ótima alternativa. Não a regue demais.

Região: zonas 5 a 10.

* Arrowsmith, *Essential Herbal Wisdom*, 483.

Partes usadas: flores.

Momento da colheita: solstício de verão.

Folclore e magia: essa planta é nativa do clima eurasiano temperado, mas hoje é considerada uma erva invasora em muitos lugares ao redor do mundo (inclusive na América do Norte). Na tradição da bruxaria europeia, a erva de São João é uma das plantas que mais têm histórias para contar. As populações rurais inglesas penduravam-na sobre as portas de suas casas, celeiros e estábulos, para se protegerem de espíritos intrometidos e fadas na véspera do solstício de verão. Suas flores, amarelas e brilhantes, surgem por volta dessa época do ano e, tradicionalmente, são coletadas no solstício para fazer remédios e amuletos junto com outras ervas da estação.

Dizem que é melhor estar despido ao colher as flores, é claro! Já que essa erva é muito protetiva, use-a em amuletos de proteção contra um coração partido e para criar coragem. Ela também é muito útil na magia do amor: combine-a com pétalas de rosa e outras plantas utilizadas em rituais do amor para abrir um coração gelado. Na mitologia escandinava, é sagrada para Baldur[†]. No folclore irlandês, é uma das sete ervas indestrutíveis às forças sobrenaturais: verônica, verbena, consolo-de-vista, malva, milefólio e erva-férrea[‡]. Na Alemanha, pode-se fazer uma previsão para o amor com a erva de São João esfregando-a entre o indicador e o polegar e dizendo:

> Amor cálido,
> se vermelho for;
> defunto amor,
> se de tom pálido[§].

[†] Browning, Gareth H., *The Naming of Wild Flowers* (Williams and Norgate, 1952), 89.
[‡] Wilde, Lady, Ancient Legends, Mystic Charms and Superstitions of Ireland (Chatto & Windus, 1902).
[§] Bachtold-Staublie, Hans, ed., *Handwörterbuch des deutschen Aberglaubens*, vol. 3 (Berlim: Walter de Gruyter & Co., 1987), 1490.

Esse feitiço se baseia no pigmento eliminado pela *Hypericum perforatum*, minha espécie favorita para fins medicinais e que cresce de forma abundante onde eu moro. Algumas espécies não produzem a coloração vermelha quando esfregamos suas folhas, deixando a pessoa decepcionada.

Existe muito conhecimento tradicional associado à erva de São João. Eu amo o amarelo brilhante dessas flores usadas há tanto tempo para afastar a melancolia e que se erguem para a colheita no início do verão. Elas nos lembram de que, nas profundezas do inverno, durante o solstício dessa estação, suas flores vão reter todo o poder e o calor do sol do verão, iluminando nossos dias monótonos.

Culinária e medicina: a erva de São João é usada há muito tempo para curar uma variedade de doenças, de dores lombares à insanidade. No início, acreditava-se que ela tratava doenças causadas pela bruxaria e pelos demônios[*]. Seu pigmento vermelho, evidente nos extratos à base de óleo ou álcool, era entendido como o "sangue" da planta. Pela antiga crença médica da doutrina das assinaturas, isso significava que a erva era ideal para curar feridas e queimaduras[†]. Ela também foi muito usada para tratar a melancolia ou os estados emocionais depressivos. Quanto aos órgãos internos, a erva de São João é boa para problemas digestivos e depressão moderada. Externamente, ela ajuda a curar ferimentos, queimaduras e nevralgia. Gosto de usar azeite de oliva de boa qualidade para extrair o poder das flores frescas e murchas, e depois aplicar sobre as juntas doloridas e os nervos sensíveis. *Atenção: algumas pessoas são muito sensíveis a essa planta, e ela pode provocar fotodermatite sob o sol forte, se usada sobre a pele. Também é possível que interfira no efeito de pílulas anticoncepcionais. Confira as contraindicações antes de consumi-la.*

---

[*] Arrowsmith, *Essential Herbal Wisdom*, 274.
[†] Stokker, Kathleen, *Remedies and Rituals: Folk Medicine in Norway and the New Land* (St. Paul, MN: Minnesota Historical Society Press, 2009).

Tomilho (*Thymus spp.*)

Existem trezentas espécies de tomilho. Algumas crescem baixinhas e rasteiras, formando uma bela cobertura para o solo, enquanto outras crescem um pouco mais na vertical. Minhas favoritas são o tomilho-comum (*T. vulgaris*) e o tomilho-limão (*T. x citriodorus*).

Informações de cultivo: essa erva detesta molhar os pés e se dá muito bem em um vaso bem drenado sob o sol pleno. Plante-a no jardim quando o perigo de geada já tiver passado. Assim como o alecrim, o tomilho é um tipinho difícil de brotar a partir da semente. Eu gosto de criar uma muda por divisão ou estaquia a partir da planta de algum amigo, ou comprar uma muda em meu viveiro favorito. Elas não são muito exigentes e não precisam de toneladas de fertilizante, mas é sempre bom suplementar o espaço delas no jardim com um pouco de composto.

Região: zonas 2 a 10, com as zonas abaixo de 5 utilizando cobertura do solo no inverno e proteção contra os danos provocados pelo frio.

Partes usadas: folhas.

Momento da colheita: em qualquer época.

Folclore e magia: o tomilho é uma erva medicinal e mágica importante na Grécia, no Irã, na América do Norte e em quase todos os lugares. Foi uma das primeiras plantas que usei para me curar de uma tosse prolongada após uma longa temporada de mononucleose; então eu adoro essa humilde erva do jardim. O tomilho é da família da hortelã, originária do Sul da Europa e do Mediterrâneo, mas se espalhou pelo mundo inteiro e se tornou uma erva fundamental para a medicina popular e as práticas herbais folclóricas de muitos países.

Para os gregos, era um símbolo de coragem, crença, que se espalhou para outras partes da Europa na Idade Média. Também é uma planta das abelhas, e é comum esfregá-la nas colmeias para garantir o bem-estar delas. Na Idade Média, bordar uma abelha e um raminho da erva em um lenço e oferecê-lo a um cavaleiro já era suficiente para dotá-lo de coragem. O tomilho selvagem era queimado como incenso desde a Antiguidade na Grécia, na Mongólia e Sibéria. Antes de usarem a resina de olíbano, o tomilho era a planta-incenso mais importante na Grécia e costumava ser queimada para afugentar os demônios que traziam doenças, pois mantém afastadas as coisas más e diabólicas[*].

Nem sempre confiável, mas sempre divertida, Madame Grieve escreveu:

> Em grego, o nome tomilho foi dado à planta como uma derivação da palavra que significava "defumar", seja por seu uso como incenso, por seu aroma balsâmico ou porque ela fazia parte de um grupo de ervas aromáticas[†].

Na Alemanha, ela era misturada com outras ervas especiais e espalhada sobre o leito de nascimento, junto com o galião comum (*Galium aparine*). Além de ser usada como uma erva de parto, também se fazia um chá com ela para induzir o ciclo menstrual, o parto em si e, mais tarde, a expulsão da placenta. Dizem que as fadas amam tomilho e, embora ele fosse utilizado no leito do parto, em alguns lugares falavam que dava azar trazer a planta para dentro de casa[‡].

Seu uso como erva funerária pode explicar essa crença curiosa. Os membros da *Order of the Oddfellows* levavam ramos de tomilho ao enterro de seus irmãos, enquanto em algumas partes da Inglaterra era comum jogar ramos da planta sobre o caixão antes de enterrá-lo. O interessante é que ela também tem relação com o assassinato, e dizem que seu aroma, talvez devido ao uso da planta em funerais, é o cheiro do fantasma de um homem assassinado[§]. Curioso, já que isso significa que minha canja de frango não fica completa sem um pouco de essência de homicídio.

---

[*] Pennacchio, Marcello, et al., *Uses and Abuses of Plant-Derived Smoke: Its Ethnobotany As Hallucinogen, Perfume, Incense, and Medicine* (Oxford: Oxford University Press, 2010).
[†] Grieve, Margaret, *A Modern Herbal: Complete Volume* (Stone Basin Books, 1992).
[‡] Müller-Ebeling, Claudia, et al., *Witchcraft Medicine: Healing Arts, Shamanic Practices, and Forbidden Plants* (Inner Traditions, 2003).
[§] Gutch, M., and M. Peacock, *Country Folklore, Lincolnshire* (Folklore Society, 1908).

Os alemães da Pensilvânia têm uma prática especial para plantar o tomilho. Eles dizem que a erva não cresce se você não se sentar sobre ela após cultivá-la. Se você já transplantou placas grandes de tomilho, isso na verdade ajuda muito e é bastante divertido.

Na Escócia e na Inglaterra, existe uma previsão amorosa que pode ser feita com tomilho, na noite de Santa Inês, dia 20 de janeiro. Pegue um ramo de alecrim e um de tomilho e salpique individualmente água nos dois, três vezes cada. Quando for se deitar, coloque cada ramo em um sapato e cada sapato de um lado da cama. Em seguida, invoque Santa Inês:

> Santa Inês dos amantes,
> Acalme minha mente lancinante.

Assim, o futuro será mostrado em sonho quando você pegar no sono, revelando a identidade de seu amor verdadeiro¶.

Culinária e medicina: nas ilhas britânicas, o tomilho era usado para tosses e doenças respiratórias, mesmo quando se tratava de problemas sérios, como tuberculose e coqueluche. Na Inglaterra, muitas pessoas tomavam chá dessa erva para acalmar os nervos, tanto que hoje ela ainda é considerada um calmante leve. Essa era uma bebida quase universal nas partes remotas da Escócia, e além de tranquilizante, evitava pesadelos. Em Suffolk, recomendava-se administrá-la nos casos de dores de cabeça. Na Irlanda o uso da erva era menos comum, embora fosse inalada para tratar doenças respiratórias e dores de cabeça em vez de bebida em forma de chá. Para tratar a tuberculose, ou a tísica, como era conhecida no passado, misturava-se a infusão com a planta antiviral madressilva e a sálvia silvestre**.

Na medicina popular do Sul, o tomilho era utilizado para tratar a febre tifoide em uma infusão com outras plantas diaforéticas, como a casca da raiz de sassafrás, as agulhas de pinheiro, as sementes de mostarda, as

---

¶ Walsh, William S., *Curiosities of Popular Customs and of Rites, Ceremonies, Observances, and Miscellaneous Antiquities* (Reino Unido, Lippincott, 1925), 18.
** Allen, David Elliston, and Gabrielle Hatfield, *Medicinal Plants in Folk Tradition: An Ethnobotany of Britain & Ireland* (Timber Press, 2012), 224.

folhas do eupatório e o poejo. Ele também servia para auxiliar o parto e expulsar a placenta, além de ser um remédio tópico na forma de unguento quente para inchaços e verrugas[*]. Nas práticas de cura afro-americanas, era usado para tratar doenças respiratórias, para gargarejo em caso de dor de garganta, ou como emplastro quente feito de folhas frescas, para evitar a infecção em cortes e feridas[†]. Gosto dele para curar tosses e doenças respiratórias de todos os tipos. A depender da tradição herbal, ele é indicado tanto para a tosse seca quanto para a tosse produtiva, mas já me beneficiei do tomilho nos dois casos.

Você pode fazer um xarope simples para tosse combinando-o com marroio (*Marrubium vulgare*). Misture dois terços de folhas secas de marroio com um terço de folhas secas de tomilho. Deixe descansar por quinze minutos em água fervida. Você pode até prolongar o tempo de infusão para obter um chá mais forte, porém isso o tornaria um pouco amargo, então talvez o gosto fique desagradável. Se eu obtiver duas xícaras de líquido após coar e espremer as ervas, adiciono uma xícara de mel em uma proporção de dois para um (meia xícara de mel para cada xícara inteira de água). Aqueço a bebida em uma chaleira até dissolver o mel. Depois, despejo o conteúdo em um pote de conserva bem higienizado e coloco uma etiqueta. Também é possível mantê-lo na geladeira por mais ou menos dois meses. Eu tomo uma colher de chá até quatro vezes ao dia para aliviar a tosse. Ocasionalmente, tomo apenas a bebida, fazendo uma infusão simples de uma colher de chá de folhas secas de tomilho em mais ou menos uma xícara de água, e consumo três vezes ao dia para problemas digestivos. Para questões no trato urinário, como a infecção do trato urinário (ITU), gosto de fazer um chá de tomilho com vara-de-ouro, outra de minhas favoritas.

O tomilho também é um ótimo tempero, utilizado há séculos como uma erva culinária que acompanha assados, guisados e sopas. Amo usá-lo no frango e no peixe, ou salteá-lo na manteiga por um minutinho

---

[*] Moss, Kay, *Southern Folk Medicine*, 1750–1820 (University of South Carolina Press, 1999), 94.
[†] Lee, Michele E., and J. Douglas Allen-Taylor, *Working the Roots: Over 400 Years of Traditional African American Healing* (Wadastick Publishers, 2014).

ou dois antes de cozinhar os cogumelos que coletamos. É quando a comida e a medicina se encontram que eu me apaixono pelos entrelaçamentos complexos entre folclore, magia e tradição. Estamos escrevendo juntas cada uma dessas práticas populares enquanto as reaprendemos e redescobrimos.

Absinto (*Artemisia absinthium*)

Informações de cultivo: o absinto é uma planta muito resiliente, maravilhosa para se cultivar em vasos e muito boa para um jardim de pedras. Ele não é fã de solos encharcados e prefere condições secas e quentes: solos secos, pedregosos e até salinos. Os vasos são ótimos para contê-lo, porque ele cresce de modo persistente e pode se espalhar. O absinto é tolerante à seca, mas precisará de um solo com boa drenagem, e gosta de um pouco de composto no momento do plantio. Cresce com facilidade a partir da semente, da divisão de raízes ou estacas. Semeie diretamente no jardim externo na primavera, após o fim das geadas, e regue-o de modo adequado. Ele deve ficar em um local de solo com boa drenagem e condições de sol pleno.

Região: zonas 4 a 9.

Partes usadas: folhas e flores.

Momento da colheita: deixe essa planta perene crescer por dois anos antes de colher grandes quantidades.

Folclore e magia: o absinto, também chamado de losna, é nativo da Europa, Crimeia e Sibéria. Seu nome em latim vem do antigo nome grego da deusa Ártemis, também conhecida como Diana pelos romanos. Ela é a deusa da lua, dos animais selvagens e das caçadas. Trata-se de mais uma das plantas sagradas para o solstício de verão. As outras são o alecrim, a verbena, o hissopo, a samambaia, o verbasco, o manjericão, a lavanda, o tomilho e o funcho, além das flores rosa, margarida, calêndula, centáurea e cravo-de-defunto. O absinto há muito tempo vem sendo espalhado pela casa para repelir insetos de todos os tipos, como pulgas e moscas. As pessoas acreditavam tanto em seu poder que carregavam uma mistura da erva com vinagre como remédio para a peste negra na Europa. Ele é inclusive considerado um símbolo de saúde[*]. O herborista do século XVI John Gerard escreveu que, combinado com vinagre, o absinto é um bom antídoto contra os cogumelos venenosos. Já quando tomado com vinho, ele contrapõe os efeitos da cicuta e das mordidas do musaranho e do peixe-dragão.

A planta é usada como proteção contra magias prejudiciais direcionadas a eventos importantes, como casamentos e enterros. Em muitos lugares da Europa, os apaixonados trazem a erva consigo como amuleto para evitar a inveja das bruxas. Alguns dizem que, se o absinto crescer alto no outono, então haverá neve pesada no inverno[†]. Sonhar com ele é um bom agouro, sugerindo felicidade e bons momentos no lar. Assim como sua prima artemísia, era utilizado por viajantes como talismã contra a fadiga — dentro do sapato ou preso à roupa[‡]. O absinto é minha planta protetiva favorita. Em quase toda região onde cresce, as pessoas costumam pendurar buquês para repelir não só as moscas, mas também os maus espíritos e a inveja. Eu uso a erva desidratada como incenso, queimando as folhas, as flores e os ramos e encho sachês com ela, para fazer amuletos de proteção que escondo nos locais onde são necessários.

Culinária e medicina: o sabor amargo e a fragrância pungente e agradável do absinto deram a ele muitos usos mundo afora. É utilizado como antiparasitário contra vermes e como remédio para a indigestão e para muitos outros males. A planta também é um ingrediente do absinto, a famosa bebida alcoólica acusada de levar tantas almas artísticas à loucura no século XIX. Essa bebida controversa nasceu na Suíça no século XVIII e começou como um tônico feito com outras ervas fortes, como o funcho e o anis. Alguns acreditam que a toxicidade e a natureza alucinógena do líquido foram exageradas em grande medida, visto que o

---

[*] Painter, Gillian, and Elaine Power, *The Herb Garden Displayed* (Auckland, Nova Zelândia: Hodder and Stoughton, 1978).
[†] Arrowsmith, *Essential Herbal Wisdom*, 537.
[‡] Blunt, Wilfrid, and Sandra Raphael, *The Illustrated Herbal* (Frances Lincoln in assoc. with Weindenfeld & Nicolson, 1979).

elemento químico da planta, apontado como o causador desses efeitos (a tujona), está presente em quantidades muito pequenas nas receitas antigas da bebida[§].

Dito isso, a erva absinto ainda é um remédio digestivo valioso. Uma xícara de chá fraco é muito eficiente para eliminar gases ou estufamento e melhorar a digestão. Porém, gestantes ou lactantes jamais devem ingeri-lo, pois ele também é um poderoso emenagogo, ou seja, um estimulante menstrual, e já foi usado como abortivo no passado. O absinto é um remédio para ser administrado em pequenas doses e por curtos períodos. Embora os efeitos da bebida alcoólica que leva seu nome tenham sido aumentados, a tujona ainda é tóxica para o fígado no longo prazo. Eu acrescento uma colher de chá de erva desidratada a uma xícara de água quente e deixo descansar por dez minutos, tomando o líquido para me proteger contra parasitas intestinais. Algumas pessoas fazem um vinho herbal caseiro mergulhando uma xícara de folhas de absinto picadas em um vinho tinto de boa qualidade e bebendo uma taça de vez em quando para ajudar na digestão.

[§] Padosch, Stephan A., Dirk W. Lachenmeier, and Lars U. Kröner, "Absinthism: a fictitious 19th century syndrome with present impact", *Substance Abuse Treatment, Prevention, and Policy* 1 (2006): 14.

O Jardim Venenoso

As informações contidas neste capítulo são voltadas somente ao entretenimento e ao interesse histórico. NÃO tente ingerir, aplicar, fumar ou mesmo manusear as plantas a seguir sem um cuidado extremo, um desejo de morte certa ou um destino pior do que ficar presa nas garras da loucura.

> O *Veneficium* diz respeito à interseção entre magia e veneno, originando-se na mais remota Antiguidade e chegando aos dias atuais. Para além de sua função enquanto agentes prejudiciais ao corpo, os venenos também são portais para o êxtase religioso, o conhecimento oculto e a aberração sensorial, assim como servem de base para a cura.
>
> — Daniel Schulke, nas notas editoriais de *Veneficium*[*]

Aquilo que cura também pode matar. Esse antigo ditado nos lembra de que, embora a humanidade goste de separar as coisas entre seguro e perigoso, bom e mau, elas raramente são simples assim. O mundo das plantas nos apresenta esse enigma, já que muitas delas, até uma doce maçã ou um pêssego, podem matar se usadas em doses muito elevadas. Algumas bruxas transitam pelo espaço existente entre a cura e o veneno. Elas utilizam o poder do espaço liminar para comungar com os espíritos das plantas poderosas que têm a capacidade de matar ou ensinar, punir ou recompensar.

O Caminho do Veneno é um termo mais recente para se referir a práticas específicas da Bruxaria Tradicional. Foi cunhado por Dale Pendell, um autor e ser humano fantástico que escreve sobre enteógenos, filosofia e muito mais. Ele se refere à ramificação peculiar da bruxaria que diz respeito às habilidades herbais e às antigas artes com as plantas. O Caminho do Veneno é um desvio para dentro da floresta sombria a partir do caminho da Bruxaria Tradicional iluminado pela lua, uma vertente de habilidades herbais atraente e maldita, assim como ela provavelmente deve ter sido para nossas ancestrais. As bruxas eram acusadas com frequência de envenenar pessoas, animais e plantações, ao mesmo tempo que eram procuradas por quem buscava a cura. A arte de envenenar

---

[*] Schulke, Daniel A., *Veneficium: Magic, Witchcraft and the Poison Path* (Reino Unido: Three Hands Press, 2018). Publisher's description.

sempre foi associada à bruxa. Até porque existe arma melhor do que o veneno nas mãos daquelas que são oprimidas? Essas dicotomias são um parque de diversões para quem pratica nossa arte.

Veneno é poder e um grande transmutador, que pode corroer a carne, alterar o DNA, curar o câncer e matar as flores. Veneno é a magia. Afinal, a magia não é apenas a mudança facilitada pela intenção? Esse caminho demanda humildade e o monitoramento constante do próprio ego. Ele exige encarar o fato de que há sempre mais coisas que não sabemos do que aquelas que sabemos. E por que trilhar esse caminho? Por que fazer algo tão difícil se você não tem de fazê-lo? Acredito que ao trabalhar com as plantas venenosas podemos absorver um pouco do poder imenso que existe neste mundo a partir da química, e em outros planos a partir da magia. É possível usá-las em nossas práticas, aprender com elas e com seus sussurros ásperos e trazer compreensão para onde antes reinava o medo.

A maneira como os venenos nos tocam muda quem somos. É assim que uma pessoa pode percorrer o Caminho do Veneno. É claro que existem muitas formas de atravessar um caminho. Isso não quer dizer que seja preciso ingerir veneno. Usar um amuleto de raiz de cicuta coloca a praticante em contato próximo com o espírito daquele ser. Isso é melhor do que arriscar o pescoço ingerindo essa criaturinha mortal. Já que essas plantas obtêm sua energia e força vital a partir das profundezas da terra, elas representam uma conexão direta com o submundo e seus habitantes. O Caminho do Veneno geralmente envolve se tornar o centro das atenções desses seres.

Existem muitas maneiras de comungar e trabalhar com essas energias e poderes. Em cada um dos métodos disponíveis, é preciso estar em constante vigilância com relação às nossas intenções, ego e desejos. A palavra *veneficium* em latim pode significar magia, veneno ou drogas. Sua definição é tão multifacetada quanto a própria bruxa, que jamais deve ser definida como totalmente boa ou má. Conheça agora as plantas icônicas associadas às bruxas há séculos e, se optar por cultivá-las e conhecê-las, seja humilde, paciente e abençoada pela sua estranha beleza.

Beladona (*Atropa belladonna*)

O nome dessa planta em latim deveria, por si só, despertar o medo (ou ao menos o respeito) nos corações humanos. *Atropos*, que significa terrível e impiedosa, é uma das Três Moiras que decidem sobre a vida e a morte. Esse é um indicativo de seus poderes mortais, já que é Átropos quem desfere o corte final contra o fio da vida dos mortais. Assim como sua irmã mandrágora, a beladona também era adicionada a cervejas e vinhos, principalmente no Oriente, e conhecida como um afrodisíaco. É interessante ver que muitas plantas venenosas ou mortais também agem como estimulantes sexuais. "A pequena morte" ganha um novo significado. Há muito tempo associada às bruxas, aos rituais pagãos e a unguentos que induzem ao voo, essa erva tem lacunas no registro histórico de seus usos, mas não deixa de ser infame mesmo assim.

Seu veneno poderoso rendeu à beladona um lugar único no panteão dos venenos, já que ela pode produzir resultados mortais muito mais rápido do que o meimendro ou a mandrágora. É originária da Europa Central e Setentrional e da Ásia Menor, apesar de ter se espalhado por toda a Europa Ocidental e pelo Norte da África. A beladona foi usada até como arma química em uma guerra no Ártico. Ela foi adicionada às cervejas escuras dos escoceses. Os dinamarqueses a bebiam sem parar, o que os deixava inertes e com delírios, ou seja, fáceis de eliminar no século XI. A mística, herborista e visionária cristã Hildegard von Bingen nos falou da demonização dessa planta poderosa conforme o Cristianismo varreu a Europa:

> A solanácea mortal é dotada de frieza, embora porte o nojo e a paralisia em tal frieza. Nos lugares onde ela cresce, um estímulo diabólico toma parte de suas artes. E é perigoso a um homem comê-la ou bebê-la, pois ela lhe destrói o espírito, deixando-o como se ele estivesse morto[*].

---

[*] Hildegard, *Hildegard Von Bingen's Physica: The Complete English Translation of Her Classic Work on Health and Healing* (Estados Unidos: Inner Traditions/Bear, 1998), 32.

Ela é conhecida como *belladonna*, "mulher bonita" em italiano. Foi o herborista Mattioli quem disse que as mulheres italianas pingavam o suco da planta nos olhos para dilatar as pupilas e parecerem mais bonitas. Hoje, a atropina ainda é usada na oftalmologia.

Até 1930, ainda prescreviam cigarros de folha de beladona mergulhados em uma tintura de ópio. Eles eram fumados para tratar dores e problemas gastrointestinais. Três a quatro frutos já são suficientes para produzir efeitos psicoativos afrodisíacos, enquanto ingerir um número entre dez e vinte frutos é letal para uma pessoa adulta. Para crianças, essa quantidade pode se reduzir a dois. Parece que utilizar a fumaça é a maneira mais segura de interagir com essa planta, já que as menores doses podem provocar efeitos imprevisíveis nas pessoas e até levar à morte. Embora os frutos tenham sido acrescentados a vinhos e cervejas no passado, é altamente recomendável *jamais* ingerir a planta ou seus frutos. Por que arriscar? O herborista John Gerard aconselha o seguinte:

> Aceites um conselho, jamais lides com o tipo, sob hipótese alguma, e expurgas essa planta do teu jardim, assim como seu uso, sendo esta uma erva tão furiosa e mortal, que leva aqueles aqueles que dela comeram a um sono inerte, do qual tantos morreram[*].

Ela tem sido utilizada desde a Antiguidade, às vezes de modo intercambiável, para os mesmos fins que a mandrágora. Existem alguns mitos em torno de sua colheita, como a prática de amarrar um cachorro a ela e fazê-lo puxar a planta para retirá-la do solo. Na Hungria, a beladona deve ser desenraizada na noite de São Jorge (23 de abril) da seguinte forma: a pessoa que colhe a erva precisa estar despida e deve-se fazer uma oferenda de pão, "como se fosse para um monstro élfico"[†]. Na Alemanha, um de seus nomes folclóricos é "olho de lobo". O lobo é um dos animais de Wotan (Odin), e a beladona era associada às suas filhas,

---

[*] Gerard, John, *The Herbal Or General History of Plants: The Complete 1633 Edition as Revised and Enlarged by Thomas Johnson* (Estados Unidos: Dover Publications, 2015), 340.
[†] Höfler, Max, *Volksmedizinische Botanik der Germanen* (Berlim: VWB, 1908), 90.

sendo também chamada de "árvore de Valquíria", pois deixava aqueles que comiam seus frutos à mercê das Valquírias. No Sul da Alemanha, os caçadores sob a tutela de Wotan ingeriam três ou quatro frutos da beladona antes da caça, para estimularem a percepção. O famoso filósofo natural Giovanni Battista della Porta disse que, usando uma fórmula feita sobretudo com beladona, qualquer pessoa poderia se transformar em um pássaro, peixe ou pato. Historicamente, esses eram todos animais do solstício de inverno perfeitos para um sacrifício a Wotan.

Embora demonizada pela Igreja, a beladona tem sido uma forma de curar a depressão, a psicose e as doenças espirituais. Ela era administrada como remédio para as "doenças de viagem" e para condições provocadas por possessões demoníacas. As alucinações poderosas causadas pela erva são descritas como profundamente obscuras e assustadoras, diabólicas até. Na Boêmia, diz-se que o próprio diabo protege essa planta, mas ele pode ser convencido a deixá-la se alguém soltar uma galinha preta, já que ele aparentemente não resiste a persegui-la.

Composição: alcaloides tropânicos, sobretudo a hiosciamina, que após a colheita e a secagem da planta se transforma em atropina. Existe a possibilidade de esses elementos químicos serem transferidos para os tecidos dos animais. Um coelho pode comer a planta sem nenhum efeito negativo, mas se uma pessoa ingerir a carne do coelho, é possível que tenha alucinações.

Efeitos: desde vontade de rir, euforia, forte desejo de se mexer, frenesi, raiva, loucura até a morte. Às vezes, tem-se a sensação de que o tempo não passa. Muitas pessoas que já experimentaram a beladona pela experiência psicoativa relatam terror e nenhum desejo de usá-la de novo.

Cultivando Beladona: se você tem crianças ou pets muito curiosos em casa, não é recomendável cultivar a beladona. Ela produz lindas frutinhas redondas e negras que parecem muito apetitosas, mas que acabam sendo mortais.

A planta se semeia sozinha a partir dos frutos caídos que conseguem germinar, mas as sementes exigem a estratificação, se você comprá-las. Coloque-as em um recipiente com água fria e deixe na geladeira por duas semanas. Troque a água diariamente. Para cultivá-las dentro de casa, espalhe as sementes sobre a superfície do substrato e mantenha-as úmidas por igual. A germinação pode levar semanas! Plante-as em uma área externa na primavera, quando não houver mais risco de geada, e coloque uma plaquinha para identificá-las bem. Elas preferem ambientes de meia-sombra a sombra total.

Estramônio, Figueira-do-inferno, Figueira-brava (*Datura stramonium*)

Essa linda planta tem origens botânicas discutíveis, embora seus efeitos no corpo humano deixem pouco espaço para debate. Alguns botânicos dizem que ela surgiu na região do Mar Cáspio, enquanto outros afirmam que ela vem do México. Em 1676, ganhou o nome de *jimsonweed*, em Jamestown, na Virgínia. Um cozinheiro confundiu suas folhas com as de outra planta segura para o consumo e a serviu para os soldados, que agiram de modo delirante e abobalhado por dias depois do episódio. Foi assim que ela passou a ser chamada de *Jamestown weed* (erva de Jamestown), e com o tempo virou *jimsonweed*, graças à língua vernácula popular*. Acreditava-se que os romanis a levaram até a Europa, mas, como mencionado anteriormente, tudo isso é discutível do ponto de vista botânico. Chegou-se a dizer que muitas das curas e práticas mágicas miraculosas dos romani vinham do uso da figueira-brava.

No México e nas regiões próximas, a *D. stramonium* é usada do mesmo modo que a *D. innoxia*. Os mixtecas em Oaxaca tinham a crença de que essa planta continha um espírito na forma de uma mulher velha. Por isso, ela pode ser chamada de "avó". Engolia-se suas sementes em rituais de divinação. Assim como no caso de outras ervas dessa injustiçada família, as pessoas usavam a figueira-do-inferno geralmente às escondidas, já que os católicos do México acreditavam que a planta tinha sido criada pelo próprio diabo. Ela era utilizada por muitos povos indígenas das Américas do Sul e do Norte em diversos rituais sagrados, divinação e ritos de passagem educativos.

---

* Rätsch, Christian, and John Robin Baker, *The Encyclopedia of Psychoactive Plants: Ethnopharmacology and Its Applications* (Estados Unidos: Inner Traditions/Bear, 2005), 209.

A maioria dos escritores da Antiguidade parecia temer a figueira-brava. Teofrasto descreveu dosagens que podem levar um homem à loucura permanente e à morte. Existem relatos de seu uso nos cultos à deusa Kali que a descrevem como uma planta que fazia os devotos promoverem sacrifícios humanos frenéticos. Isso também ajudou a construir a aura obscura em torno de seu nome. Ela veio para a América do Norte com os primeiros colonos europeus. Isso confundiu muitos botânicos no território colonizado, pois eles presumiram que a erva era nativa da região.

Na Europa, a figueira-brava tinha relação com as bruxas e os unguentos que induziam o voo. Suas sementes eram adicionadas à cerveja na Alemanha, Rússia e China para dar à bebida propriedades entorpecentes. As sementes também serviam como incenso, prática que dizem ter vindo dos romani. O ato de queimá-las tinha o objetivo de afastar os fantasmas ou, ao contrário, invocar os espíritos. Praticava-se uma espécie de "previsão do tempo" jogando na fogueira sementes que haviam passado a noite ao relento e prestando atenção ao som que faziam. Se elas queimassem estalando alto, o inverno seria seco, mas muito frio. Eles também espalhavam as sementes sobre tambores feitos de pele animal e batiam nele com uma marreta certo número de vezes. A maneira como as sementes se reposicionavam em relação às linhas desenhadas no couro servia de resposta a perguntas sobre as chances de cura de uma pessoa doente, a localização de objetos roubados e outras informações úteis.

Na Alemanha, ela era utilizada em poções do amor. Esses usos conferiram à planta sua relação com o amor e a fama de fazer as pessoas se apaixonarem contra a vontade. O fato de a figueira-brava também ser um ingrediente dos unguentos de bruxas lhe rendeu outro nome popular: erva-dos-feitiços.

Composição: alcaloides tropânicos, hiosciamina, escopolamina e atropina, cujo nível varia bastante.

Efeitos: boca seca, dificuldade para engolir, pupilas dilatadas, confusão mental e alucinações, todos sintomas que podem persistir durante dias. Experiências positivas são mencionadas muito raramente. O uso dessa planta também pode levar à morte.

Cultivando Figueira-brava: ela prefere um local ensolarado e seco no jardim e cresce com facilidade em solo pobre. Eu vejo bastante a figueira-brava em locais remotos, nas bordas de pastos, em locais de sol pleno. Semeie-a na primavera, após a previsão de última geada do ano. Se for cultivá-la em vasos, utilize substrato para cactos. Cubra a semente ligeiramente e compacte bem o solo. Em seguida, regue-a sem exagero e deixe que o substrato seque antes de regar de novo. Eu sempre uso luvas para manusear essa planta, pois suas substâncias poderosas podem ser absorvidas pela pele e provocar tontura e desorientação.

Mandrágora (*Mandragora officinarum*)

Essa raiz é tão cercada de mistérios e de folclore, que ela pode ser considerada a mais infame das plantas de bruxa. Embora não seja a mais tóxica dentre as ervas da família das solanáceas, podemos dizer com certeza que ela é considerada uma das mais poderosas e assustadoras de todas. A mandrágora é originária do leste mediterrâneo; os egípcios a conheciam e usavam suas raízes e frutas para vários fins medicinais, mas sobretudo como afrodisíaco. Pedaços de raiz foram encontrados em câmaras funerárias, e a planta é mencionada no famoso Papiro Ebers, escrito entre 1700 e 1600 AEC. Ela também é citada duas vezes na Bíblia: uma quando Raquel negocia uma mandrágora com os egípcios para que Lia se tornasse fértil, e outra em referência à relação íntima da jovem Sulamita com seu amado. Essa raiz claramente fascinou muitas pessoas, e não é surpresa que ela seja tão excitante e tentadora, uma vez que é associada a todo tipo de ato proibido e sórdido.

Os mais antigos registros escritos sobre a mandrágora estão em placas cuneiformes dos Assírios e no Velho Testamento. Elas podem estar se referindo ao vinho de mandrágora, que é mencionado com frequência em placas mais recentes. O médico grego Teofrasto debateu seus usos como sonífero e afrodisíaco. No entanto, o mais interessante é que ele descreve rituais curiosos conduzidos antes da colheita da raiz. Era preciso usar uma faca para riscar três círculos na terra em torno da planta. Depois disso, a pessoa se posicionava de frente para a direção oeste e cortava a parte superior da erva. Antes de desenterrar e cortar a melhor parte da raiz, a pessoa deveria dançar ao seu redor e dizer tudo que pudesse sobre os mistérios do amor ou, sobretudo, repetir tantas indecências quanto fosse possível. Se ela fosse suficientemente obscena, os demônios poderiam se assustar, e assim a raiz ficaria livre da interferência de espíritos errantes mal-intencionados. Parece que a mandrágora preservou com firmeza as imagens vívidas de amor e prazer atreladas a ela ao longo da história em diferentes culturas.

Essa associação ao amor permitiu que a planta se tornasse uma referência a atos lascivos na Idade Média. Na Grécia Antiga, Afrodite também era conhecida como Mandragoritis, "aquela da mandrágora". A planta tinha um valor sagrado tanto para ela quanto para a famosa deusa das bruxas, Hécate, que era ao mesmo tempo deusa do veneno, do nascimento e dos afrodisíacos. Orfeu descreveu seu jardim apontando que "muitas mandrágoras crescem nele".

Flávio Josefo (37-c. 100), historiador, diplomata e general judeu, afirmou que essa planta maravilhosa emitia um brilho vermelho à noite, mas se fechava timidamente se visse alguém se aproximar. Outros diziam ver o brilho fantasmagórico também. Foi logo depois desse período na Antiguidade que o cachorro entrou em cena na história da mandrágora. Eliano (c. 175-c. 235) instruía as pessoas a amarrar um cão faminto à planta e a colocar um pedaço de carne a uma distância em que o animal pudesse sentir seu cheiro. O coitado desenraizava a mandrágora com um puxão, matando a si mesmo ao ouvir o terrível grito da planta. Ele era enterrado no local onde a erva estivera, em uma cerimônia que homenageava a vida sacrificada para a conquista de seu dono[*].

O formato da mandrágora é provavelmente uma das características que a tornou mais propensa à magia. As raízes em geral lembram a forma humana, como as raízes de outra planta famosa, o ginseng, também conhecido como uma panaceia, uma curadora de todos os males do corpo. É difícil determinar onde a mandrágora evoluiu de uma erva medicinal misteriosa e útil para um homenzinho sinistro. Harold Hansen afirma

---

[*] Watts, *Dictionary of Plant Lore*, 239.

que isso veio da história dos "homens dragões"* de Jasão, mas é mais provável que seja proveniente dos primórdios do Cristianismo. Dizem que a planta foi o primeiro rascunho de um homem que Deus descartou após criar Adão com a terra vermelha do Paraíso; daí sua estranha forma parecida com a de uma pessoa.

O nome em alemão para a mandrágora é *Alraune*, que vem de *Alrun*, e pode ter significado "aquele que conhece as runas". Os oráculos germânicos, muito conhecidos nos tempos antigos, usavam a erva em concocções para adentrar estados proféticos. É triste, no entanto, que conforme o Cristianismo dominava a Europa, as representações da mandrágora mudaram de uma planta usada por videntes para quase uma entidade demoníaca. Foi nos primórdios da Alemanha medieval que as novas tradições e crenças se consolidaram em torno dessa raiz misteriosa e talvez tenham originado algumas de suas representações mais sinistras.

Seus outros nomes populares incluem "homem de forca" e "boneca de dragão", pois se dizia que ela só crescia na base de uma forca onde, em meio aos espasmos da morte, a urina ou o sêmen de um homem enforcado manchavam a terra. Isso reforçava o fato de que a poderosa mandrágora era uma ocorrência rara e estranha. Graças a isso, muitos estavam dispostos a pagar preços altos pela planta, já que ela fazia praticamente tudo: trazia sorte no amor, curava as doenças, atraía riqueza e tinha um poder ao qual nenhuma mulher era capaz de resistir.

No entanto, convencer a raiz a realizar essas coisas para você exige um ritual cuidadoso: a mandrágora ainda detesta a humanidade por ter sido posta de lado como um protótipo na mesa de modelagem de Deus. Ela deve ser banhada em vinho e enrolada em um pano de seda vermelho ou branco, bem como vestida com uma capinha de veludo. Além disso, precisa ser alimentada. O que dar à mandrágora depende de quem for o seu alvo. Um dos alimentos mais poderosos são as hóstias vindas da Igreja que se guarda na boca, a saliva de uma pessoa em jejum ou a terra do Paraíso†.

---

* No mito dos argonautas, Jasão é o líder da expedição marítima que busca o velocino de ouro. Quando Jasão chega à Cólquida, ele é ajudado por Medeia, filha do rei Eetes, que faz um unguento para protegê-lo de touros que cospem fogo e de um dragão.
† Watts, *Dictionary of Plant Lore*, 239.

Essas raízes ainda são chamadas de *alruna* ou *alraunes* na Alemanha e Inglaterra. Mas até com os melhores cuidados, às vezes a mandrágora se cansa de seu dono ou dona e para de funcionar. Nesses casos, ela precisa ser vendida imediatamente sob pena de começar a trazer má sorte para quem a possui. O interessante é que ela só podia ser vendida por menos do que foi comprada, e se o dono ou a dona morresse, ela deveria ser enterrada com essa pessoa e se preparar para ser julgada com ela nos portões do Céu.

Elas sobrevivem no folclore alemão e inglês, nos quais se diz que as *alraun* bem cuidadas eram vestidas com seda e veludo e "alimentadas" com leite e biscoitos. Relatavam que o dr. Fausto, da icônica lenda renascentista alemã, tinha uma *alraun*. Em 1888, afirmava-se que essas raízes em forma de homenzinho podiam ser encontradas entre os holandeses da Pensilvânia. Na magia da Renascença, ela era usada como incenso mágico, assim como o meimendro, e associada à lua. Colocava-se a erva sob o travesseiro para ter sonhos proféticos[‡].

Hildegard von Bingen foi uma das primeiras pessoas a registrar sua crítica da mandrágora:

> Com essa planta, contudo, e graças à sua semelhança com uma pessoa, existem mais pedidos diabólicos do que com outras plantas e ela lança um ardil a quem a usa. Por essa razão, a pessoa é conduzida por seus desejos, sejam eles bons ou maus, como um dia foi feito com os ídolos... é, pois, bastante prejudicial como muito do que corrompe os magos e os fantasmas, visto que várias coisas ruins foram um dia causadas pelos ídolos[§].

Ainda assim, ela prescreve seu uso, mostrando respeito pela poderosa planta por seu papel no tratamento de uma espécie de depressão, afirmando que uma pessoa deveria levar para a cama consigo ao dormir

---

[‡] Raedisch, Linda, *Night of the Witches: Folklore, Traditions & Recipes for Celebrating Walpurgis Night* (Estados Unidos: Llewellyn Worldwide, Limited, 2011), 45.
[§] Hildegard, *Hildegard von Bingen's Physica: The Complete English Translation of Her Classic Work on Health and Healing*, 33.

uma raiz inteira de mandrágora lavada em uma nascente. Existe até um encantamento que acompanha o ritual, embora Hildegard jamais o chamasse assim: "Deus, que moldais os humanos da poeira da terra sem causar dor. Coloco agora esta terra, a qual jamais foi pisada, ao meu lado, para que a minha terra também sinta a paz que criastes"*.

Composição: ela contém os alcaloides potentes escopolamina, hiosciamina, atropina, apoatropina e muitos outros. Pouco se escreve sobre os seus efeitos, apesar da popularidade e da notoriedade dessa raiz. Ela é venenosa, mas menos do que suas amigas da família das *solanáceas*.

Cultivando Mandrágora: essa é uma das plantas de bruxa mais difíceis de cultivar. Estratifique-a na geladeira como a beladona e o meimendro. Sua germinação é polimórfica, ou seja, acontece a intervalos irregulares, pois se todas as plantas brotassem de uma vez só na natureza, uma geada tardia poderia matar todas elas. A germinação polimórfica é uma tática de sobrevivência. Ela cresce em ambientes externos entre as zonas 8 e 10, mas já vimos a mandrágora crescer em nossa área 6b com uma cobertura de proteção contra o gelo. Precisa de um solo bem drenado e soltinho e de um canto de sol pleno para evitar o apodrecimento. Algumas pessoas a cultivam em vasos, mas ela sofre quando as raízes chegam ao fundo do vaso. Tem gente que planta a erva em latas de lixo grandes e até em canos! Ela cresce naturalmente em lugares de solo alcalino e rochoso; por isso, pode ser de grande ajuda adicionar cascas de ostra ou calcário ao canteiro definitivo†.

---

*   Hildegard, *Hildegard von Bingen's Physica: The Complete English Translation of Her Classic Work on Health and Healing*, 33.
†   Richo Cech do Strictly Medicinal Seeds.

Meimendro

Meimendro-negro (*Hyoscyamus nigra*)

O etnobotânico Wolf-Dieter Storl especula que o meimendro é usado com objetivos ritualísticos e xamânicos na Eurásia desde o período Paleolítico. O meimendro-negro é a espécie mais bem distribuída de todas. Ela cresce na Europa e na Ásia, da Península Ibérica até a Escandinávia, e se tornou naturalizada na América do Norte e Austrália.

O meimendro era utilizado como planta ritualística pelos povos pré-indo-europeus da Europa Central. Na Áustria, foi desenterrada uma urna da Idade do Bronze contendo sementes da erva junto com ossos e cascas de caracol. De acordo com Carl Ruck, professor de Estudos Clássicos na Universidade de Boston, acreditava-se que o meimendro, chamado de *hyoskyamos*, era sagrado para Deo-Deméter-Perséfone, já que seu animal sagrado é a porca. Uma tradução para o nome do meimendro derivava do termo "feijão de porca".

Ele era usado em outras partes da Europa também. Nas regiões celtas, a planta se chamava *belinuntia* (a planta do deus do sol Bel). Os povos da região da Gália envenenavam suas lanças com uma decocção de meimendro, enquanto os anglo-saxões medievais registravam seus usos medicinais. Alberto Magno, em seu *De Vegetabilibus* (c. 1250), afirmou que os necromantes usavam sua fumaça para invocar as almas dos mortos e os demônios. A erva assume um papel mais erótico nas casas de banho medievais do final da Idade Média, onde as sementes eram espalhadas sobre o carvão quente para incitar, digamos, sensações titilantes[‡].

A associação do meimendro com a bruxaria, da forma que conhecemos hoje, começou na Idade Média: "As bruxas bebiam a decocção de meimendro e tinham os sonhos que causavam sua tortura e execução. A erva era usada nos unguentos de bruxas, para influenciar o clima e

---

[‡] Rätsch and Baker, *The Encyclopedia of Psychoactive Plants: Ethnopharmacology and Its Applications*, 272–273.

invocar os espíritos. Se houvesse uma grande seca, caules de meimendro eram molhados em uma nascente e a areia quente era salpicada com essa água"*.

A planta tinha uma associação em especial com a divinação e a magia do amor. Depois do acônito, ela é a erva favorita dos envenenadores. Acreditava-se que carregar a raiz consigo trazia proteção contra os feitiços de outras pessoas. O equivalente a combater veneno com veneno, talvez? A fumaça produzida pela queima das folhas servia para tornar uma pessoa invisível, e um cachimbo era usado para isso. O óleo de meimendro (*Oleum hyoscyamine infusum*) era produzido a partir da infusão das folhas em óleo aquecido. Isso criava um sofisticado óleo para massagens eróticas ou tratamento terapêutico de dores. Como veremos adiante, se alguma planta foi de fato usada em unguentos de bruxas, é mais provável que tenha sido o meimendro.

Ele também era um ingrediente da cerveja psicoativa, que foi proibida com a Lei da Pureza da Cerveja, de 1516. Embora seu uso ritualístico tenha sido através de um incenso feito das sementes, os alemães amavam sua cerveja de meimendro. Eles plantavam jardins com a erva apenas para produzi-la, acreditando que estavam sob a proteção de Woden/Odin, pai de Donar. Esses jardins deixaram sua marca na história da Alemanha através de nomes de lugares como *Bilsensee* (Lago de Meimendro) e *Billendorf* (Vilarejo de Meimendro).

As sementes também eram usadas pelos assírios, que as misturavam com enxofre para se protegerem da magia. Visionários persas também fizeram jornadas astrais sob a influência do vinho e da concocção de meimendro. Os celtas conheciam o meimendro-negro como *beleno* e o queimavam em oferenda a Belenus, o deus dos oráculos e do sol. Os druidas e os bardos também inalavam sua fumaça para viajar para os reinos das fadas e dos seres de outros mundos.

---

*   Ritter von Perger, K., *Deutsche Planzensagen* (Stuttgart and Oehringe: Schaber, 1864), 181.

Os vikings atribuíam grande importância à planta, fato do qual temos conhecimento hoje graças às centenas de sementes encontradas em seus túmulos. Na Dinamarca, foi desenterrada uma mulher conhecida como a mulher de Fyrkat, que trazia consigo um saquinho de sementes de meimendro. O registro mais antigo que faz menção ao uso germânico da erva vem da época do Bispo Burchard von Worms, falecido em 1025. Ele descreve em detalhes uma confissão que ilustra um ritual da chuva:

... reúnem-se várias moças, dentre as quais é escolhida uma pequena donzela como uma espécie de líder. Elas a despem e a levam para fora do assentamento, a um local onde possam encontrar o *hyoscyamus*, chamado de *bilse* em alemão. Fazem-na arrancá-la do chão com o dedo mindinho da mão direita e amarrar a planta ao dedo mindinho do pé direito com uma espécie de barbante. Cada moça tem uma vara em mãos. Elas conduzem a donzela escolhida ao rio mais próximo enquanto ela arrasta a planta atrás de si. Então as moças usam as varas para respingar a jovem donzela com a água do rio, esperando que possam trazer chuva com sua magia. A donzela, nua como está, agacha-se e move-se como um caranguejo. Elas a tomam pela mão e a conduzem desde o rio de volta ao assentamento[†].

As sementes eram usadas em defumações, nas artes necromantes, e para trazer os mortos de volta, nas práticas mágicas renascentistas, assim como hoje. Aggripa, um dos fundadores do ocultismo, escreveu o seguinte em 1531:

Dizem que, se de coentro, salsão, meimendro e cicuta produzir-se fumaça, os espíritos reunir-se-ão prontamente. Por essa razão, chamam-nas de ervas dos espíritos. Dizem também que a fumaça produzida pela queima da raiz da erva alta do sagapeno, mais o

---

[†] Rätsch and Baker, *The Encyclopedia of Psychoactive Plants: Ethnopharmacology and Its Applications*, 280.

suco da cicuta e do meimendro, a erva *tapsus barbatus*, o sândalo vermelho e a papoula escura, provoca a aparição de espíritos e formas estranhas. E se a essa mistura for acrescentado salsão, a fumaça expulsará os espíritos do lugar e destruirá a sua visão[*].

A raiz também era usada como amuleto. Alexandre de Trales (550 EC) prescrevia com frequência uma mistura de ervas como amuleto e algumas palavras de sabedoria pensadas para criar uma proteção mágica. Ele era adepto do Gnosticismo, um movimento religioso complexo que floresceu nas eras pré-cristã e nos primeiros séculos do Cristianismo. Um dos amuletos prescritos por ele era a raiz de meimendro pendurada no pescoço de um paciente com o objetivo de aliviar a dor magicamente. Para gota, um pouco de meimendro deve ser desenterrado usando o dedão e o dedo do meio da mão esquerda, antes do sol se pôr, quando a lua estiver em Aquário ou Peixes. Ao colhê-lo, deve-se dizer:

> Dirijo-me, dirijo-me, erva sagrada, a ti. Convido-te à casa de Filéas amanhã, para que cesses a reuma dos pés de M. ou N., e invoco-te, grandioso nome, Jeová, Sabaoth, o Deus que firmou a terra e conteve o mar, que preencheu os rios, que secou a esposa de Ló e a transformou em uma coluna de sal, toma o suspiro da tua mãe terra e o seu poder, e seca a reuma dos pés ou das mãos de N. ou M. No dia seguinte, antes de o sol nascer, toma um osso de alguma carcaça e desenterra a raiz com ele. Dize invoco-te pelo santo nome de Iao, Adonai, Elói, e coloca um punhado de sal na raiz enquanto dizes "assim como este sal não aumentará, tampouco deve aumentar o transtorno de N. ou M.". E carrega a ponta dessa raiz (meimendro) como um amuleto do doente[†].

---

[*] De Laurence, Lauron William, Heinrich Cornelius Agrippa von Nettesheim, and Henry Morley, *The Philosophy of Natural Magic* (Estados Unidos: de Laurence, Scott & Company, 1913), 137.

[†] Bevan-Jones, Robert, *Poisonous plants: a Cultural and Social History* (Reino Unido: Windgather Press, 2009), 78.

A ideia de bruxaria estava tão intimamente ligada a essa planta, que carregá-la já era suficiente para ser condenada como bruxa. Nos julgamentos de bruxas dos séculos XVI e XVII, ela é mencionada várias vezes como prova de intenções maléficas. Com o advento da Lei da Pureza da Cerveja, o meimendro deixou o uso popular e aguardou para ser redescoberto por aqueles com sede de magia séculos mais tarde.

Composição: toda a planta contém os alcaloides tropânicos hiosciamina e escopolamina, aposcopolamina, norscopolamina, litorina, tropina, cuscoigrina, tigloidina e tigloiloxitropano.

Meimendro-amarelo (*Hyoscyamus alba*)

Existem muitos tipos de meimendro, mas o meimendro-amarelo (*Hyoscyamus alba*) era mais usado para fins mágicos e medicinais na Antiguidade europeia. Ele também recebeu a denominação de meimendro-branco, como podemos ver no nome em latim, embora hoje seja normalmente conhecido como amarelo. Escreve-se sobre essa espécie desde o tempo de Dioscórides, que afirmou que ela é a mais potente do ponto de vista médico. É interessante notar que a planta também tem muitos nomes associados ao tabaco (*Nicotiana rustica*, *N. tabacum*), que foi originalmente identificado como uma espécie de meimendro. Muitas ervas associadas à palavra "tabaco" eram na verdade plantas com as quais se produzia fumaça. Esse é um bom indicativo do uso da fumaça gerada pela erva nos rituais.

Essa espécie de meimendro era ingerida e utilizada por adivinhos e videntes para induzir um estado de transe. Ela era a "planta dragão" de Gaia, a planta que "induzia a loucura" no oráculo da deusa-bruxa Hécate na Cólquida, além do elemento intoxicante de muitas outras pessoas na Antiguidade. As sementes podiam ser usadas sozinhas ou combinadas às de outras plantas para produzir um incenso ritualístico que era inalado. Suas folhas também eram acrescentadas ao vinho e consumidas. Sacerdotes e sacerdotisas da Grécia Antiga inalavam a fumaça ou bebiam o vinho para se deixarem possuir pelo seu deus, geralmente Apolo, e transmitir suas mensagens à humanidade.

Hoje, as sementes ainda são usadas para fazer incensos psicoativos no Marrocos. No Chipre, as folhas maceradas servem como emplastro analgésico. Já as folhas desidratadas são misturadas com o tabaco, e sua fumaça é inalada para tratar a asma. Em Israel, um preparo das folhas trata várias doenças de pele, feridas abertas, dores de cabeça, reumatismo, inflamação nos olhos e picadas de inseto.

Composição: toda a planta contém os alcaloides tropânicos hiosciamina e escopolamina, aposcopolamina, norscopolamina, litorina, tropina, cuscoigrina, tigloidina e tigloiloxitropano, em concentrações similares àquelas presentes no meimendro-negro (*Hyoscyamus nigra*).

Efeitos: o uso excessivo de meimendro pode levar a secura na boca, dificuldades locomotoras, hipermetropia, coma, paralisia respiratória e morte. Não se sabe qual é a dose letal.

Em tempos antigos, os efeitos do meimendro eram considerados uma espécie de mania ou loucura. Os gregos usavam essa palavra para indicar uma alteração dramática no estado de consciência. Com frequência, significava uma alteração divina. Os efeitos imediatos duram de três a quatro horas, mas os efeitos colaterais podem permanecer por até três dias. É possível que haja ocorrência de boca seca, dificuldades locomotoras e hipermetropia. Consumir de dois a três litros de cerveja fermentada com essa planta pode provocar delírios, confusão e lapsos de memória.

Cultivando Meimendro: estratifique-o da mesma forma que se faz com a beladona. Coloque as sementes na água e guarde-as na geladeira por duas semanas, trocando a água todos os dias. Você pode semeá-las em vasos com um substrato que absorva pouca água. Não regue essas belezinhas demais, porque elas tendem a morrer se tiverem problemas com fungos. Quando as mudas atingirem cinco centímetros de altura, transplante-as para um local ensolarado, de solo arenoso e bem drenado. Elas não se importam de crescer perto umas das outras, mas podem murchar se o vaso ficar muito quente. Por isso, fique de olho nelas durante o verão.

Sua Colheita:
Introdução ao Processamento e Armazenamento

Depois de cultivar e cuidar das plantas, como devemos colhê-las? Cada uma tem partes diferentes que podem ser usadas e épocas distintas para a colheita, mas depois de coletar as suas ervas, existem algumas coisinhas que você pode fazer para conservá-las e armazená-las.

Desidratar as folhas, flores e (algumas) raízes de plantas é uma ótima maneira de guardá-las para serem usadas em rituais mágicos posteriormente. Eu uso um desidratador de alimentos e sigo as instruções para a parte da erva que estou desidratando. As raízes são mais úmidas e grossas. Por isso, elas exigem temperaturas mais altas e um tempo maior para secar. As folhas e as flores são mais delicadas e geralmente menos úmidas, o que significa que não preciso de temperaturas tão elevadas e posso até pendurá-las para secar.

Se quiser pendurar ervas desidratadas, o que por si só já tem valor estético, eu recomendo juntar várias delas com um barbante amarrado em volta do caule. Gosto de fazer isso e pendurá-las nos caibros do telhado de minha cozinha. Também é possível fazer um suporte só para deixá-las secar. Dá para afixar dois pregos em uma parede na qual não bata luz direta do sol, já que isso pode danificar os óleos delicados presentes nas ervas. Depois, é só prender um barbante bem esticado entre eles e pendurar os "buquês" de ervas no fio, seja amarrando as plantas ao barbante ou usando clips de papel como se fossem ganchinhos. Procuro ter certeza de que as ervas estão bem arejadas, mexendo nelas de vez em quando e verificando se não há sinal de mofo. Quando parecerem secas e um pouco quebradiças, eu as tiro de lá e as esfarelo com a mão dentro de uma tigela grande. Coloco-as dentro de potes de vidro limpos e as guardo em um lugar fresco e escuro, mas *não* úmido.

Não se esqueça de etiquetar seus potes! Eu vivo esquecendo essa etapa tão importante e, às vezes, depois que o tempo passou, é difícil me lembrar quais ervas, poções ou concocções eu tenho! Eu incluo as seguintes informações em minhas etiquetas:

- Nome popular
- Nome científico
- Data da colheita
- Fase da lua naquela data

Você pode adicionar outras informações astrológicas relevantes para sua prática, como o signo do zodíaco, o nome da pessoa que colheu a planta ou onde você a coletou. As etiquetas podem ser simples, ou complexas, e detalhadas de acordo com sua preferência. Apenas certifique-se de manter quaisquer ervas que não sejam seguras para crianças fora do alcance delas.

Também é possível conservar suas ervas em forma de vinagre, sal, açúcar, hidromel ou tintura. Conheça as plantas com as quais trabalha e veja qual técnica faz mais sentido para você! Eu guardo a maioria de minhas ervas desidratadas.

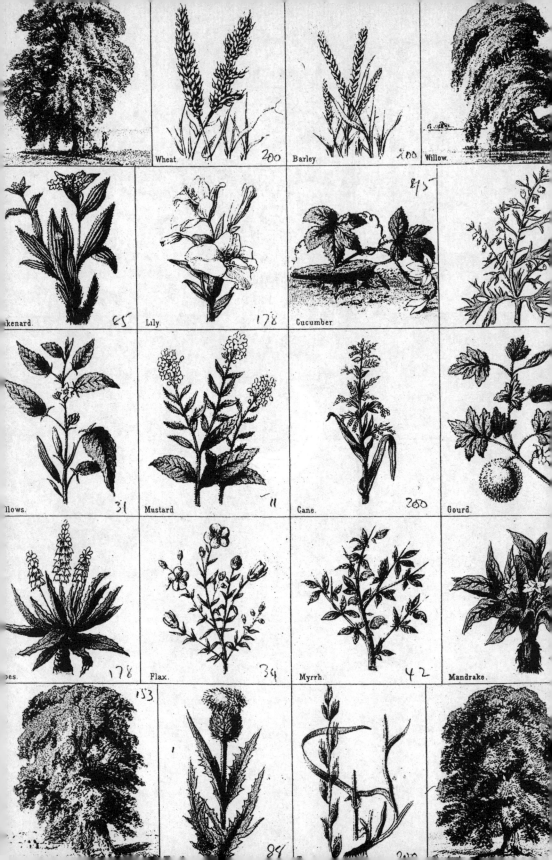

REBECCA BEYER

Bruxaria
SILVESTRE

3

Coletando
suas Próprias Ervas
Mágicas e Medicinais

*Introdução à Coleta para
Bruxas Silvestres*

Existem muitos motivos para sair à procura de alimento e remédios. Alguns são práticos, à medida que obter esses recursos é uma forma de atender às nossas necessidades humanas; outros são mais espirituais. Conhecer a flora da área em que se vive é uma maneira de mergulhar fundo em uma relação com a terra e todos os seres à nossa volta (sejam eles humanos ou não). Existem pesquisas interessantes que investigam como o engajamento com o ambiente local, neste caso com a coleta de plantas e cogumelos, pode proporcionar uma identidade desenvolvida localmente e criar laços fortes com as vidas não humanas de uma biorregião.

Um estudo de 2014 analisou as formas pelas quais a coleta de plantas e cogumelos influencia três aspectos: pertencimento cultural e identidade; pertencimento e o lugar; e pertencimento e iniciativa para além do humano. Foram entrevistadas pessoas de culturas diferentes, bem como imigrantes que acabaram de se mudar para a área de Seattle estudada. A pesquisa revelou que a coleta de plantas e cogumelos ajudava as pessoas a estabelecer conexões com os lugares*. O interessante foi que isso reforçou as diferenças entre pessoas que interagiam com a natureza e com os locais de modo distinto, graças às lentes culturais únicas pelas quais viam o mundo. Ao contrário das ideias apresentadas por seus críticos, o biorregionalismo não é uma força homogeneizadora, mas uma perspectiva que permite que culturas e estilos de vida diferentes coexistam em um mesmo ambiente. Para mim, encontrar um lar onde moramos, respeitando as perspectivas únicas que cada um de nós traz para uma biorregião, e aprimorar a relação com a terra são motivos suficientes para sair por aí e ver o que brota do chão.

Segurança e ecologia/sustentabilidade

Mas coletar plantas não prejudica a natureza? Os animais não precisam delas? Por que não as comprar direto no supermercado? Que pessoa má e destrutiva você é!

A busca por alimento e a coleta de plantas silvestres para se alimentar e produzir remédios é alvo de críticas desde o começo dos anos 1990 devido a vários fatores danosos ao meio ambiente[*]. É lamentável, mas as sementes da desconexão humana com a natureza estão enraizadas de forma tão profunda, que é difícil hoje para a ciência perceber as maneiras como a atividade humana na natureza não é destrutiva em si mesma, quando conduzida de um jeito apropriado. Assim como o Serviço Florestal gerencia o acesso das pessoas às matas e como o público pode interagir com elas, a coleta de plantas silvestres pode ser, e em alguns lugares já é, regulamentada. É possível compartilhar e tornar mais acessíveis as informações sobre as técnicas adequadas de colheita para cada planta, arbusto ou árvore em uma localidade; também conseguimos oferecer as ferramentas para evitar a colheita inapropriada ou exagerada de espécies raras ou relevantes do ponto de vista cultural.

É difícil não encarar o mundo com ideologias na linha "tudo ou nada". Vejo muito disso nos campos da fitoterapia, da busca por plantas e da bruxaria (que, para mim, são todas peças de uma mesma filosofia, mas para

---

[*] Love, Thomas, and Eric T. Jones, "Why Is Non-Timber Forest Product Harvesting an 'Issue'? Excluding Local Knowledge and the Paradigm Crisis of Temperate Forestry", *Journal of Sustainable Forestry* 13, n. 3/4 (Nov. 2001): 111.

muitas pessoas são três coisas distintas). Há um ponto chave a se perceber quando nos fazemos essas perguntas sobre a sustentabilidade da coleta de plantas silvestres: essa atividade não está sendo promovida como algo que todas as pessoas gostariam, poderiam ou deveriam fazer. Ela não precisa alimentar toda a população para ser uma atividade sustentável[†].

As nuances da coleta

Ser humilde é geralmente algo doloroso para os humanos. Para todos e todas nós, a ideia de mergulhar no sentimento de "eu erro às vezes" é assustadora e difícil. Eu entendo, já que também me sinto assim! Odeio a sensação de estar errada. No entanto, para ter uma prática de coleta que seja segura, respeitosa e significativa, acredito que você tenha de trabalhar com regras cheias de nuance e específicas para cada lugar, além de fazer perguntas de forma frequente. Você também deve se sentir confortável em aprender coisas novas o tempo todo e não adotar um pensamento "preto no branco" diante dessa prática em constante evolução e aprofundamento. Tudo isso faz parte do ato de se reconectar com o mundo silvestre e relembrar como construir boas relações com ele.

Há muito o que se pensar antes de colher uma planta e, com o tempo, o processo de decisão e os impasses éticos se tornam um novo normal, como quando fazemos um exercício novo. Nesse sentido, eu também lamento o policiamento que vejo em torno da fitoterapia e da coleta no intuito de evitar que muitas pessoas, especialmente indivíduos racializados, sintam-se confortáveis e acolhidas em seu trato com as plantas. Isso é algo que devemos abordar também.

Aqui vão alguns pontos de partida para quando você estiver se perguntando se deve ou não colher parte de uma planta, arbusto ou árvore:

[†] Michail, Niamh, "Can Sustainable Foraging Go Mainstream?", *Food Navigator*, William Reed Business Media, 24 jun. 2015.

- Sempre tenha 100% de certeza sobre a identificação da planta antes de ingeri-la. Não importa se você já tem um conhecimento avançado, isso significa que deve sempre confirmar a espécie com outra pessoa, não com o Google ou em um livro. Embora nem sempre possamos nos encontrar com alguém pessoalmente, pode ser de grande ajuda enviar fotos de boa qualidade e detalhadas, junto com a localização e a data da coleta, a uma universidade ou grupo de plantas on-line de reputação confiável. Enquanto aprendemos a identificar as ervas, é essencial ter múltiplos aspectos de confirmação. Perceba a estação, o estágio de crescimento, as características físicas, o cheiro e a relação com as outras plantas ao redor. No fim das contas, cabe a cada pessoa a responsabilidade de buscar essa validação.

- Não colha em locais contaminados. Beiras de estrada ou áreas residenciais podem estar contaminadas com chumbo ou outro resíduo industrial. Certifique-se de conferir o histórico de uma área antes de colher qualquer coisa nela.

- Não colete plantas em propriedades privadas sem autorização. Conheça também a regulamentação local sobre colher ervas em espaços públicos. Se a prática for ilegal, você pode receber uma multa.

- Foque as plantas abundantes.

- Estude as ervas culturalmente relevantes em sua região e seja sensível às questões de acesso dos povos originários às plantas sagradas para eles. Um exemplo seria a sálvia branca (*Salvia apiana*).

Além disso, pergunte-se o seguinte:

- Estou preparada para ser sincera comigo mesma ao tomar decisões quanto ao meu impacto nesse conjunto de plantas e no ecossistema em que vivem?

- De quanto remédio eu realmente preciso? É comum pegarmos mais do que precisamos. Evite matar plantas só para desperdiçá-las depois.

- Se a planta for rara, eu posso usar outra mais comum em seu lugar?

- Esse grupo de plantas está saudável? Existe algum dano visível nas plantas?

- A planta é grande? Existem outras por perto? Elas são grandes ou pequenas?

- Se a parte que eu quero não exigir acabar com a vida de toda a planta, quanto tempo levará para a parte cortada crescer de novo? Se a colheita tirar a vida da planta, como no caso do uso das raízes, como vou ajudar aquela espécie a se propagar no futuro, se necessário?

- Meu impacto será perceptível? Alguém perceberá que eu estive aqui?

- Existem sinais de que outras pessoas já coletaram plantas aqui? Esses sinais são intensos?[*]

As respostas para essas perguntas exigem várias considerações. Primeiro, elas requerem um conhecimento cada vez mais aprofundado da história, das práticas de manejo atuais do lugar em que você vive e muito mais. Isso pode tornar a colheita em espaços públicos (que geralmente é ilegal ou regulamentada) muito difícil, mas se você tiver permissão para colher em um terreno particular, tudo fica mais acessível, se pedir um histórico de uso das terras a quem as detêm. Um ótimo jeito de gerenciar e acrescentar essas informações é mantendo um registro de coletas. É possível usar o Google Drive ou algum aplicativo no celular.

[*] Conversas com Alan Muskat da Wild Foraging Business, No Taste Like Home, Asheville, NC.

Mantenha uma seção para cada planta ou árvore nova e vá expandindo e acrescentando novas informações sobre a planta e o lugar onde você a encontrou e a colheu.

Questões para regiões específicas:

- Conheça as plantas raras e em extinção de uma área e não as colha.

- Informe-se sobre as plantas venenosas ou que apresentem algum risco (como a hera venenosa) antes de coletá-las em uma região nova.

- Colha porções em espaços diferentes ou escolha pontos distintos em um mesmo grupo de plantas para minimizar o impacto.

- Cuide daquele grupo de plantas e desenvolva uma relação com ele. Aprenda a propagação das plantas e ajude-as a se reproduzirem!

- Não colha as plantas mais velhas e maiores de um grupo, pois elas são as sobreviventes mais bem adaptadas e com os genes mais fortes.

- Deixe qualquer área onde você colher do mesmo jeito ou melhor do que quando a encontrou. Tape os buracos remanescentes após remover raízes. Não deixe folhas descartadas ou outras partes de ervas visíveis no chão. Sempre que for apropriado, replante o colo da raiz ou espalhe sementes. Recolha o lixo e ajude a manter a área limpa.

- Mantenha anotações sobre os diferentes pontos de coleta. Observe o local com o passar do tempo para continuar atualizando suas avaliações sobre onde fazer uma colheita segura e ética naquele ponto a cada ano[*].

[*] Kloos, Scott, *Pacific Northwest Medicinal Plants: Identify, Harvest, and Use 120 Wild Herbs for Health and Wellness* (Estados Unidos: Timber Press, 2017), 48.

Quanto posso tirar da natureza?

Se fizer uma pesquisa no Google, você encontrará números, proporções e porcentagens diferentes para o que é apropriado colher em qualquer lote de plantas silvestres. Eu sempre tive dificuldades com isso por alguns motivos. O primeiro é que se costuma falar em coleta no geral, então a abordagem acaba sendo meio "tamanho único". Isso é problemático por algumas razões. Em determinados ecossistemas, como os planaltos desérticos, onde a água disponível é limitada e as plantas crescem mais esporadicamente, colher o mínimo que seja pode ser devastador. Mas coletar plantas aqui nos Apalaches, sobretudo as exóticas e as invasoras, pode até ser útil!

Podemos ajudar a controlar plantas invasoras, como a erva-alheira e a *knotweed* japonesa, usando-as como alimento ou na produção de remédios. Absolutamente todas as regras sobre o quanto colher dependem do local, da quantidade disponível, da espécie e do clima onde você está. Eu tentaria aprender características de cada planta nova em minha região e seu nível de predominância caso a caso, sempre me fazendo perguntas e observando como as quantidades aumentam e variam conforme o tempo passa.

Nativas, naturalizadas e invasoras

As plantas invasoras são definidas por um decreto presidencial dos EUA como "espécies que são: 1) não nativas (ou estranhas) para o ecossistema em questão; e 2) cuja introdução provoca ou tende a provocar danos econômicos e ambientais ou à saúde humana"[†]. Elas são levadas muito a sério e consideradas quase entidades malignas por muitas pessoas que falam de meio ambiente e conservação. O método de usar plantas invasoras como um meio de controlar sua população recebe muitas críticas, provavelmente por falta de nuances na maneira como as pessoas pensam. As opiniões variam e envolvem de tudo, desde o medo de que

---

[†] "Native, Invasive, and Other Plant-Related Definitions", Natural Resources Conservation Service Connecticut, USDA.

o produto feito a partir da planta se torne popular e comece a ser protegido pelas massas até a preocupação em torno de criar uma demanda de mercado para a invasora*. Ambos são argumentos que dependem de mercados mais amplos e escalas de produção maiores, com os quais não estamos lidando aqui. Se o capitalismo for aplicado às nossas práticas com as plantas, ele vai distorcê-las de forma rápida.

Essas suposições também seguem uma abordagem muito tudo ou nada" com relação ao uso das plantas. Elas nem sempre são realistas ou aplicáveis a situações de pequena escala, como nossas práticas de coleta individuais. Os medos em torno das invasoras vão muito além do mundo ecológico e são questões importantes de serem abordadas antes de determinar quais plantas são "boas" e "más". A situação apresenta múltiplas nuances e complexidades. As plantas invasoras também podem ser encontradas com frequência em espaços públicos, o que configura outra vantagem de se trabalhar com elas!

Se você desconhece os locais onde é possível coletar plantas legalmente, um amigo ou parente caçador pode ser uma ótima fonte de conhecimento sobre as áreas públicas abertas para coleta e caça. Essa pessoa pode até conhecer alguém que tenha uma propriedade a quem você possa pedir permissão para entrar. Nesse sentido, também se atente para a agenda da temporada de caça e tome medidas de segurança durante essa época do ano.

---

* Nunez, Martin A., et al., "Invasive Species: To Eat or Not to Eat, That Is the Question", Conservation Letters 5, n. 5 (2012): 334–341.

Ferramentas de trabalho

A coleta de plantas requer poucas ferramentas: suas mãos e uma cesta para carregar a colheita. No entanto, ter os instrumentos certos faz da coleta uma atividade mais divertida e fácil de ser praticada, além de ajudar a remover as porções vegetais de maneira mais sustentável. Aqui estão as ferramentas de minha sacola de coleta que eu mantenho sempre no carro.

Cestas: não é segredo para ninguém que sou uma acumuladora de cestas. Tenho provavelmente uns vinte tamanhos e modelos distintos que garimpei em lojas de segunda mão, comprei ou fiz. Amo usar cestas diferentes para colheitas diferentes. Se vou colher pequenas margaridas, escolho uma cestinha pequena e de trançado apertado. Se vou colher urtigas para deixá-las secar e adicionar a sopas e guisados de inverno, utilizo uma cesta grande com a trama mais aberta: assim os torrõezinhos de terra caem e mantêm minha colheita limpa.

Tesouras de poda: são ideais para cortar galhos perfumados de bétulas ou pinheiros, ou para obter ramos de sabugueiro que trago para casa para fazer a propagação. Também as uso para podar minhas amoras silvestres no outono. Quando estou coletando plantas, corto quaisquer espécies invasoras, como os *kudzus* que se espalham e sufocam meus pontos favoritos de colheita (eu os levo para casa e utilizo para fazer uma cesta!) As tesouras de poda são muito úteis para diversas tarefas tanto na coleta quanto na jardinagem.

Hori Hori: essa ferramenta japonesa se parece com uma colher de pedreiro pontuda. A minha tem uma lateral serrilhada, tornando moleza cortar raízes como a do dente-de-leão e da língua-de-vaca. Uso esse utensílio direto no jardim para transplantar ou dividir minhas hortelãs e monardas.

Sacolas de pano (de vários tamanhos): manter a colheita limpa e separada para usar depois ajuda muito. Ter sacolas separadas para guardar tudo também garante que eu não coloque plantas indesejadas na cesta sem querer. Eu utilizo sacolas menores, de tamanhos diferentes e com a abertura franzida, para organizar minha colheita e separar tudo conforme vou coletando mais plantas. Ter paciência e manter tudo organizado ao colocar suas ervas nas sacolas é uma ótima maneira de tornar o processamento delas mais fácil depois. Você não vai se arrepender quando chegar em casa e precisar amarrar buquês para desidratar ou picar parte da coleta para preparar a janta.

Pá pequena: muito útil para se trabalhar com raízes maiores, como as da bardana ou sassafrás. Eu guardo uma pazinha de acampamento no carro que é perfeita para essas situações.

Faca: uso a faca para aparar as plantas antes de colocá-las na cesta ou na sacola. Pode ser que eu apare partes muito sujas de terra ou corte caules macios de artemísia, um de cada vez para juntá-los depois para secar. Gosto das facas esportivas da marca Morakniv: continuam afiadas mesmo quando abuso delas.

Pincel: eu utilizo um pincel pequeno só para dar uma limpadinha rápida nas raízes e soltar a terra delas antes de colocá-las na cesta.

Luvas: eu amo usar luvas enquanto colho algumas plantas, como a urtiga ou as rosas selvagens, para evitar os espinhos e carrapichos. Elas também ajudam a manter minhas mãos limpas quando estou cavando lírio-de-dia ou tentando transplantar flores silvestres.

Zelando pela Vida Selvagem: Manutenção de Populações Silvestres de Plantas

Zelar pela vida selvagem é uma prática bem antiga. Ela vem da ideia de que, em vez de remover todas as ervas silvestres que crescem em uma área para plantar um jardim ali, deve-se apoiar o crescimento das plantas desejadas nos lugares onde elas já cresçam de forma espontânea. Todos os nossos ancestrais adotavam essa prática nos diferentes locais onde viviam, dentro das fronteiras de suas biorregiões. Hoje, o ato de zelar pela vida selvagem é mais perceptível nos ambientes em que o manejo da terra pelas comunidades indígenas permaneceu intacto e onde diversos grupos estão retomando de modo intencional uma ética de manejo da terra a partir do Conhecimento Ecológico Tradicional. Este, também conhecido como CET nos círculos acadêmicos, é definido como "um acúmulo de conhecimentos, práticas e crenças, que evoluíram a partir de processos adaptativos e foram transmitidos culturalmente de uma geração à outra, sobre a relação dos seres vivos (incluindo os humanos) uns com os outros e com o seu entorno"*.

Quando essas redes de conhecimento são interrompidas ou destruídas, o caos que garante o manejo da terra e o acesso aos recursos naturais é impressionante, para dizer o mínimo. A chegada dos europeus ao solo norte-americano é um grande exemplo disso, já que sem a sabedoria dos povos originários, fosse ela compartilhada ou roubada, os colonos europeus teriam morrido de fome.

Os europeus haviam se distanciado de uma ética sustentável com relação à terra muito antes dessa chegada. Levaria mais algumas centenas de anos para eles enxergarem além do lucro vindo do solo e do valor

---

* Berkes, Fikret, et al., "Rediscovery of Traditional Ecological Knowledge as Adaptive Management", Ecological Applications, n. 5 (2000): 1251.

já estariam quase erradicados física e culturalmente, assim como as comunidades ecológicas e as grandes florestas sobre as quais os europeus escreviam fascinados no século XVII.

A coleta de plantas silvestres, ou a arte da coleta, como ela também é chamada, é uma prática que se baseia no Conhecimento Ecológico Tradicional. Os povos indígenas detêm saberes únicos sobre o local que habitam historicamente, graças à potência da observação a longo prazo e da força da tradição oral, incluindo outros fatores importantes e sagrados. Na minha opinião, qualquer pessoa que deseje coletar plantas nos Estados Unidos deve olhar para os conhecimentos indígenas que ditam como e quando colher certas ervas, além de honrar esses saberes e aprender as questões que circundam o acesso desses povos às plantas silvestres.

Inspirada por esse conceito, iniciei uma prática pessoal de zelar pela vida selvagem, ancorada na observação a longo prazo e na manutenção da terra. Quando planto e coleto, acredito que estou ajudando a melhorar a saúde do ecossistema à minha volta. Faço isso ouvindo as vozes indígenas que ensinam como o manejo da terra pode ser feito; a humanidade não é considerada inerentemente destrutiva ou terrível para a natureza, mas como uma parte do mundo natural, podendo ser benéfica a ele quando mantém uma boa relação com o espaço à sua volta. Consigo combinar isso ao uso de plantas não nativas e invasoras feito pelos meus próprios ancestrais e consultar esses conhecimentos antigos para saber qual a melhor forma de utilizar, colher e cultivar essas plantas. Como bruxa, essa ideia está mesclada às minhas crenças, então faz sentido que elas façam parte de minha prática com as ervas também.

Também é imperativo que eu me pergunte como posso usar meu privilégio para proteger e lutar pelo acesso, controle e manejo indígenas de suas terras ancestrais, assim como proteger e lutar pelo acesso desses povos ao conhecimento e às práticas que foram retiradas deles à força. Faço isso doando meu tempo e meus recursos para organizações lideradas por indígenas que trabalham pela soberania alimentar e ofereço a grupos racializados um número de vagas gratuitas em todos os meus cursos sobre coleta de ervas. Como alguém que se alimenta desta terra, como educadora da identificação das plantas e da fitoterapia, e na condição de uma pessoa com ancestrais europeus, sinto que é o mínimo que posso fazer para agradecer pelo conhecimento que tenho, para ser solidária com as comunidades indígenas e para ajudar a restaurar aquilo que há muito tempo foi quebrado pela colonização.

Para mim, há algumas formas diferentes de zelar pela vida selvagem,, mas estas são as duas principais que compõem a maior parte da minha prática:

1. Observar e proteger populações específicas de plantas que coleto e monitorar sua saúde. Tenho colhido os mesmos sabugueiros nos últimos dez anos. É um presente imenso ver como eles crescem e mudam a cada ano. O sabugueiro é uma espécie nativa onde moro, e embora não esteja ameaçada de extinção, ele vem se tornando mais popular entre os herboristas. Por isso, quero garantir que haja o suficiente para os animais e para nós. Posso fazer isso prestando atenção à quantidade de botões que colho, sabendo que, se eu pegar todas as flores, nem eu nem mais ninguém terá frutos. Também é possível zelar por essa área observando e propagando sua genética.

2. Transplantar e propagar em casa plantas silvestres que amo; assim, não precisarei coletá-las de outro lugar e consigo até multiplicá-las.

Como já aprendemos no capítulo sobre propagação das ervas, o sabugueiro se propaga facilmente por estacas! Eu pego estacas dessas plantas e faço-as crescer em nosso terreno. Teremos sabugueiros daqui e de muitos outros pontos pelos quais passamos, já que fazemos a separação cuidadosa das estacas em locais diferentes. Isso significa que não só estamos reduzindo a pressão pela colheita naquela área, mas também começaremos novas plantas em lugares novos. Os pássaros e os roedores poderão ingerir suas sementes e espalhá-las em outros locais. É espetacular! Outras espécies que eu amo transplantar e propagar em meu jardim meio silvestre são:

- Lírio-de-dia: Hemerocallis fulva
- Urtiga: Urtica dioica
- Urtiga-do-canadá: Laportea canadensis
- Amoras-pretas: Rubus spp.
- Amoras silvestres: Rubus idaeus
- Framboesa de vinho: Rubus phoenicolasius
- Margarida-amarela: Rudbeckia laciniata
- Bem-me-quer: Leucanthemum vulgare
- Alho selvagem: Allium vineale

Essas são algumas de minhas preferidas. Nosso canteiro de margaridas-amarelas começou há três anos com três plantinhas e hoje é tão grande que eu dou plantas de presente regularmente para quem estuda comigo!

Ervas Coletáveis Mais Comuns

Agrimônia (*Agrimonia spp.*)

Existem cerca de quinze espécies de agrimônia, das quais pelo menos quatro têm uma forte tradição herbal: a primeira, *Agrimonia eupatoria*, é nativa da Europa, do Norte de África, do Sul da Ásia e da Macaronésia, além de ter sido introduzida na América do Norte*. Outra delas, a *Agrimonia pilosa*, é nativa da Ásia e do Leste da Europa. Por fim, a *Agrimonia gryposepala* e a *A. parviflora* são originárias da América do Norte†.

Habitat: florestas, bordas, campos e beiras de estrada. São nativas do clima temperado do hemisfério norte e uma das espécies vem da África. A *Agrimonia gryposepala* é a mais distribuída das sete espécies provenientes da América do Norte. Nos Estados Unidos, a agrimônia pode ser encontrada na maioria dos estados, com exceção da Flórida e daqueles localizados nas Montanhas Rochosas. Prefere habitats de umidade moderada a abundante.

Identificação: essa planta perene e ereta pode ser identificada de longe por um ramo comprido que chega a trinta centímetros de altura ou mais, repleto de flores amarelas de cinco pétalas no verão. Cada flor se transforma em um fruto seco de cor marrom-avermelhada, cercado por cerdas com ganchinhos nas pontas. As folhas jovens crescem formando uma roseta basal de folhas dentadas com várias nervuras. O folíolo terminal é geralmente o maior.

Partes usadas: extremidades floridas e folhas. Ela floresce desde maio até o início do outono nos climas temperados do hemisfério norte.

---

* Hatfield, Gabrielle, and David Allen, *Medicinal Plants in Folk Tradition: An Ethnobotany of Britain & Ireland* (Estados Unidos: Timber Press, 2004).
† Grieve, Margaret, *A Modern Herbal: Complete Volume*.

Folclore e magia: essa erva adstringente já foi usada para ajudar a conservar melhor a cerveja. Assim como o lúpulo, a agrimônia é associada ao sono. Pode-se fazer alguém dormir colocando agrimônia debaixo de seu travesseiro:

> Quando sob o travesseiro,
> Traz o sono derradeiro;
> Sem se mover ou acordar,
> Até de lá alguém a tirar[*].

Na Inglaterra, a agrimônia era usada em um tipo de previsão: dois ramos da planta, com nove folíolos cada, eram arranjados em forma de X debaixo do travesseiro, presos por dois alfinetes (que também devem estar cruzados em forma de X). Isso faria com que o futuro marido da jovem em questão aparecesse para ela em sonho. A agrimônia também protege contra os feitiços, sobretudo quando combinada com giesta, folhas de sabugueiro e betônica[†]. Em Tirol, um buquê reunindo a agrimônia com o capim-andropogon, a avenca, a arruda e a hera terrestre permitia uma visão das bruxas. Se penduradas acima da porta, essas plantas as impedem de entrar em uma residência[‡].

Culinária e medicina: a agrimônia dá um ótimo chá, que em geral era consumido por franceses e ingleses que viviam no campo[§]. Historicamente, essa planta servia como remédio para o fígado e como tônico. Os povos romanis a administravam para tratar a tosse[¶]. Os anglo-saxões acreditavam que a agrimônia fazia bem aos olhos e a usavam contra picadas de cobras venenosas. A agrimônia tem uma enorme variedade de usos medicinais no mundo inteiro. Os taninos presentes nela são a

---

[*] Hatfield, Gabrielle, *Encyclopedia of Folk Medicine: Old World and New World Traditions* (Reino Unido: ABC-CLIO, 2004), 310.
[†] MacCulloch, J.A., *The Misty Isles of Skye* (Edimburgo: Oliphant, Anderson and Ferrier, 1905).
[‡] Friend, Hilderic, *Flower Lore*, 540.
[§] Cullum, Elizabeth, *A Cottage Herbal* (Reino Unido: David & Charles, 1975).
[¶] Vesey-FitzGerald, Brian Seymour, *Gypsies of Britain: An Introduction to Their History* (Reino Unido: Chapman & Hall Limited, 1944).

essência de seu poder medicinal, o que faz sentido para essa modesta erva pertencente à família das rosas. Muitas plantas dessa família são ricas em taninos adstringentes.

Gosto de colher as folhas e as flores superiores para fazer uma infusão. Esse chá leve e meio adstringente é excelente para lavar a pele irritada ou inflamada, além de ser uma bebida agradável para lidar com um resfriado ou uma dor de garganta. Também é um ótimo remédio para a diarreia, outro uso histórico e duradouro dessa plantinha querida.

Amoras-pretas (*Rubus spp.*)

Existem muitas espécies de amoras-pretas, com pequenas diferenças entre elas, mas todas comestíveis e com usos medicinais. Algumas são invasoras em determinadas áreas.

Habitat: áreas degradadas em florestas temperadas. São abundantes em arvoredos no Leste do país e no litoral Norte do Pacífico.

Identificação: possui folhas compostas palmadas que têm de cinco a sete folíolos em cada pecíolo. Os frutos amadurecem com frequência na mesma época devido à floração uniforme. Cada grupo de frutinhas cresce em um caule próprio. Isso facilita colher várias de uma vez só!

Partes usadas: frutos, folhas, raízes e caules secos.

Folclore e magia: no dia de São Simão e de São Judas Tadeu (28 de outubro), a tradição diz que Satanás vai até o arbusto. Depois desse dia, não se encontra nenhuma amora-preta para comer. Em Sussex, dizem que, após o Antigo Dia de São Miguel (10 de outubro), o Diabo passeia pelo condado e cospe nas plantas. Na Escócia, acredita-se que no final do outono o Diabo jogava seu manto sobre as amoras-pretas e as profanava.

Na Antiguidade, as pessoas consideravam tanto os frutos quanto as flores desse arbusto um bom remédio para tratar picadas de cobra. Como em outros membros da família das rosas, a adstringência é responsável por boa parte do uso medicinal da amora-preta. Acreditava-se que devido à sua intensa adstringência até nos brotos jovens, ela fixava dentes moles quando consumida na salada.

Na Cornualha, as folhas do arbusto são molhadas nas águas de uma nascente e usadas em um feitiço para queimaduras. As folhas umedecidas são aplicadas sobre o ferimento enquanto a pessoa tratada repete o seguinte:

> Três anjos vieram do Leste,
> Um trouxe o fogo, dois trouxeram o gelo;
> Que parta o fogo, e permaneça o gelo;
> Em nome do Pai, do Filho e do Espírito Santo.
> Amém.

Os arbustos de amoras-pretas são regidos por Marte. Sonhar com eles é um sinal de coisas que estão por vir. Sonhar que se está passando por um lugar coberto desses arbustos é sinal de problemas. Se algum deles te espetar, inimigos secretos machucarão você por meio de seus amigos. Caso sangre, espere perdas significativas. Sonhar que está passando pelos arbustos sem se ferir significa um triunfo sobre os inimigos[*].

Na Inglaterra, existe um tabu em relação ao período em que se pode comer amoras-pretas com segurança. Lá, se as comer após o Dia de São Miguel (29 de setembro), você pode até morrer! O Diabo ou o *pooka*, uma espécie de duende, cospe nelas e as deixa amargas. Alguns dizem que isso se deve ao fato de que, quando Satanás caiu do céu, tombou bem em cima da planta. Por isso, ele as detesta[†]. Qualquer planta odiada pelo Diabo vira um bom amuleto de proteção: guirlandas feitas de arbusto de amoras-pretas eram penduradas pelas pessoas, para se protegerem contra as bruxas más na Inglaterra.

Os arbustos incandescentes ofereciam proteção também. Por essa razão, esse é um dos meus incensos locais favoritos. Eu manuseio os galhos com cuidado, usando luvas, e removo os espinhos com uma tesoura de poda. Corto os gravetos com mais ou menos quinze centímetros de comprimento, junto tudo e amarro em uma só extremidade usando um fio vermelho. Acendo a outra extremidade desse artefato que mais

---

[*] Folkard, Richard, *Plant Lore, Legends, and Lyrics Embracing the Myths, Traditions, Superstitions, and Folk-Lore of the Plant Kingdom* (1884), 258.
[†] Briggs, *Plantlore* (1980).

parece uma vassoura. Isso cria um instrumento de defumação que pode ser movimentado pelo ambiente no intuito de banir as más energias antes de um trabalho mágico.

Cecil Williamson, fundador do incrível Museu da Bruxaria em Boscastle, Inglaterra, descreve-o melhor:

> ... feito de caules secos de amoras-pretas e amarrados em uma ponta para criar uma empunhadura. Aqui no Sudoeste (da Inglaterra), quando uma bruxa decide fazer magia, primeiro ela escolhe um lugar onde irá trabalhar, seja ele um ambiente interno ou externo. A próxima coisa a se fazer é limpar o local escolhido de todas as forças do mal. É aqui que o conjunto de gravetos de amoras-pretas entra em cena. Ela acende uma ponta e, com os gravetos queimando e produzindo fumaça, dança e traça seu caminho pela área muitas e muitas vezes. É por isso que podemos chamá-lo de "o espanta-diabo da bruxa"[‡].

Culinária e medicina: a planta é um alimento delicioso e cheio de antioxidantes. É simples identificar os frutos porque são segmentados. Dá para diferenciar facilmente uma amora-preta de uma framboesa preta ao puxar o fruto. As framboesas soltam como se fossem um pequeno chapéu, enquanto as amoras-pretas mantêm seu centro intacto, deixando um cabinho. Eu amo o chá de raízes feito com as amoras-pretas: para remediar o intestino solto, use uma colher de chá de raízes desidratadas e picadas; deixe em infusão na água quente por vinte minutos e depois coe o líquido; mas não exagere, pois essa planta é um poderoso adstringente. Esse é um remédio popular clássico dos Apalaches para diarreia.

As folhas também dão um ótimo chá, que era usado no passado para tudo, desde tratamento para dor de garganta até lavagem de feridas. Ele também é rico em vitamina C e antioxidantes! Eu as uso do mesmo jeito que as folhas de framboesa. Você pode até fermentar as folhas macerando-as ainda frescas, armazenando a mistura em um pote seco e limpo e

---

[‡] "359—Twigs", Museum of Witchcraft and Magic.

deixando fermentar por duas ou mais semanas. Depois desse período, deixe desidratar. Elas terão um gosto muito parecido com o do chá preto. Uma decocção das folhas é ótima para lavar feridas e a irritação causada pela hera venenosa ou outras coceiras. Essas plantas são invasoras em alguns lugares. Por isso, "comer as invasoras" é uma ótima maneira de nos nutrirmos física, espiritual e mentalmente. Assim, praticamos o ato sagrado de coletar ervas, produzir nossa própria comida e medicamentos enquanto ajudamos a controlar a propagação excessiva da espécie.

Nogueira-preta (*Juglans nigra*)

Habitat: da Costa Leste até as Grandes Planícies; do Texas e da Geórgia, subindo até o Minnesota, o Wisconsin e o Michigan, seguindo até Ontário, no Canadá.

Identificação: árvore grande de casca rústica, grossa e de um marrom-acinzentado-claro. Geralmente tem um tronco reto e dominante. Seus galhos são grossos, marrons e lisos. Folhas compostas dentadas que contam com treze a 21 folíolos, na maioria das vezes sem o folíolo terminal. Existem quatro espécies de nogueiras ocidentais que podem ser usadas de maneira similar: a nogueira do Arizona, *J. major*, a nogueira da Califórnia, *J. californica*, a do Texas, *J. microcarpa* e a nogueira preta do Norte da Califórnia, *J. hindsii*[*].

Partes usadas: nozes, casca das nozes, madeira.

Folclore e magia: *Juglans* significa "noz de Júpiter" em latim, sendo que *noz* na verdade se refere à "glande de Júpiter". Isso pode explicar as lendas que ligavam o fruto da nogueira à fertilidade e ao amor. Os gregos antigos aparentemente o cozinhavam e comiam para aumentar a própria fertilidade. Acreditava-se que trazer consigo uma noz ainda na casca aumentava a fertilidade, uma prática interessante se comparada à sabedoria popular nos Apalaches, que diz que nozes e castanhas servem de amuleto da sorte a quem os portar. Os romanos atribuíam aspectos mais femininos ao fruto da nogueira e o associavam a Juno

---

[*] Thayer, Samuel, *Nature's Garden* (Forager's Harvest, WI, 2010), 136–138.

(esposa de Júpiter), deusa romana das mulheres e do casamento. Na verdade, um dos costumes matrimoniais romanos era jogar nozes na noiva e no noivo para incentivar a fertilidade do casal[†]. Pouco recomendável, eu diria!

As nozes europeias aparecem de modo proeminente no folclore e nos contos de fadas por todo o continente, mas particularmente na Itália. Lá, as cascas do fruto são com frequência vistas como recipientes para objetos mágicos ou preciosos. Eles também acreditavam que os galhos ou a madeira da nogueira protegiam as pessoas dos relâmpagos. Algumas vezes elas eram chamadas de "raízes do mal", devido ao seu veneno e à sua relação com as bruxas no folclore italiano. Afinal, dizia-se que as bruxas preferiam se encontrar debaixo da sombra de uma nogueira perniciosa. Uma das árvores mais famosas veio da lenda das bruxas de Benevento — que também pode ter sido a primeira vez em que o voo para um Sabá foi mencionado, em 1428, no testemunho da bruxa Matteuccia da Todi, na Itália. Muitas das mulheres acusadas de bruxaria recitavam o seguinte em seu julgamento:

> Unguento, unguento
> portami al noce di Benevento
> sopra l'acqua e sopra il vento
> e sopra ogni altro maltempo.

> "Unguento, unguento,
> Leva-me à nogueira de Benevento,
> Acima da água e acima do vento,
> E acima de todo mau tempo[‡]"

[†] Jones, Ida B., "Popular Medical Knowledge in sixth century England", *Institute of the History of Medicine Bulletin* 5 (1937): 405–451.
[‡] Montesano, Marina, *Classical Culture and Witchcraft in Medieval and Renaissance Italy* (Alemanha: Springer International Publishing, 2018), 159.

Eu me sinto muito à vontade debaixo da sombra de qualquer nogueira. Talvez junto com as associações a práticas malignas, houvesse também a crença de que dormir debaixo dessa árvore conduzisse à loucura ou a sonhos proféticos: dois caminhos que podem ser percorridos pela mente e com frequência levam um ao outro. Apesar de ser ligada ao mal durante a Idade Média, os europeus acreditavam que a nogueira aumentava a fertilidade, fortalecia o coração e ajudava a afastar os males do reumatismo[*].

Na América do Norte, na região dos montes Ozark, as nozes atraem relâmpagos. Por isso, plantar uma nogueira perto de uma casa era visto como uma péssima ideia. Fico me perguntando se isso tem alguma coisa a ver com o barulho incessante dos frutos caindo no telhado no outono, em vez do simples medo de que essa árvore atraía relâmpagos mais do que as outras. Outra crença da região diz que as cascas das nozes não devem ser queimadas, ou a pessoa terá azar. Sonhar que está abrindo ou comendo nozes significa que logo haverá dinheiro entrando na conta[†].

Eu amo entalhar madeira, e a nogueira-preta é excelente para isso. Ela é muito dura, então é preciso ter uma faca de esculpir bem afiada. Já fiz muitas colheres e varinhas com essa encantadora madeira cor de chocolate.

Culinária e medicina: na América do Norte, a nogueira-preta existe pelo menos desde o Pleistoceno e tem um longo histórico de usos alimentícios e medicinais entre os povos originários dessa região. Graças à linda cor marrom de seu cerne, ela se tornou uma das madeiras nativas mais valiosas na América do Norte. O que a mantém no topo dos rankings de madeiras mais úteis é a sua resistência natural ao apodrecimento e aos danos causados por insetos, além do grande porte. Um dos fatos mais interessantes sobre a nogueira-preta é sua natureza venenosa. Ela é alelopática, ou seja, libera substâncias químicas pelas raízes, assim como pelo caule e pelas folhas em decomposição, que prejudicam o crescimento de outras ervas. O nome da substância

---

[*] Watts, *Dictionary of Plant Lore*, 410.
[†] Hyatt, Harry Middleton, *Folk-lore from Adams County, Illinois* (Estados Unidos: Alma Egan Hyatt Foundation, 1965), 313.

alelopática liberada por essa árvore majestosa é juglona. Esse é o método próprio da nogueira para cortar pela raiz a competição com outras plantas nos arredores. As pessoas perceberam essa substância potente já no ano 77 EC, e partes de suas nozes são usadas como herbicida e remédio há séculos.

Os frutos da nogueira-preta são um alimento maravilhoso, rico em gorduras boas e vitamina E, que é excelente para a saúde do cérebro, por mais curioso que isso possa parecer. Conforme a doutrina das assinaturas, essas nozes têm um longo histórico de uso medicinal para todos os males da mente, já que sua aparência remete ao cérebro. Elas podem ser coletadas no outono. Gosto de remover as cascas (usando luvas, já que elas mancham tudo de marrom-escuro) e guardá-las para fazer corante, deixando-as secar sobre uma lona. Você pode fervê-las em uma panela e acrescentar um pouco de vinagre para tingir fibras naturais como o linho e o algodão. Isso os deixará com uma linda coloração marrom. Gosto de tingir as toalhas do meu altar com corantes naturais. Além do mais, sempre é temporada de marrom.

Perto do fim do verão, preparo uma tintura com as cascas verdes, quando ainda são jovens, para aproveitar suas propriedades antifúngicas e antiparasitárias. Encho um pote de conserva com nozes verdes e jovens picadas (sempre usando luvas), cubro-as com vodka de boa qualidade e coloco uma etiqueta. De quatro a seis semanas depois, coo o conteúdo do pote. Sempre faço isso em uma área externa para não manchar nada e consumo a tintura por curtos períodos, junto com minha tintura de absinto, para tratar vermes e outros parasitas internos. Uma dose é feita de vinte gotas do líquido. Tome uma dose três vezes ao dia para se livrar de parasitas, mas *não* use esse remédio por mais de duas semanas seguidas. Não consuma a noz da nogueira-preta se estiver grávida ou amamentando.

Receita para o Solstício de Verão: Nocino, Licor de Noz Verde

1. Colha quantas nozes verdes quiser em meados de julho. Experimente furá-las com um alfinete: se ele penetrar a casca com facilidade, elas estão boas para serem usadas na receita.

2. Coloque-as de molho na água por nove dias, lavando-as e trocando o líquido de manhã e à noite. Depois, ferva-as em água até que amaciem um pouco. Deixe-as secar naturalmente.

3. Perfure-as e recheie com cravo-da-índia, um pouco de canela e um pouco de casca do tronco da Cidra: divida-as em três porções e use um "recheio" em cada porção.

4. Separe uma porção equivalente ao peso de suas nozes ou um pouco mais em açúcar. Faça um xarope no qual ferverá as nozes até que estejam macias. Em seguida, "pesque-as" e coloque-as em um pote de cerâmica vitrificada, do tipo usado por farmacêuticos. Feche bem.

5. Quando deixá-las para secar, esfregue-as com um pano áspero para retirar a pele verde e fina. Elas produzem um licor estimulante e um tônico para o estômago.

Retirado de *The Family Physician*, de Geo. Hartman, alquimista que viveu e viajou com o honorável sir Kenelm Digby, por diversas partes da Europa no espaço de sete anos até a sua morte[*].

[*] Grieve, A Modern Herbal, 844.

Bardana (*Arctium minus, A. lappa*)

Habitat: cresce nas regiões Norte dos EUA e Sul do Canadá. É encontrada com frequência em solos degradados ou nas bordas de campos e florestas.

Identificação: erva tipo roseta grande, perene ou bienal, com folhas ovais. Lobos em forma de coração na base das folhas verdes, com linhas brancas que se emaranham na parte de baixo. Em seu primeiro ano, a bardana apresenta uma roseta de folhas basais. No segundo ano, um caule cresce e sustenta as sementes cobertas de carrapichos em galhos alternados. A bardana-menor, *A. minus*, tem um pecíolo curvado, ao contrário da bardana (*A. lappa*), e apresenta caules mais finos.

Partes usadas: raízes e caules.

Folclore e magia: a bardana era considerada uma planta "ursa" pelos povos celtas e germânicos e sagrada para Thor, o deus do trovão. O nome *Arctium* vem do grego *arktos*, que significa "urso", em referência aos carrapichos que se parecem com pelos de urso.

O nome da espécie, *lappa*, também significa "carrapicho" ou "espinho" em latim. A bardana era coletada no início do verão e colocada nas casas e nos estábulos para proteção contra relâmpagos e gigantes. No hemisfério norte, temos a lenda do "carvão junino", que habita debaixo das raízes da bardana e pode ser encontrado entre meio-dia e uma hora da tarde do dia mais longo do ano, o solstício de verão. A crença diz que ele também se esconde debaixo da artemísia. Segundo relatam, se você manusear bravamente o "carvão" quente e vermelho, jamais terá azar ou pesares[*]. Os fazendeiros costumavam trançar a bardana no rabo de suas vacas para protegê-las do mal. Dizem que as "piskies" ou "pixies", como é chamada uma raça de fadas ou "pessoinhas" na Cornualha, cavalgaram de forma arrebatadora com potros pelos campos e emaranharam suas crinas com botões da craspedia ou os frutos secos da bardana[†].

---

[*] Müller-Ebeling, *Witchcraft Medicine: Healing Arts, Shamanic Practices, and Forbidden Plants*, 15.
[†] Davey, F.H., *Flora of Cornwall* (Penryn: 1909), 261.

Essas crenças chegaram até a América do Norte e à região dos Ozarks, onde as crianças usam colares com raízes secas de bardana para se protegerem contra a bruxaria[*]. A planta também é associada ao planeta Vênus, tornando-a uma ótima opção para trabalhos ligados ao amor. Na magia folclórica da região, quando se quer conquistar alguém, você esculpe a silhueta dessa pessoa na raiz da bardana e a carrega consigo ou a guarda em um saquinho[†].

Culinária e medicina: essa erva eurasiana já tinha sido naturalizada e registrada, crescendo de maneira espontânea na região do pediplano da Carolina do Norte, em 1764[‡]. Tradicionalmente, a raiz da bardana tem sido usada para purificar o sangue, tratar erupções cutâneas, servir de diurético e auxiliar a digestão. Nas tradições populares norte-americanas, ela é considerada um dos purificadores do sangue mais poderosos. Nos Apalaches, consome-se a planta em uma infusão de água fria. Se não houver balsâmina por perto, o caldo das folhas também é muito útil contra a hera venenosa. A erva alivia muitas formas de erupção cutânea. Como no caso do dente-de-leão, as raízes da bardana são ricas em inulina, um prebiótico incrível que também era um remédio popular para tratar diabetes[§].

Suas raízes são chamadas de *gobo* no Japão e consumidas como se fossem vegetais. Você pode colhê-las em seu primeiro ano, na primavera ou no outono, quando a energia da planta está debaixo da terra. Raspe a parte escura e mais externa das raízes, lave-as e cozinhe. Gosto de preparar as raízes salteadas e temperadas ou de fervê-las até que fiquem macias, para depois acrescentar manteiga e sal. Também é possível comer os pecíolos das folhas (os macios e sem muitos fiapos) e remover a parte externa da pele com uma faca afiada. Cozinhe-as em água ou no vapor e sirva com seu molho temperado favorito. Gosto de fazer um

---

[*] Randolph, Vance, *Ozark Magic and Folklore* (Estados Unidos: Dover Publications, 2012), 291.
[†] Weston, Brandon, *Ozark Folk Magic: Plants, Prayers and Healing* (Estados Unidos: Llewellyn Publications, 2021).
[‡] Moss, Kay, *Southern Folk Medicine*, 1750-1820 (University of South Carolina Press, 1999).
[§] Patton, Darryl, *Mountain Medicine: The Herbal Remedies of Tommie Bass* (Estados Unidos: Natural Reader Press, 2004).

chá da raiz para ajudar a curar problemas de pele, de dentro para fora. Beba o chá como um tônico nutritivo para cuidar do fígado e, por tabela, da pele. A bardana também cuida da pele externamente. As folhas podem ser cozidas, esmagadas e aplicadas mornas, mas não quentes, a erupções, queimaduras e machucados.

Morrião-branco (*Stellaria media*)

Habitat: nativo da Europa, o morrião-branco é encontrado no mundo inteiro em abundância, principalmente na Ásia e América do Norte.

Identificação: é uma planta rasteira que cobre o chão de caules estreitos adornados com folhas opostas, que são pequenas, macias e sem dentes. Uma linha fina de pelinhos cresce ao longo do caule e muda de direção toda vez que encontra a junção de um conjunto de folhas. As flores têm cinco pétalas fendidas, fazendo parecer que são dez. É possível coletar o morrião-branco na primavera e no outono, mas ele não aguenta o calor e morre no verão.

Partes usadas: partes aéreas.

Folclore e magia: o morrião-branco ajuda a prever o tempo, uma vez que não deve chover por um dia quando suas folhas estão completamente abertas[¶]. Em algumas partes da Inglaterra, considerava-se que trazia sorte cultivar essa planta em um vaso do lado de fora da casa, e o orvalho de suas folhinhas deixava uma pessoa bonita[**] quando usado para lavar o rosto. Carregue um pouco da erva em um saquinho para ter sorte.

Culinária e medicina: essa planta anual é geralmente a primeira espécie que as pessoas aprendem a coletar. Um dos motivos é que seu gosto é muito suave e palatável para quem detesta os sabores amargos. Essa belezinha abundante decorada com pequenas flores brancas em formato de estrela rende uma deliciosa salada de primavera. A erva contém muitos minerais, como cálcio, ferro, magnésio, manganês, selênio,

---

[¶] Daniels, Cora Lynn, ed., *Encyclopædia of Superstitions, Folklore, and the Occult Sciences of the World: Volume 2* (Estados Unidos: University Press of the Pacific, 2003), 776.
[**] Porter, Enid, *Cambridgeshire Customs and Folklore* (Reino Unido: Taylor & Francis, 2020).

sílica, sódio, fósforo, potássio e zinco, além das vitaminas A, C, B1, B2 e niacina. Pense no morrião-branco da seguinte forma: ele tem seis vezes mais vitamina C, doze vezes mais cálcio e 83 vezes mais ferro que o espinafre. As plantas silvestres precisam lutar para sobreviver, diferentemente dos vegetais do nosso jardim. Por isso, os compostos químicos que elas usam para espantar os insetos e enfrentar as intempéries também fazem bem para nós!

O morrião-branco é bom para problemas de fígado, rim e bexiga graças à sua natureza rica em minerais e propriedades que incentivam a produção de urina (ele é um diurético). É considerado um remédio que baixa a temperatura do corpo. Na medicina popular irlandesa, era usado para fazer emplastros para queimaduras*. Já na medicina popular Apalache, é indicado para perder peso devido à sua ação diurética. Ele também era utilizado em forma de chá para tratar tosses e resfriados, tanto pelos povos da região Apalache quanto pelos romani.

Enquanto alimento, essa planta é quase a minha favorita de todas as verdinhas silvestres. Eu digo "quase" porque, assim como uma criança, não consigo decidir por uma favorita. As pequenas folhas macias são suaves e doces. Quando cortadas bem fininhas, rendem uma salada excelente. Amo o remédio refrescante e úmido que elas nos dão como alimento. Gosto de misturá-las com folhas de violeta e de comer o morrião-branco no frio, quando ele já está disponível. Eu uso tesouras para cortar as pontas fora e evitar comer as partes mais velhas, amareladas e sujas que abraçam a terra. Amo encher um grande pote em conserva do chá feito com as folhas recém-colhidas para bombardear o meu sistema com bons minerais e frescor verde. Mas prefiro bater a erva no liquidificador e comê-la! A melhor forma de absorver os minerais do morrião-branco ou de outra superpotência mineral, a urtiga, é ingerir o chá com a erva. Eu gosto de liquidificar o chá e bebê-lo todinho, com folhas e tudo. Você também pode acrescentá-lo ao caldo de osso ou de cogumelos. Fica delicioso e nutritivo.

* Barbour, John H., "Some Country Remedies and their Uses", in *Folklore*, vol. 8 (1897), 386–390.

Galião, Coalha-leite, Erva-de-pato (*Galium aparine*)

Habitat: nativa da Europa, mas já naturalizada no mundo todo. Essa planta é encontrada em todos os continentes, com exceção da Antártida. Ela cresce em uma variedade de habitats, da floresta ao campo, e sobrevive a uma gama diversa de temperaturas.

Identificação: é difícil não ver o galião. Coberto de pequenos pelinhos que parecem carrapichos, ele gruda na roupa e parece uma lixa. Por isso, um de seus nomes em inglês é "sticky willie" (algo como "joão grudento"). As folhas crescem em verticilos, ou seja, partem do caule em um círculo radial que contém de seis a oito folhas. Existem muitas espécies diferentes, mas nenhuma é tóxica se consumida em pequenas doses.

Partes usadas: partes aéreas, durante a floração e antes de apresentarem sementes.

Folclore e magia: as mulheres indígenas Cowlitz banhavam-se com ela para atrair o amor[†]. Essa planta também era usada para previsões do amor na Inglaterra: jogava-se um punhado nas costas de uma garota; se grudassem em sua roupa sem ela perceber, é porque a menina já tinha um amor. Se a jovem a retirasse e jogasse no chão, ela formaria a inicial do seu futuro amor[3‡] A erva também servia para filtrar o leite no processo de fazer queijo, e as raízes produziam tinta vermelha. O galião está na família da aparina, e muitas dessas plantas de caules longos eram usadas ao longo da história no leito de nascimento, sendo sagradas para as mães e para o processo de dar à luz.

Culinária e medicina: o galião coloca tudo em movimento. Considerado um tônico de longa data para o sistema linfático, ele é tomado tradicionalmente na primavera, para remover as toxinas restantes no corpo. Pode ser preparado como chá ou suco. Essa erva lunar contém muita água, o que a torna menos apropriada para o preparo de uma tintura em álcool, que seria guardada por longos períodos. Mas não leve

---

[†] Gunther, Erna, *Ethnobotany of Western Washington*, rev. ed. (Seattle: University of Washington Press, 1973), 46.
[‡] Vickery, Roy, "Cleavers", *Plantlore*.

sua purificação da primavera muito longe: se tomar mais do que trinta ou cinquenta gramas do suco verde por dia, ele se torna um purgante*. Sempre que os gânglios linfáticos estiverem inchados, sobretudo na cabeça e no pescoço, é hora de usar a planta. Você também pode guardar o suco para mais tarde, despejando-o em uma forminha de gelo! É só congelar algumas porções da bebida para usá-las quando precisar daquele remédio linfático tiro e queda, ou para aplicar sobre queimaduras de sol, tanto pelo efeito refrescante do gelo quanto pelas propriedades curativas do galião.

Eu corto a erva bem fina e a cozinho. Misturada com outras verdinhas silvestres, ela dá um ótimo refogado. Sua textura a torna difícil de ser ingerida crua. Então acho melhor liquidificá-la, transformá-la em suco ou cozinhá-la. Também amo usar essa planta em um emplastro para tratar infecções da pele com bolhas, umidade e calor. O galião é uma maravilha para bolhas infeccionadas e outras feridas pequenas com formação de pus. Comece amassando a erva, embeba-a em água quente (mas não fervendo) e depois a esmague com as mãos limpas, fazendo um emplastro morno. Cubro com esparadrapo e troco o curativo três vezes por dia. *O chá de galião também é muito bom para infecções do trato urinário, mas tome cuidado para não o beber se estiver com cistite ou outro problema relacionado à bexiga hiperativa.*

Dente-de-leão (*Taraxacum officinale*)

Habitat: essa é uma das plantas mais comuns nos Estados Unidos. Nativa da Eurásia, ela já se tornou naturalizada por toda América do Norte, Sul da África, América do Sul, Nova Zelândia, Austrália e Índia. Cresce em todos os cinquenta estados do país e na maior parte do Canadá.

Identificação: o dente-de-leão tem primas muito parecidas com ele, mas é de suma importância procurar algumas de suas características principais na hora de diferenciá-lo das demais, com ou sem flores. A erva

---

* Hopman, Ellen Evert, *Secret Medicines from Your Garden: Plants for Healing, Spirituality, and Magic* (Estados Unidos: Inner Traditions/Bear, 2016), 101.

cresce em roseta, com flores amarelas que saem de uma mesma haste sem ramos. O caule não tem pelos, e a planta libera um látex branco quando suas folhas ou caules se quebram. As folhas terminam em ponta e têm recortes profundos que lembram dentes. Daí o nome "dente-de-leão", que ajuda a lembrar essa sua característica. Algumas pessoas confundem o almeirão-do-campo (*Hypochoeris radicata*) com o dente-de-leão, mas as folhas do almeirão-do-campo são peludas, têm pontas arredondadas e suas flores surgem na extremidade de caules ramificados.

Partes usadas: folhas, raízes e flores.

Folclore e magia: a planta cresce ao longo de todo o ano, mas o fato de as primeiras flores amarelas aparecerem no começo da primavera fez com que ela fosse associada a Brigid, deusa da estação na Irlanda e Escócia. Na língua gaélica escocesa, um dos nomes do dente-de-leão é Bearnon Bride, sendo "Bride" um dos nomes da deusa Brigid. No entanto, sonhar com a erva é um mau presságio[†]. As sementes parecidas com uma plumagem levíssima, que adornam o dente-de-leão e encantavam muita gente na infância, também eram usadas em diversos tipos de divinação que abordavam desde o amor até a previsão do tempo, a depender da quantidade de sementes presas à planta após assoprá-la. A direção para a qual as sementes voassem também poderia ser o caminho para alcançar a sorte[‡]. Tudo indica que a melhor data para fazer o vinho de dente-de-leão é o sabá de Beltane, que acontece em 1º de maio, na Inglaterra.

Para fins medicinais, Culpeper escreve que a erva tem "qualidades de abertura e de limpeza... Ela abre passagens"[§]. É possível ler esse trecho como uma alegação puramente médica e física ou enxergar nele uma mensagem de portais que se abrem. Talvez essa planta do ar também possa abrir passagens entre os mundos e ajudar quem busca a comunicação com os espíritos.

[†] Thiselton-Dyer, *The Folk-lore of Plants*, 123.
[‡] Bergen, Fanny D., "Current Superstitions: Collected from the Oral Tradition of English Speaking Folk", in *American Folklore Society, Memoirs*, vol. 7 (1896).
[§] Culpeper, Nicholas, *Culpeper's Color Herbal* (Estados Unidos: Sterling Publishing Company, Incorporated, 2007), 56.

Seu uso mágico data da Grécia, onde John Evelyn, em sua obra *Acetaria*[40]*, diz o seguinte sobre o dente-de-leão: "Com tua singela mixórdia, Hécate entreteve Teseu". Podemos entender "singela mixórdia" como "uma salada simples". Hécate é considerada a deusa das bruxas e encruzilhadas. É possível honrá-la com uma oferenda de vinho e flores de dente-de-leão.

Na tradição popular dos apalachianos de origem alemã, havia um amuleto para fazer com que se tomasse sempre as decisões certas. Ele era produzido com uma folha de repolho-de-gambá colhida em maio sob o signo de Leão, que era então enrolada em uma folha de louro e acrescida de dente-de-leão. O amuleto deveria ser mantido com você[†]. Algumas pessoas preferem usar a raiz do dente-de-leão para fazer bonecos ou uma *alrauna*, figura semelhante a um corpo humano[‡], para trabalhar com magia, em vez de buscar a rara, venenosa e distante mandrágora.

Culinária e medicina: essa odiada invasora de gramados deveria ser celebrada por seu valor nutricional magnífico. Humilde dente-de-leão, não chegamos aos seus pés. Ele é altamente rico em fibras, vitaminas A, C, E (alfa-tocoferol), B6 e K, tiamina, riboflavina, cálcio, ferro, potássio e manganês, só para mencionar algumas de suas qualidades[§]. As raízes também são comestíveis quando jovens e podem ser cortadas em cubos, temperadas e refogadas em uma frigideira. São ricas em inulina, um prebiótico que auxilia na saúde do intestino. É possível consumir suas flores e folhas cruas ou cozidas. Gosto de envolvê-las em massa de panqueca e fritar, servindo em seguida com mel.

Fáceis de achar e muito disponíveis, as raízes também dão um chá excelente para cuidar do fígado. Tostadas, apresentam um gosto delicioso e rendem uma bebida parecida com o café, mas sem cafeína. Elas foram incluídas nos pratos tradicionais de ervas amargas feitos durante o Pessach, e as folhas são há muito tempo temperadas e servidas como

---

* Evelyn, John, *Acetaria: A Discourse of Sallets* (Reino Unido: Prospect Books 1982). [[page TK]]
† Milnes, Gerald, *Signs, Cures, & Witchery: German Appalachian Folklore* (Knoxville: U. of Tennessee, 2007).
‡ Ver Mandrágora.
§ Mars, Brigitte, *Dandelion Medicine: Remedies and Recipes to Detoxify, Nourish, and Stimulate* (Storey Publishing, LLC, 2016), 80.

um alimento bom e nutritivo, quando não amargo. O dente-de-leão tem sido usado há séculos como um tônico amargo para o fígado e um diurético. Gosto de tomar um chá feito com as folhas e as raízes da planta quando quero cuidar do fígado. Parei de beber álcool faz cinco anos, e a recuperação de meu fígado é uma de minhas grandes preocupações.

Essa erva estimula a produção de bile e auxilia a digestão. Na Inglaterra e em outras partes da Europa, o dente-de-leão era usado no tratamento de febres, furúnculos, problemas nos olhos, diarreia, retenção de líquido, congestão hepática, azia e problemas na pele. Na medicina popular britânica, seu látex branco servia para eliminar verrugas. Graças ao seu poder diurético, ganhou o nome popular de *"pissabeds"* ("molha-camas", em tradução livre). Acreditava-se que bastava uma criança tocar na planta para fazer xixi na cama. Na Escócia e na Irlanda, as folhas tratavam picadas, assim como as folhas de tanchagem e de língua-de-vaca, e eram consumidas em sanduíches de pão e manteiga. Acreditava-se que curavam úlceras. Também é interessante perceber que, na Irlanda, ele era considerado um remédio para o coração, uma crença popular característica daquele país.

Na América do Norte, bebia-se o vinho de dente-de-leão quente para curar resfriados. Na Pensilvânia, fazia-se um xarope para tosse com limão, açúcar e as flores da planta. Nos Apalaches, as folhas do morrião-branco e do dente-de-leão eram cozidas juntas. O líquido resultante era misturado com vinagre e bebido como um tônico. As raízes também podem ser tostadas no forno em temperatura baixa e preparadas como um substituto para o café. Assim como o galião, evite beber muito chá de dente-de-leão, se você tiver problemas na bexiga como a cistite.

Seu crescimento incontrolável e persistente tem algo de reconfortante e anárquico, que incomoda os moradores dos bairros elegantes e delicia quem assiste de longe às coisas desmoronarem; estes últimos riem amargamente enquanto os primeiros tentam destruir aquilo que poderia ajudá-los e curá-los. Esse é um aliado da bruxa, da raiz às flores.

Sabugueiro (*Sambucus spp.*)

O sabugueiro-preto (*Sambucus nigra*) e o sabugueiro-do-canadá (*S. canadensis*) são as duas espécies mais comuns usadas na magia e na medicina.

Habitat: o sabugueiro cresce em toda a América do Norte, do Canadá até a Flórida, e a Oeste até o Arizona e Texas. Pode ser encontrado nas bordas de campos e nas florestas. Eu geralmente os vejo à beira das estradas.

Identificação: a planta é mais um arbusto do que uma árvore. O sabugueiro-do-canadá tem caules ramificados cobertos por uma casca dura e cinza que contém uma medula grande e esponjosa. Os ramos e os pecíolos são muito lisos, com folhas macias opostas e dentadas que crescem em grupos de cinco a nove. As flores são pequenas, brancas e crescem em cimeiras espaçadas. Elas têm um sulco estreito que percorre a parte de cima do caule folhoso.

Partes usadas: flores e frutos.

Folclore e magia: poucas árvores acumulam tantos saberes em torno delas quanto o sabugueiro. Poderíamos escrever um livro inteiro só sobre ele. Existem crenças por toda a Europa de que um espírito o habita. Na Letônia, é o Priskaitis que mora debaixo dele. Na Dinamarca, é a Hyldemoer, ou mãe-anciã, que vive no arbusto, esperando para se vingar por todo mal infligido a ela[*]. O sabugueiro é uma planta do verão e floresce no início da estação, salpicando a beira das estradas com flores de um branco leitoso que parecem renda. Apenas fique de pé debaixo dele no solstício de verão para ver Toly, o rei dos elfos, e sua procissão. Um fato interessante é que, na Ilha de Man, pensava-se que ter um sabugueiro do lado de fora da casa afastava as bruxas. Ele é, em uma tacada só, alimento, remédio e veneno: as partes verdes são tóxicas, incluindo os frutos não maduros. Se alguém fosse cortar um sabugueiro, era preciso pedir permissão. Adaptei a rima usada para isso com base em um ditado alemão:

---

[*] Kvideland, Reimund, and Henning K. *Sehmsdorf, Scandinavian Folk Belief and Legend* (Estados Unidos: University of Minnesota Press, 1988).

*Sabugueiro sem fim, quero seu tronco para mim,
se árvore eu virar, madeira vou te dar*[†].

Considerado muito protetivo, o sabugueiro, assim como outras árvores, tinha seu ramo pendurado sobre as portas e janelas para proteger as casas na Inglaterra. Dizia-se que as fadas moravam nos sabugueiros, e estes também eram plantados perto das casas para os moradores obterem proteção. Se um ramo fosse cultivado sobre um túmulo e crescesse, simbolizava que a pessoa morta estava feliz[‡]. Apesar de protetiva, o folclore pregava que as pessoas deviam ter cuidado com essa árvore. Era proibido queimar a madeira do sabugueiro e, em alguns lugares, trazer suas flores para dentro de casa dava azar, pois acreditava-se que elas atraíam as cobras[§]. Na Suécia, sacrificava-se leite ao pé do sabugueiro "da casa", ou seja, da árvore plantada perto da residência, como uma oferenda aos espíritos que lá habitassem[¶].

Culinária e medicina: com os frutos do sabugueiro, dá para fazer hidromel, vinho e compotas. As frutinhas também podem ser adicionadas em tortas. As flores são ótimas para preparar licor ou chá. Junto com a hortelã-pimenta e o milefólio, as flores do sabugueiro dão um chá excelente para tratar rinite alérgica e gripe[**]. O chá quente das flores do sabugueiro tem sido usado por muitas tradições como um remédio popular contra o resfriado. Os *cherokees* usavam chá e infusões fortes com o fruto da planta para tratar reumatismo, e o chá das flores servia de diaforético[††]. Os frutos também são consumidos em forma de

---

[†] Bonser, Wilfrid, *The Medical Background of Anglo-Saxon England: A Study in History, Psychology, and Folklore* (Kiribati: Wellcome Historical Medical Library, 1963), 138.
[‡] Leland, Charles Godfrey, *Gypsy Sorcery and Fortune Telling: Illustrated by Numerous Incantations, Specimens of Medical Magic, Anecdotes and Tales* (Reino Unido: T. Fisher Unwin, 1891), 29–30.
[§] Porter, Enid, "Some Folk Beliefs of the Fens", *Folklore 69* (1958).
[¶] Müller-Ebeling, *Witchcraft Medicine: Healing Arts, Shamanic Practices, and Forbidden Plants*, 46.
[**] Hoffman, David, *O guia completo das plantas medicinais* (São Paulo: Cultrix, 2016).
[††] Kavasch, E. Barrie, "Ethnobotany of Elderberry", in *The Herb Society of America's Essential Guide to Elderberry* (2013).

xarope medicinal contra a gripe. Existem muitas evidências históricas e científicas da eficácia do fruto do sabugueiro no tratamento da gripe e na melhora do sistema imunológico*.

Gosto de fazer um chá das flores para lidar com o resfriado e, ao primeiro sinal de gripe, tomo um xarope preparado com os frutos. O chá quente é um diaforético e provoca transpiração. Isso também torna as flores um ótimo remédio para a febre. O fruto do sabugueiro é mais útil no combate de uma doença que já se instalou do que no fortalecimento do sistema imunológico.

Atenção: quando crus, os frutos, as folhas, os galhos, os ramos, as sementes e as raízes contêm glicosídeos que induzem a produção de cianureto, que pode ser tóxico em doses altas. Não coma frutos crus nem os use para fins médicos. A fervura ou o cozimento destroem esses compostos.

Vara-de-ouro (*Solidago spp.*)

Existem várias espécies de vara-de-ouro e todas são úteis! Uma das mais comuns é o tango, *S. canadensis*, mas existem de cem a 120 espécies.

Habitat: a vara-de-ouro consegue crescer em praticamente todos os lugares, razão pela qual ela é considerada invasora em algumas localidades, embora muitas espécies sejam nativas. A planta cresce em quase todos os estados dos EUA e em muitas partes do Canadá, em campos, beiras de estrada e lugares inóspitos, já que consegue tolerar uma grande variedade de tipos de solo e climas.

Identificação: as folhas lanceoladas têm de cinco a doze centímetros de comprimento, além de pelinhos finos. Eu as esfrego entre os dedos e consigo sentir uma textura parecida com a de uma lixa. Elas também apresentam dentes pouco profundos ao longo das margens, que são as bordas da folha. Crescem altas e eretas e em geral se curvam ao peso das muitas florezinhas amarelas que carregam. Para mim, as folhas esmagadas têm um cheiro parecido com o de cenoura.

---

* Bergner, Paul, "Sambucus: Elderberry", in *Medical Herbalism: Materia Medica and Pharmacy* (2001).

Partes usadas: extremidades floridas e folhas.

Folclore e magia: em New Hampshire, acreditava-se que carregar uma das galhas foliares nos bolsos ajudava a prevenir o reumatismo. Chamados de reumato-botões, eles só eram eficientes enquanto as larvas em seu interior ainda estivessem vivas. Uma vez que morressem, você deveria pegar outra galhas (parece meio cruel carregar larvas por aí só para vê-las morrer, mas não acredito que a população rural do século XIX estivesse preocupada com a dor e o sofrimento de insetos). Suponho que as galhas fossem consideradas eficientes contra o reumatismo, porque lembram as juntas inchadas provocadas pela artrite. Houve um tempo em que existia a crença de que, se a vara-de-ouro crescesse espontaneamente perto da porta da frente, a sorte logo chegaria para você. Ela também era uma planta valorizada pelos colonos norte-americanos e pelas pessoas que tingiam tecidos em casa nos séculos XVIII e XIX. O nome em latim para a vara-de-ouro é *Solidago*, que quer dizer "tornar sólido", "consolidar"" Acredita-se que essa seja uma referência aos seus poderes de cura. Por esse motivo, a erva também é conhecida como uma vulnerária, espécie de aplicação terapêutica no tratamento de feridas e úlceras.

Quando a vara-de-ouro é abundante, diz-se que isso é um sinal de que existe uma nascente escondida (ou um tesouro). Ela também é considerada um indicativo de prosperidade. Nas crenças populares inglesas, a planta aponta o caminho para onde há ouro ou prata enterrados. As pessoas também já usaram a erva para encontrar água, acreditando que houvesse uma nascente próxima de onde ela crescia[†]. Nos EUA, a sabedoria dos fazendeiros diz que, quando você vir as primeiras flores dela, deve esperar uma geada em seis semanas. Essas flores são símbolo de riqueza e sorte. Alguns consideram que, se uma vara-de-ouro começa a crescer perto de sua casa, sua família terá uma onda inesperada de sorte!

[†] Thiselton-Dyer, *The Folk-lore of Plants*, 270.

Use uma ramo da planta nas roupas e você conhecerá seu amor no dia seguinte[*]. Assim como acontece com as flores do sabugueiro, existe uma crença de que dá azar trazer essa erva para dentro de casa.

Culinária e medicina: a vara-de-ouro é comestível, medicinal e, claro, mágica. Apesar de suas muitas utilidades, ela é acusada de ser alérgena, quando sua amiga ambrosia (*Ambrosia spp.*) é a verdadeira culpada. O pólen da vara-de-ouro é muito pesado e grudento para ser transportado pelo ar e afetar os humanos alérgicos. É esse aspecto grudento que faz dos insetos o principal meio de transporte desse pólen pesado. Isso não quer dizer que ninguém tenha alergia à planta, seja no uso tópico ou quando ingerida, visto que qualquer erva pode provocar uma reação alérgica. Mas dizer que a vara-de-ouro é responsável pelos olhos lacrimejantes e narizes escorrendo não é o caso!

O chá das suas folhas e flores é utilizado para diversos fins medicinais pelos povos indígenas das Américas, com ênfase no tratamento dos rins e da bexiga, graças à cor amarela das flores. A erva é ideal para lidar com ferimentos antigos e lenta na cura das dores. Segundo o botânico e médico Hieronymus Bock, as antigas tribos germânicas consideravam essa planta, que chamavam de vulnerária, uma das mais valiosas para tratar feridas. O nome em latim *Solidago* significa "tornar sólido", provavelmente em referência às suas propriedades curativas. Outros dizem que ele vem da frase *in solidum ago vulnera*, "Eu consolido as feridas". Na Escócia, era usada principalmente para ossos quebrados. Na medicina popular afro-americana, costumavam preparar um chá feito com suas folhas e flores para tratar febres e calafrios.

Eu gosto de preparar vinagre de vara-de-ouro por alguns motivos. É uma ótima maneira de utilizar os compostos nutricionais da planta, como seu alto teor de vitamina A, sem fazer grandes aplicações de álcool ou calor. Também gosto de combinar os poderes da erva com os do vinagre de maçã, para lidar com infecções no trato urinário. Tomo

---

[*] Daniels, *Encyclopædia of Superstitions, Folklore, and the Occult Sciences of the World:* vol. 2, 802.

duas colheres de sopa desse vinagre misturado em um litro de água, ao primeiro sinal de uma infecção do trato urinário (ITU). Preparo da seguinte forma:

Pico uma cabeça grande de flores de vara-de-ouro, colhida perto do Lammas, época do seu florescimento, e encho com ela um pote de conserva com capacidade para mais ou menos um litro. Preencho o pote com um bom vinagre de maçã orgânico e depois cubro com uma tampa plástica. Tampas de metal e vinagre não se misturam: o vinagre corrói a tampa inteira! Deixo descansar por cerca de quatro semanas longe da luz do sol e depois coo. Gosto de usar esse vinagre amarelo em saladas e marinadas para o banquete do Lammas, ou tomo duas colheres de sopa dele adicionadas em um copo d'água, para curar infecções do trato urinário. Bebo até três copos dessa mistura por dia quando estou com infecção, e esse remédio faz um ótimo trabalho! Gosto de beber muita água entre os copos de água com vinagre para eliminar tudo. As folhas e as flores também são comestíveis. Eu amo fazer pão de milho com essa planta, substituindo um quarto de xícara de farinha de minha receita favorita por flores bem picadas. Misture bem e asse normalmente. Isso produzirá uma iguaria da temporada de colheita que é quase bonita demais para se comer. A vara-de-ouro sempre me deixa feliz, pois marca um giro da Roda: quando ela floresce, sei que o outono está se aproximando.

Artemísia (*Artemisia vulgaris*)

Habitat: a artemísia é nativa do clima temperado da Europa, da Ásia, do Norte da África e do Alasca, mas já foi naturalizada no mundo todo, sendo considerada invasora no Leste dos EUA.

Identificação: ela é caracterizada pela estatura alta, apesar de ser um arbusto. Seu caule é angulado, às vezes apresentando uma tonalidade roxa, e suas folhas são lisas, verde-escuras, com bordas serreadas de modo um tanto irregular, com uma penugem prateada na parte de baixo. Quando se quebra, a planta libera um forte aroma.

Partes usadas: tudo que esteja acima do solo.

Folclore e magia: a artemísia é conhecida por muitos nomes: artemísia, artemísia-verdadeira, artemija, abrótano, abrótega, abrótono, isopo-santo, losna-brava, alfacinha-do-rio, aurônia, erva-da-santonina, flor-de-diana e santonina. Ela é usada pelos humanos desde a Idade do Ferro, para fins alimentícios, médicos e mágicos. A artemísia já foi chamada de *mater herbarum*, na Europa da Idade Moderna, ou "Mãe de todas as ervas", tanto no herbário salernitano quanto pelo famoso herborista Culpeper. Alguns dizem que a planta ganhou seu nome em inglês (*mugwort*) porque era usada para dar sabor às bebidas, já que *mug* em inglês significa caneca. Outros contam que sua origem está no fato de que ela agia como repelente para mariposas, *moughte* em inglês arcaico, já que era polvilhada sobre as roupas e usada como inseticida. A artemísia é uma das ervas mais importantes nas práticas pagãs germânicas, pois serve de incenso ritualístico — bastões de artemísia fresca são acesos e utilizado para defumar pessoas enfermas, com o objetivo de dissipar os espíritos que provocaram a doença. Planta sagrada para o início do verão, ela também é uma erva associada a São João.

No Samhain (ou Halloween), as mulheres germânicas saíam "voando" após defumarem a artemísia ou a esfregarem no corpo. Reza a lenda que elas matavam um ganso para honrar a Mãe Hulda e misturavam a gordura do pato com "ervas voadoras" para experimentar uma viagem astral e noturna[*]. Nas práticas mágicas modernas, a artemísia é associada aos sonhos e à lua. Devido a essa relação com o mundo dos sonhos e os estados "entre" planos, ela é utilizada na limpeza de ferramentas de divinação, principalmente bolas de cristal e outros instrumentos de visualização. Dizem que encher um travesseiro com a erva e dormir com ele à noite faz com que a pessoa se lembre dos sonhos quando acordar. A planta não é adotada só na medicina popular e na magia europeia, mas também na medicina chinesa, prática na qual é conhecida como "moxa".

---

[*] Müller-Ebeling, *Witchcraft Medicine: Healing Arts, Shamanic Practices, and Forbidden Plants*, 10.

A moxabustão consiste em queimar artemísia processada de um jeito específico perto da pele, junto com a técnica de acupuntura. Ela ajuda no tratamento de uma variedade de doenças[†].

A artemísia é a erva de defumação que eu mais gosto de coletar. O seu uso é tradicional na Europa e, como dito anteriormente, a planta serve como um repelente de longa data contra o mal e as doenças. Ela é ótima para queimar, além de substituir a sálvia branca, que representa tanto um desafio de apropriação cultural das práticas indígenas quanto um dano às populações de plantas silvestres, já que existe uma colheita exagerada provocada pela demanda crescente. À medida que buscamos nos conectar com a terra, é bom nos certificarmos de que fazemos isso com o conhecimento e a compreensão de quem é afetado e como.

Culinária e medicina: a artemísia tem um longo histórico como erva para infusões e é usada na fermentação de cervejas desde o início da Idade do Ferro, ou a partir do ano 500 AEC. Restos da planta foram encontrados em Eberdingen-Hochdorf, na Alemanha, junto com cevada carbonizada e sementes de meimendro e cenoura. Ela pode ter adicionado um efeito mais psicodélico e intoxicante aos fermentados. A artemísia também era acrescentada à cerveja na Idade Média, provavelmente na forma de sementes. A *Gruitbier* era, por volta de 500 a 1.000 anos atrás, o estilo mais comum de cerveja produzida no mundo. *Gruit* é uma palavra em alemão arcaico para "ervas", que representavam o ingrediente usado pela maioria das cervejarias medievais para dar sabor às suas bebidas. Isso antes de o lúpulo se tornar o saborizador universal por volta do século xv[‡].

Gosto de fazer refrigerantes herbais com artemísia, para usá-los durante rituais de preparação ou em comemorações de nossa comunidade bruxa. O sabor amargo, parecido com o de perfume, fica maravilhoso se unido a um mel produzido na região, além de flores de dente-de-leão ou rosas. Há muito tempo, a artemísia é associada à lua e considerada uma

---

[†] Young, Merlin, *The Moon Over Matsushima — Insights Into Moxa and Mugwort* (Reino Unido: Godiva Books, 2012).

[‡] Nelson, Max, *The Barbarian's Beverage: A History of Beer in Ancient Europe* (Reino Unido: Taylor & Francis, 2005).

erva das mulheres. Hildegard von Bingen, Paracelso e Culpeper, assim como muitos outros herboristas do tempo da Renascença, falam dela quase que exclusivamente como um remédio feminino. Ainda hoje ela é considerada, entre outras coisas, um estimulante, emenagogo e espasmódico uterino. Na medicina popular, costumava-se macerar as folhas em água quente e usar como emplastro sobre a barriga de uma mãe em trabalho de parto. Ela também era consumida em forma de chá e utilizada como escalda pés para favorecer o parto*.

Essa planta prateada e macia tem uma bocado de substâncias, como sugerem as folhas de bordas denteadas. Ela contém tujona, um monoterpeno com aroma de mentol. Esse componente é na maioria das vezes apontado como o culpado, entre as demais substâncias da planta absinto, prima da artemísia, pela loucura provocada pelas antigas receitas da bebida de mesmo nome. No entanto, a artemísia é, de modo geral, considerada a mais suave das plantas do gênero *Artemisia* e contém quantidades pequenas de tujona, o que a torna segura para o consumo em pequenas doses, desde que não seja ingerida por períodos prolongados. Não é seguro consumi-la durante a gravidez, amamentação ou por longos períodos.

Verbasco (*Verbascum thapsus*)

Habitat: essa planta tem origem na Europa e Ásia, de onde foi trazida para os Estados Unidos. Hoje, ela é comumente encontrada desde as zonas 3 a 9 no mundo inteiro.

Identificação: o verbasco é uma planta bienal. No primeiro ano, ela cresce com folhas grandes, muito aveludadas e felpudas não serreadas. No segundo ano, desenvolve um caule alto, que às vezes ultrapassa um metro e meio de altura, e tem flores amarelas brilhantes, que praticamente fazem com que a planta pareça uma tocha à distância.

Partes usadas: folhas, raízes e flores.

---

* Hatfield, *Encyclopedia of Folk Medicine: Old World and New World Traditions*, 247.

Como fazer uma vela de folhas de verbasco para praticar necromancia

Pegue uma única folha de verbasco e, quando ela estiver seca, mas sem esfarelar, enrole-a gentilmente formando um tubo longo. Mergulhe-o em cera de abelha ou sebo e acenda-a. Eu finco as velas de pé na areia, dentro de uma tigela à prova de fogo, como meu caldeirão de ferro fundido. Elas produzem fumaça, mas sua luz e sua chama são lindas. Use-as em rituais de inverno ou trabalhos com os espíritos.

Como fazer um círio de bruxa

Reúna caules secos inteiros e cubra-os com sebo ou cera, seja mergulhando-os nela ou passando com um pincel. Deixe-as em pé do mesmo jeito mencionado acima, ou acenda-as fincadas no chão (longe de itens inflamáveis). Vigie-as cuidadosamente enquanto queimam. Quando a época estiver chegando, imagine seus rituais de colheita iluminados por grandes tochas. Eu acho que é um efeito e tanto.

Folclore e magia: o verbasco também é conhecido por algumas pessoas como círio de bruxa, vela-de-bruxa ou barbasco. Suas flores amarelas brilham com o poder do sol, e as folhas macias são um remédio excelente para muitos problemas de pele e condições musculoesqueléticas. É isso o que dá a ele seu alinhamento com Saturno. Queime a planta junto com a artemísia em sua fogueira do solstício de verão para pedir proteção. Na Irlanda, recolhia-se as cinzas de fogueiras feitas com determinadas ervas, ou queimadas em certos dias, para a confecção de amuletos. Pegue as cinzas do verbasco para usá-las em amuletos de cura e de proteção durante todo o ano.

Nos Apalaches, assim como na Europa, a erva era um ingrediente central na magia popular. De acordo com o costume, se você curvasse o caule de um verbasco em direção à casa da pessoa amada, saberia se ela sente o mesmo por você caso a planta voltasse a crescer reta em alguns dias. Se estiver ereta de novo, o seu amor verdadeiro corresponde ao seu sentimento. Se ela morrer... Bem, você já entendeu[*].

Na região dos montes Ozark, a tradição é um pouquinho diferente: se a erva se inclinar em direção à casa de alguém, essa pessoa é amada por quem cuida da planta. De acordo com os anglo-saxões, o verbasco também é uma planta de proteção poderosa. Na versão anglo-saxã de Apuleio, traduzida por Cockayne: "Aquele que mantiver consigo um ramo desta erva não será aterrorizado por qualquer espanto, tampouco será ferido por algum animal selvagem nem por qualquer mal que dele se aproximar"[†].

Na Alemanha, o *Himmelbrand* (fogo celestial), ou a *Konigskerze* (vela do rei), era usada durante os rituais da época da colheita. Na Idade Média, dizia-se que a própria Virgem Maria viajava pela terra nessa época do ano e abençoava todos os verbascos. É por isso que essa planta também é chamada de Vela de Nossa Senhora. Também surgiu um ditado a partir disso: "Em viagem de Nossa Senhora, é verbasco na mão a toda hora!". Chegou-se a afirmar até que ela tocava os doentes com uma

---

[*] Watts, *Dictionary of Plant Lore*, 260
[†] Cockayne, Thomas Oswald, *Leechdoms, Wortcunning, and Starcraft of Early England* (Reino Unido: Longman, Green, Longman, Roberts, and Green, 1864), 177.

varinha de verbasco e os curava. No excelente livro *Witchcraft Medicine*, encontramos instruções para a colheita do verbasco e de outras ervas, para usá-las nos ritos dessa época do ano.

As plantas para o festival de Lammas devem ser colhidas antes do nascer do sol por mulheres descalças e despidas, que sussurram os encantamentos silenciosamente, sem serem vistas nem terem em mente qualquer pensamento. Jamais corte a planta com uma faca de ferro ou desenterre-a com uma espátula de ferro, pois isso anularia o poder da erva. Segundo Frazer em *O Ramo de Ouro*, ela era passada pela fogueira do solstício de verão para criar um amuleto que protegesse o gado. O verbasco também era colocado nas batedeiras de manteiga na Irlanda se parecesse que a manteiga não ia se formar‡. Ele é tão útil que ganhou diversas associações astrológicas. Culpeper descrevia a erva como influenciada por Saturno, Agrippa dizia que ela era regida por Mercúrio, e Junius a outorgava a Júpiter; mas hoje muitos a delegam ao sol devido às suas lindas flores amarelas.

Culinária e medicina: alguns dizem que ela viajou com os puritanos para ser usada nos jardins do Novo Mundo. Essa fugitiva dos jardins se naturalizou rapidamente por toda a América do Norte e adentrou a medicina popular e os sistemas mágicos dos povos por todo o território. Foi a versatilidade do verbasco na medicina que o tornou tão popular. Essa planta servia para muitas coisas, mas era sobretudo empregada de forma extensiva para tratar doenças respiratórias e resfriados. As folhas eram utilizadas em defumação ou para fazer chá, em geral adoçado com mel. Essa prática pode ser observada em muitos lugares do mundo. Nos Estados Unidos, ela vai desde os Ozarks até os Apalaches, estendendo-se também para o Canadá.§ Embora tivesse sido considerada uma medicação leve, servia para condições respiratórias mais sérias, como a tuberculose (ou tísica, como era conhecida).

---

‡ Lehner, Ernst, and Johanna Lehner, *Folklore and Symbolism of Flowers*, Plants and Trees (Literary Tudor Publishing, 2011).
§ Mitich, Larry W., "Common Mullein: The Roadside Torch Parade", *Weed Technology 3*, no. 4 (1989): 704–705.

Nos Apalaches, o verbasco já foi uma das plantas populares mais usadas na medicina herbal. Ela era mascada, defumada ou transformada em chá para todos os tipos de males do pulmão, inclusive a tuberculose. A dado momento, foi incorporada às práticas médicas dos povos indígenas da área, assim como ao léxico da medicina popular afro-americana. Algumas vezes era misturada com açúcar mascavo e casca de cerejeira-negra, ou tabaco de coelho e marroio, para tratar a tosse. Um chá de verbasco com sal servia para enxaguar partes do corpo que estivessem inchadas, e as próprias folhas eram aplicadas sobre os membros para reduzir o inchaço em torno de machucados. O verbasco também tratava a coqueluche e a malária. Parece que não havia mal que o verbasco não pudesse amenizar*.

Eu usava as raízes da planta para curar infecções teimosas na bexiga e dava muito certo. Uma decocção das raízes servia para esse fim nos Apalaches, e eu nunca tinha ouvido falar disso antes. Após pesquisar um pouco, decidi experimentar e fiquei muito satisfeita com o resultado. Eu picava cerca de um quarto de xícara das raízes, deixava em infusão por quinze minutos em um pote de conserva e bebia o chá ao longo do dia. Na manhã seguinte, a urgência de urinar, a dor e a sensação de desconforto tinham ido embora. Repeti a receita por mais um dia para garantir que tinha mesmo curado a infecção. Esse é um dos motivos pelos quais eu amo a medicina popular. Naquela semana, tinha perdido meu seguro-saúde e ainda assim pude me cuidar, buscando a sabedoria dos povos que viveram aqui antes de mim. Eu colhi o verbasco da terra e o usei fresco. Abençoada seja esta terra. Abençoadas sejam estas ervas.

---

* White, Newman Ivey, and Frank Clyde Brown, *The Frank C. Brown Collection of North Carolina Folklore; the Folklore of North Carolina* (Durham, Carolina do Norte: Duke University Press, 1952).

Tanchagem (*Plantago major, P. lanceolata, P. rugelii*)

Habitat: a tanchagem prefere terras improdutivas: solo pobre e compactado, beiras de estrada e lugares onde o tráfego de pessoas seja pesado e a perturbação do solo seja recente. Hoje, elas existem no mundo inteiro.

Identificação: a tanchagem maior (*P. major*) tem folhas largas, ovais, com nervuras paralelas que crescem em roseta basal. Elas produzem um incrível escapo fino e longo, com uma cabeça de sementes cheinha delas no topo. Os caules grossos, quando se quebram, mostram fiapos parecidos com os do aipo. A tanchagem semente-preta (*P. rugelii*) parece uma versão mais alta da tanchagem maior, mas com caules roxos na parte em que eles se encontram com as folhas. A língua-de-ovelha (*P. lanceolata*), ou tanchagem de folha estreita, também tem nervuras paralelas, mas muito mais estreitas, e as folhas terminam em uma ponta.

Partes usadas: folhas e sementes.

Folclore e magia: a tanchagem é uma planta icônica. As pessoas podem se confundir, já que ela divide nome com uma prima das bananas ("*plantain*", em inglês, é o nome dado à tanchagem, mas também à banana-da-terra). Ainda assim, veja só: ela é uma erva humilde, que cresce baixinha. As espécies *Plantago* têm sido usadas no mundo todo para curar feridas, queimaduras e úlceras, além de estancar sangramentos, absorver infecções e, no geral, tratar todo tipo de coisa desagradável que possa acometer o corpo. Os noruegueses e os suecos chamam essa erva de *groblad*, que pode ser traduzido como "folhas que curam". A aplicação das folhas frescas esmagadas, ou de seu suco direto nas feridas, é mencionada como uma cura efetiva na etnobotânica de muitos países e culturas, da Rússia à Índia.

Graças ao seu longo histórico de uso no mundo todo, bem como às informações reunidas por muitos estudos feitos com essas plantas, hoje sabemos que as folhas esmagadas têm benefícios estípticos, antioxidantes, antimicrobianos, antifúngicos, antibacterianos, analgésicos, anti-inflamatórios, antivirais e imunomoduladores, para mencionar só alguns deles. Graças ao registro de seu pólen, podemos perceber que a tanchagem maior (*P. major*) se consolidou em terras nórdicas por volta de 4.000 anos atrás e se espalhou quase para o mundo inteiro a partir da Europa.

Romeu e Julieta (Ato 1, Cena 2):

Benvólio: Arranja uma nova infecção nos olhos que o veneno da antiga morrerá.
Romeu: Tua folha de tanchagem é excelente para isso.
Benvólio: Para quê?
Romeu: Para pele rachada[*].

Os tempos de Shakespeare parecem muito distantes agora, mas as plantas do gênero *Plantago* já são usadas como remédio há muito, muito tempo pelos povos do mundo todo. O gênero *Plantago* tem 275 espécies espalhadas pelo mundo. Como veremos, elas já foram utilizadas para tudo.

A tanchagem é empregada em uma variedade de práticas mágicas, principalmente naquelas associadas ao solstício de verão. No folclore francês, diz-se que ela desorienta os sentidos. Se você colher nove flores ou uma folha da planta e colocá-las debaixo do travesseiro, sonhará com seu futuro cônjuge na véspera do festival. Do ponto de vista mágico, os escapos eram usados em previsões do amor. Na Europa Ocidental, as pessoas arrancavam as flores dos caules, e se no dia seguinte algumas ainda estivessem frescas, isso significava que havia boas chances de a pessoa se casar. Assim como no caso do verbasco, o caule era curvado ou quebrado e, caso crescesse de novo ou voltasse a ficar reto, simbolizava que a pessoa amada correspondia ao seu amor. Quando as crianças em Cheshire, na Inglaterra, veem o caule de tanchagem pela primeira vez, elas dizem essa rima para dar sorte: "Moço sujo de limpar chaminé, vá até o rio e lave o pé, lave bem ou nada feito, moço da chaminé, você lavou direito?"[†].

Onde quer que os europeus fossem, a planta os seguia (como um tipo de marcador da colonização europeia). Esse é um dos motivos pelos quais alguns povos indígenas da América do Norte a chamam de "pegada de homem branco" ou, mais especificamente, "pegada de inglês"[‡]. Às vezes fico pensando nisso enquanto olho a *P. major*, mas não posso culpar a

---

[*] Shakespeare, William, *Romeu e Julieta*, Ato 1, Cena 2 (2016).
[†] Thiselton-Dyer, *The Folk-lore of Plants*, 111.
[‡] Leyel, *Herbal Delights*.

erva pelas coisas terríveis que meus ancestrais fizeram. É um preço alto para que uma planta esteja bastante disponível e fácil de colher, além de ser um remédio e um alimento incrível. Eu quero que as coisas sejam certas ou erradas, boas ou más. É mais simples desse jeito, mas as coisas nunca são assim. Elas são quase sempre complexas e cheias de nuances.

Culinária e medicina: a tanchagem é mencionada em todo o mundo em documentos médicos da Grécia à Espanha islâmica medieval. Suas folhas eram esmagadas ou misturadas com mel para tratar as feridas. Acreditava-se que ela podia curar qualquer órgão do corpo humano, se fosse cozida em manteiga e consumida. Não tenho argumentos contra usar manteiga para melhorar o gosto de tudo. Essa é uma das ervas mencionadas no Feitiço das Nove Ervas, do século x. Ela era colhida na Inglaterra anglo-saxã e usada para tratar infecções e envenenamento. Nos Estados Unidos, a tanchagem era conhecida como "*weybroed*" ou "*waybread*", em referência às suas folhas largas ("*broad*", em inglês) e ao fato de que a planta crescia na beira de estradas ("*waysides*"). Em seu *Complete Herbal* (1649), Culpeper dizia que a tanchagem é regida pelo planeta Vênus.

Mais pessoas inseridas no mundo das ervas estão finalmente falando da falta de visibilidade dos remédios indígenas compartilhados com os colonos, em especial às contribuições dos povos africanos e caribenhos ao conhecimento e à aplicação das plantas na fitoterapia em geral. Vejo isso acontecer sobretudo no Sul do país. Quando as pessoas não conseguiam usar as plantas nativas dos lugares de onde vieram, mesmo ainda tendo acesso a algumas, elas inovaram e adaptaram seus saberes de cura, utilizando o que havia à disposição. É sempre importante perceber que a medicina popular não é uma prática estática, mas algo que evolui e muda de forma constante.

Algumas vezes a tanchagem é chamada de raiz-de-cobra ou erva-de-cobra, visto que era adotada por povos de todas as raças nos Apalaches e no Extremo Sul para tratar picadas de cobra. Foi um africano escravizado chamado César quem descobriu o uso e a melhor forma de fazer o remédio. Ele era tão eficiente, que César recebeu uma recompensa pela descoberta: foi libertado pela Assembleia Geral da Carolina do Sul em 1750 e decidiram dar a ele 100 libras por ano até o fim de sua vida. Essa é uma história quase desconhecida. Aqui está a cura encontrada por César:

Pegue 85 gramas de raízes frescas ou desidratadas da tanchagem e do marroio, ferva tudo em dois litros de água até reduzir para um litro e coe a decocção. Deixe o paciente tomar um terço três manhãs seguidas em jejum; se ele estiver melhor, deve continuar até se recuperar por completo; caso não sinta nenhuma alteração depois da primeira dose, é um sinal de que o paciente não foi envenenado, ou que o veneno é tão forte que o antídoto de César não fará efeito (nesse caso, descarte a decocção)*.

A tanchagem é obviamente um remédio a ser celebrado, assim como um alimento digno de comemoração! Rica nas vitaminas C e K1 e em carotenoides, essa planta tem folhas, escapos e sementes comestíveis. No início da primavera, acrescente algumas folhas jovens a saladas ou salteados e aproveite. Minha receita favorita para as folhas mais velhas e duras é fritá-las um pouco em óleo de coco ou banha de porco para fazer chips de tanchagem. Fica parecido com chips de couve, mas com uma textura um pouquinho diferente. Crocantes e incríveis. O interessante é que as folhas têm baixo teor de ácido oxálico, que pode ser indigesto para pessoas com pedras nos rins ou alguma condição autoimune.

Pinheiro (*Pinus spp.*)

Lembre-se de que algumas árvores têm "pinheiro" no nome, mas não fazem parte do gênero *Pinus*. O pinheiro-de-norfolk (*Araucaria heterophylla*) e o pinheiro-budista (*Podocarpus macrophyllus*) são alguns exemplos de espécies tóxicas. Esse é um ótimo lembrete: sempre tenha absoluta certeza de qual planta se trata antes de colhê-la para o consumo.

Habitat: os pinheiros crescem em todos os lugares do mundo! Existem mais de 125 espécies, que se desenvolvem em ambientes úmidos, secos, litorâneos e rochosos!

---

* Moss, *Southern Folk Medicine*, 1750-1820, 12.

Identificação: a maioria das árvores conhecidas como pinheiro, espruce ou abeto são em alguma medida comestíveis e medicinais. No entanto, há relatos de que a ponderosa (*Pinus ponderosa*), o pinheiro-de-monterey (*Pinus radiata*) e o pinheiro lodgepole (*Pinus contorta v. latifolia*) são tóxicas para animais de fazenda. Sempre tenha 100% de certeza sobre qual espécie de pinheiro você está coletando e as evite durante a gravidez e a amamentação.

Os pinheiros (*Pinus spp.*) têm agulhas que são agrupadas no chamado fascículo, contendo de uma a sete agulhas. A maioria das espécies apresentam de duas a cinco agulhas agrupadas juntas. As agulhas e os galhos crescem em padrão espiral.

Os abetos (*Abies spp.*) têm agulhas curtas que se prendem aos galhos por uma estrutura que parece uma ventosa. As agulhas são macias e geralmente contam com duas linhas brancas na parte de baixo. Às vezes, as agulhas do abeto apontam para acima, como suas pinhas. Eu penso em "abeto animado" e "espruce chateado" para me ajudar a lembrar de quem é quem! Afinal, as pinhas do espruce apontam para baixo.

Os espruces (*Picea spp.*) têm agulhas que crescem nas quatro direções e deixam uma pequena pontinha após serem removidas. Muitas espécies apresentam agulhas rígidas e pontudas que se desenvolvem em volta de todo o galho. Elas espetam e são muito afiadas!

Partes usadas: resina, agulhas e pinhas.

Folclore e magia: os pinheiros de todas as espécies são uma das fontes mais abundantes de magia e remédios que se pode encontrar. Em algumas tradições, diz-se que eles contêm espíritos aprisionados que gemem conforme as árvores balançam ao vento. As pinhas de pinheiro eram usadas na Roma Antiga no culto a Vênus. No Japão, ele é conhecido por afastar os demônios. Nos Apalaches, colocam-se galhos do topo da planta debaixo da cama de pessoas doentes. O simples fato de estar no quarto com eles já ajudava na cura.

No solstício de inverno, a família do pinheiro é conhecida como a emblemática árvore de Natal ou, em nosso caso, a árvore do solstício. É difícil dizer onde exatamente essa prática surgiu, mas poderia ser de uma fusão entre crenças pagãs e cristãs: o antigo costume romano de decorar as casas com guirlandas e árvores durante as Calendas de Janeiro e a crença cristã de que as macieiras e outras árvores floresciam e davam frutos na véspera do Natal. Essa crença cristã vem da lenda de José da Arimateia. Quando o santo se estabeleceu em Glastonbury, na Inglaterra, ele plantou o próprio cajado, e dele cresciam folhas e flores toda véspera de Natal.

Graças a Libânio, Tertuliano e Crisóstomo, sabemos que os romanos usavam plantas perenes na decoração. Tertuliano nos informa de seu desgosto por essa prática pagã quando escreve o seguinte:

"Deixe-os", ele diz dos pagãos, "acender lamparinas, esses que não têm luz. Deixe-os afixar na soleira das portas guirlandas que deverão ser queimadas depois, esses a quem o fogo está perto da mão, pois que eles são o testemunho da escuridão e o augúrio da punição. Mas vós", aqui ele se refere aos cristãos, "sois para o mundo uma luz e uma árvore perene. Se tivestes renunciado aos templos, não façais da porta de vossa casa um templo"[*].

Também dizem que os druidas decoravam suas cabanas com plantas perenes durante o inverno, como uma casa para os espíritos da floresta. No entanto, em geral se dá o crédito à Alemanha por ter popularizado a árvore de Natal que conhecemos hoje. São especialmente os luteranos que recebem o crédito por decorarem e guardarem as árvores como fazemos hoje. Elas eram a mais alta moda no século XIX, muito popular na América do Norte, na Áustria, na Suíça, na Polônia e nos Países Baixos[†].

Nos Apalaches, dizem que os pinheiros ajudam as mentes doentes. Essa característica de melhorar os ânimos é um motivo a mais para trazer algumas verdinhas para dentro de casa. Outros atributos mágicos foram associados a essa planta. Na Boêmia, acreditava-se que comer as nozes dessa árvore tornava as pessoas à prova de flechas. Na Alemanha, contam que o pinheiro é capaz de gestar crianças, pois um espírito pode

---

[*] Miles, Clement A., *Christmas in Ritual and Tradition* (Reino Unido: Terrace, 1912).
[†] Grieve, Margaret, and Maud Grieve, *A Modern Herbal*, vol. 1 (Estados Unidos: Dover Publications, 1971).

escapar de outro mundo por cada buraco e, às vezes, até se transformar em algo parecido com uma mulher humana. Na mitologia cristã, Maria descansou debaixo de um pinheiro em sua fuga e encontrou refúgio na doce fragrância de seu bálsamo. Se você achar um grampo de cabelo e pendurá-lo em um pinheiro, receberá uma carta da próxima vez que o correio chegar. A planta também é útil para espantar espíritos inquietos[‡]. Se houver algum vizinho invejoso por perto, você pode passar algumas agulhas de pinheiro macias no rosto de uma criança para remover o mau-olhado[§].

Devido à sua natureza purificadora, tanto espiritual quanto física, eu amo usar a resina de pinheiros ou espruces que foram cortados ou derrubados por uma tempestade para fabricar meu próprio incenso, produzido localmente e sem apropriação indevida. Mas esteja avisada de que o processo faz uma bagunça! Gosto de levar um potinho de conserva comigo e uma faca simples untada com um pouquinho de azeite de oliva (passe nas mãos e na faca primeiro para não fazer uma sujeira). Use a faca para raspar a resina pingando da árvore machucada. Certifique-se de não provocar mais danos a ela com sua coleta e só pegue o que já estiver para fora da casca. Não realize outros cortes fundos nem a faça sangrar mais. Em geral, eu também encontro pedaços de resina no chão ou escorrendo pela lateral da árvore. Eles são ótimos para colher, já que não estão cobrindo diretamente a ferida, como acontece com as casquinhas. Deixe-os secar e envelhecer por alguns meses antes de queimá-los sobre um pedaço de carvão, assim como faria com resinas como o breu ou o olíbano.

Culinária e medicina: todas essas árvores podem ser usadas para fazer chá, mas algumas são mais saborosas que outras. Eu utilizo muito o pinheiro branco, pois ele é abundante, fácil de identificar e delicioso. O pinheiro serve como remédio para uma porção de ferimentos, porém é mais conhecido por seu alto teor de vitamina C. Muitas tribos dos povos originários colhiam nozes de pinheiro, usavam as agulhas do pinheiro,

---

[‡] White, *The Frank C. Brown Collection of North Carolina Folklore; the Folklore of North Carolina.*
[§] Elworthy, Frederick Thomas, *The Evil Eye* (Reino Unido: J. Murray, 1895), 98.

do abeto e do espruce para fazer chás, e mascavam a resina e a seiva dessas árvores. Os colonos também aplicavam o conhecimento desses povos para evitar o escorbuto (uma condição mortal devido à carência de vitamina C). Diversas coníferas contêm as vitaminas A e B, o ferro e uma grande variedade de minerais, antioxidantes e flavonoides, além de substâncias anti-inflamatórias e propriedades que protegem o coração e reduzem os triglicerídeos. As agulhas de coníferas também são uma excelente fonte de polifenóis que estimulam o sistema imunológico e têm propriedades antiestresse, adaptogênicas e antivirais, tornando-as uma ótima opção para tratar a gripe e os resfriados.

Faça um chá de pinheiro associado ao sol: procure perto de casa algumas coníferas que não tenham sido borrifadas com produtos químicos e corte um punhado de agulhas. Pique-as bem, despeje em um pote de conserva limpo e preencha-o com água. Coloque o pote perto de uma janela ensolarada e deixe que o poder do sol faça a infusão dessa bebida rica em vitamina C. Essa água também pode ser usada em trabalhos solares de magia e como um purificador de ambientes, da mesma maneira que a água benta. Além de chá, você também pode preparar vinagres, sais, pomadas, perfumes, xaropes, açúcares e destilados de pinheiro.

Violeta (*Viola spp.*)

As violetas silvestres não são do mesmo gênero que as violetas-africanas (*Saintpaulias spp.*). A violeta-africana não é comestível, tampouco uma violeta.

Habitat: estão presentes em áreas exuberantes, arborizadas e sombreadas. A maioria das espécies se encontra no clima temperado do hemisfério norte. No entanto, também crescem em lugares que fogem a essa regra, como o Havaí, a Australásia e os Andes.

Identificação: a violeta é uma entre 525 a 600 espécies integrantes da família *Violaceae*, que são todas comestíveis. Minhas favoritas são a *Viola odorata* e a *Viola sororia*. Essa planta cresce perto do chão e nunca fica muito alta. Suas folhas são dispostas em roseta basal e têm o formato de um coração, com bordas denteadas, e flores viradas para baixo que não produzem sementes. Sempre me lembro das violetas porque os dentes apontam para baixo, em direção à ponta da folha: "a violeta vai direto ao ponto". Suas flores têm cinco pétalas, com quatro que lembram as hélices de um ventilador, duas para cada lado, e uma pétala larga, com lóbulo e apontando para baixo. Essa pétala pode ser um pouco ou muito mais curta que as demais. Em algumas espécies ela tem listrinhas[*].

Partes usadas: folhas e flores. As raízes são um purgante forte.

Folclore e magia: por mais estranho que pareça, por mais alegres que sejam as flores roxas, amarelas e brancas, elas são frequentemente associadas à morte nos antigos saberes sobre as plantas, assim como à constância e à inocência. Isso pode ser devido à prática na Roma Antiga de espalhar violetas no túmulo daqueles que se foram muito jovens. Essa associação à morte continuou com o uso das raízes para fazer incensos de perscrutação, no intuito de adentrar o mundo dos espíritos[†].

Hamlet mostra esse jogo entre esperança e perda quando Ofélia diz a Laerte que até as violetas morreram de tristeza: "Eu lhe daria algumas violetas, mas elas secaram todas com a morte de meu pai".

Essa planta nos lembra que, mesmo na morte, existe uma promessa de nascimento, e mesmo na destruição, uma promessa de crescimento. Apesar de sua relação com o luto, sonhar com violetas é considerado um presságio de sorte em muitos países. Quando as vejo em grandes tufos, como geralmente crescem, sinto a abundância de seu potencial médico, alimentício e mágico, como se olhos escondidos estivessem me vigiando de algum lugar escuro e sussurrando: "Temos tudo de que você precisa, tenha cuidado, por favor".

Sabemos pela famosa Madame Grieve que as violetas foram mencionadas até por Homero e Virgílio. Elas eram usadas pelos atenienses para "moderar a raiva", estimular o sono e "confortar e fortalecer o coração"[‡]. No herbal de Macer (século x), a violeta está entre as muitas ervas

---

[*] Ballard, Harvey E., Juliana de Paula-Souza, and Gregory A. Wahlert, "Violaceae", in *Flowering Plants, 11 Eudicots: Malpighiales*, ed. Klaus Kubitzki (Springer Science & Business Media, 2013), 303–322.
[†] Arrowsmith, *Essential Herbal Wisdom*, 525.
[‡] Grieve, *A Modern Herbal: The Complete Volume*, 834.

consideradas poderosas contra os "espíritos malignos" (espíritos malignos, conforme a ortografia do português medieval do século XIII). Na Alemanha rural, decorava-se a cama da noiva e os berços das meninas com violetas; isso era feito pelos celtas e pelos gregos também. Segundo Culpeper, essa planta é regida por Vênus e pode ser utilizada em todos os trabalhos mágicos para o amor e o coração, principalmente quando as paixões tiverem esfriado e um amor mais duradouro estiver crescendo.

Use o pó de folhas de violeta como amuleto contra o mal, seja a maldade proveniente dos mortos ou dos vivos. As raízes são um forte purgante e laxante graças ao seu alto teor de alcaloides. Portanto, não consuma essa parte pois, na maioria das espécies, ela leva à náusea e ao vômito. No entanto, essas raízes um tanto robustas podem ser usadas para magia de *alraun* (quando se esculpe uma forma humana representativa) ou fetiches para trabalhos do amor. A associação da violeta à morte, especialmente dos mais jovens, torna-a uma raiz apropriada para trabalhos necromantes ou tentativas de contato, quando se está lidando com espíritos de crianças falecidas.

Culinária e medicina: essa planta silvestre linda e comum tem folhas e flores comestíveis. Como são quase 400 espécies diferentes, é ótimo saber que todas são comestíveis. Euell Gibbons, famoso coletor que adota práticas tradicionais, identificou que cada cem gramas de folhas frescas contêm 210 miligramas de vitamina C, o que corresponde a uma quantidade quatro vezes e meia superior que a da laranja, além de 8.258 UI (unidades internacionais) de provitamina A. Análises mais recentes mostram que, se coletada na primavera, a violeta contém duas vezes mais vitamina C que o mesmo peso em laranjas e mais que o dobro de vitamina A, grama por grama, quando comparada com o espinafre*. Um estudo recente concluiu que o extrato aquoso de *Viola* (ou seja, uma tintura) inibia a proliferação de linfócitos ativados, assim como afetava negativamente outras funções imunes hiper-responsivas. Isso indica que a planta pode ser útil no

---

* Erichsen-Brown, Charlotte, *Medicinal and Other Uses of North American Plants; a Historical Survey with Special Reference to the Eastern Indian Tribes* (Nova York: Dover Publications, 1979), 330.

tratamento de doenças relacionadas a um sistema imunológico hiperativo[†]. As folhas da violeta contêm uma boa quantidade de mucilagem, uma fibra solúvel; portanto, ajudam a reduzir os níveis de colesterol. A fibra solúvel também ajuda a restaurar as populações saudáveis da flora intestinal, já que as bactérias boas se alimentam desse tipo de fibra.

As folhas têm alto teor de rutina, um glicosídeo do flavonoide quercetina. Em estudos com animais e *in vitro*, a rutina se mostrou uma substância antioxidante, anti-inflamatória e afinadora do sangue. Muitos alimentos com alto teor de rutina, a exemplo do trigo sarraceno (*Fagopyrum esculentum*), são consumidos tradicionalmente como remédios para hemorroidas e veias varicosas.

Na Idade Média, havia uma grande associação entre a violeta e o coração, como mostra o nome popular "acalma coração". As pequenas folhas em formato de coração eram vistas pela doutrina das assinaturas como uma fonte de alegria e calma para um coração inquieto. Mas ela não servia só para alegrar: essa planta suave também tratava externamente ferimentos graves na pele. Ao longo da história, pomadas feitas com as folhas eram aplicadas sobre feridas graves e furúnculos. Essa erva refrescante e úmida é perfeita para esses casos. Gosto de fazer uma xícara de chá das folhas e flores para acalmar a ansiedade que acelera o ritmo cardíaco. Uso uma colher de sopa de violeta picada em uma xícara com água fervida e deixo em infusão por dez minutos.

[†] Hellinger, R., et al., "Immunosuppressive activity of an aqueous Viola tricolor herbal extract", J. Ethnopharmacol (10 jan. 2014): 299-306.

Milefólio (*Achillea millifolium*)

Habitat: nativa da Europa e da Ásia, mas hoje sua distribuição é circumboreal, com 140 espécies. O milefólio prospera em solos pobres e é encontrado com frequência em meio à grama dos pastos e beira de estradas.

Identificação: é uma planta perene resistente e chega a noventa centímetros de altura quando floresce. Tem folhas alternadas, leves e muito aromáticas que dão a ela uma aparência semelhante à da samambaia. As flores são pequenas, brancas e nascem em grupos densos.

Partes usadas: folhas e flores.

Folclore e magia: o milefólio é há muito tempo uma ferramenta dos guerreiros e amantes. Essa planta é bastante especial na magia popular escocesa. O *Carmina Gadelica* — um compêndio de folclore, canções, feitiços e diversas outras práticas reunidas na Escócia no fim do século XIX — registrou alguns rituais realizados na colheita da erva. Um deles relata um encanto pronunciado por uma mulher enquanto colhe:

> Colherei o milefólio suave para que meus contornos sejam mais doces, meus lábios, mais quentes, minha voz, mais alegre. Que minha voz seja como um raio de sol, que meus lábios sejam como o suco do morango. Que eu seja uma ilha no mar, uma estrela na hora escura, que eu seja o apoio para o fraco. Que eu fira cada homem e que nenhum me magoe[*].

O milefólio tem um longo histórico de uso entre os gregos e romanos antigos, de quem recebeu seu nome em latim, *Achillea*, vindo das lendas de Aquiles. Na mitologia grega, Tétis banhou Aquiles em milefólio, que concedeu ao herói seu poder de proteção que tornava impenetrável a pele que o líquido tocasse — com exceção do calcanhar, que jamais foi submerso. Aquiles também utilizava o milefólio, uma ótima erva estíptica, uma erva de guerreiros, para cuidar dos soldados feridos. As fadas têm uma forte relação com essa planta. É discutível se ela as

---

[*] Carmichael, Alexander, *Carmina Gadelica* (Reino Unido: Scottish Acad. Press, 1900), 95.

repele ou atrai, então você pode escolher. Por ser uma erva aromática, é associada ao elemento ar. Ela também é útil nas práticas de divinação. Gosto de combiná-la com artemísia e camomila para fazer um chá e sonhar com o que está por vir.

Historicamente, ela era usada para ter uma visão de seu futuro amor ou saber se uma pessoa era amada de verdade. Nos Apalaches, inseriam a planta no orifício nasal para revelar se o verdadeiro amor de alguém sentia o mesmo pela pessoa: "Mil-folhas de verde cor, que meu nariz sangre agora se me ama o meu amor"[†].

Ela era usada em amuletos de amor, pois acreditava-se que tinha a capacidade de manter um casal junto por sete anos. Na Inglaterra, servia para proteção, assim como a artemísia, e para trazer sorte a quem a usasse nas vestes quando fosse cortejar alguém. Era espalhada na soleira das portas para impedir a entrada do mal e usada como proteção contra as bruxas. Também podia ficar amarrada ao berço das crianças para protegê-las contra aqueles que tentassem roubar suas almas. Os saxões utilizavam amuletos feitos dessa planta para protegê-los contra a cegueira, os ladrões e os cães. Os povos do Norte da Itália a usam como um talismã contra fantasmas[‡].

Culinária e medicina: o milefólio é amado principalmente por seu poder de curar as feridas, mas também adoro comer as folhinhas jovens em saladas na primavera ou cozidas em pequenas quantidades. Você pode mascar as folhas e aplicá-las sobre picadas, cortes ou queimaduras. A erva é estíptica, o que significa que ela ajuda a estancar sangramentos. Costumo usar folhas e flores secas para preparar um pó que guardo em vidrinhos de tempero limpos. Já estanquei sangramentos muitas vezes apenas aplicando esse pó sobre os cortes.

As flores e folhas da planta rendem um ótimo chá contra resfriados e congestão nasal. Elas também produzem uma excelente inalação herbal junto com alecrim e tomilho, agindo na limpeza dos seios nasais. O chá de milefólio é muito bom para problemas de circulação e atua como

---

[†] Britten, James, *Folk-Lore Record*, (1. Folklore Enterprises, Ltd., Taylor & Francis, 1878), 32, 156–157.
[‡] Arrowsmith, Essential Herbal Wisdom, 295.

tônico sanguíneo. Amo essa erva por suas propriedades secativas. Também preparo um banho com ela para tratar tecidos inflamados, principalmente na região vaginal, ou coceiras de pele provocadas pela psoríase. Ela é excelente para lidar com problemas menstruais, sobretudo os ciclos atrasados e sangramentos intensos. Uma das coisas mais incríveis sobre o milefólio é que, embora seja considerado calmante por muitos, ele também é um estimulante. O aroma pungente, quase mentolado, e o gosto amargo nos lembram da variedade de componentes mágicos que habitam essa linda planta. Eu tomo uma xícara do chá até três vezes por dia para tratar febres, resfriados e infecções.

REBECCA BEYER

Bruxaria
SILVESTRE

4

Remédios Caseiros,
Feitiços, Rituais e
a Roda do Ano

Agora você pode usar o que ensinei e colocar tudo em prática! Neste capítulo, apresentarei rituais, feitiços e remédios herbais para os sabás, ou feriados, da Roda do Ano, que é o calendário de feriados cíclicos seguido pela Bruxaria Tradicional moderna. Eles marcam acontecimentos astrológicos (como os solstícios e os equinócios) ou se baseiam em feriados agrícolas irlandeses da era pré-cristã, como Imbolc, Beltane, Lammas e Samhain. Espero que essas receitas inspirem você a investigar de maneira mais aprofundada os hábitos dos povos antigos e a aprender mais fitoterapia, alimentos silvestres e práticas pré-cristãs no local onde vive.

Antes de começarmos, quero que você se lembre de sempre prestar atenção às nossas regras de coleta: tenha 100% de certeza sobre a identificação de uma planta antes de consumi-la e respeite sempre a terra dos povos originários quando trabalhar com plantas da biorregião. Jamais se esqueça de que estamos aprendendo a todo momento (pelo menos eu estou) e de que não há problema em pedir ajuda. Também quero oferecer noções básicas sobre as práticas de preparação de remédios antes de nos aprofundarmos. Então, antes de mais nada, comecemos pelo chá.

Introdução ao Preparo de Remédios Populares

Chá

Além de comer a planta crua, fazer um chá foi provavelmente a primeira forma que os humanos usaram as plantas na medicina. Em essência, o chá é uma infusão de matéria vegetal em água quente. Na literatura herbal, ele também é chamado de infusão. É possível fazer a bebida com ervas frescas ou desidratadas, a depender da estação e do que você tiver em casa. É assim que eu preparo um chá de ervas básico:

Você precisará de:

- Um pote de conserva de sua escolha
- Água recém-fervida
- Coadores de diferentes tamanhos

Para escolher qual erva usar em seu chá ou infusão, é importante prestar atenção à parte da planta que você está utilizando. As partes delicadas, como folhas e flores, são ótimas para preparar um chá, já que podem ser infundidas em água quente em vez de fervidas. Ferver as ervas pode danificar os óleos voláteis e os componentes que queremos absorver. Partes mais duras e resistentes, como caules, raízes e sementes, são excelentes para o próximo método de fazer remédios: a decocção, ou a fervura de ervas para obter um extrato mais forte.

Meça as ervas que serão usadas em sua receita. A maioria delas tem uma receita ou proporção recomendada de erva a ser usada por volume de água. Ferva a água e despeje-a sobre as plantas. Deixe descansar pelo tempo recomendado e coe o líquido. Faça compostagem ou descarte as ervas e aproveite seu chá.

Decocção

As decocções são chás fervidos feitos com as partes mais duras da planta, como as raízes, os caules e as sementes. Cozinhar essas partes abaixo do ponto de fervura por um intervalo de dez a trinta minutos é ótimo para romper o material duro e lenhoso da planta e liberar seus componentes internos.

A raiz do dente-de-leão, o pau de canela e os galhos da cerejeira são candidatos excelentes para uma decocção. Ferva cerca de um litro de água, abaixe o fogo e acrescente a quantidade desejada (normalmente ela gira em torno de duas colheres de sopa até um quarto de xícara de matéria vegetal); cozinhe por dez a trinta minutos. Coe e deixe esfriar um pouco antes de servir.

Tintura

Tinturas são extratos herbais feitos com água e álcool. Existem duas formas mais adotadas de preparar tinturas: através do método popular e pelo método baseado na relação massa-volume. Cada um é mais apropriado para ocasiões diferentes, a depender de seu objetivo. Algumas plantas não são adequadas para fazer extrações alcoólicas devido aos seus componentes químicos predominantes. A raiz de alteia, por exemplo, funciona melhor quando infundida em água fria, porque as substâncias mais importantes dessa planta são solúveis em água, não em álcool. Os livros de introdução à produção de remédios apresentam muitas tabelas com informações sobre solubilidade. O álcool pode extrair fitoquímicos como alcaloides, açúcares, enzimas, óleos essenciais, minerais e vitaminas.

Se estiver usando ervas nutritivas que não têm uma ação intensa no corpo, como a calêndula, o morrião-branco ou o galião, o método popular é uma ótima opção. Mas o método baseado na relação massa-volume é a melhor escolha se estiver preparando a tintura a partir de uma erva de ação intensa, e que pode ser tóxica em certas doses, como o caruru--de-cacho (*Phytolacca americana*), ou se estiver lidando com uma erva

rara e custosa. Seguir receitas específicas do método de relação massa-
-volume é ótimo para determinar dosagens exatas e garantir que você
consiga tirar o melhor proveito de remédios preciosos.

O Método Popular

1. Lave e corte as ervas frescas ou esfarele-as em pedacinhos pequenos se estiverem desidratadas. Quanto menor forem os pedacinhos, maior será a área exposta ao álcool, permitindo que mais fitoquímicos sejam extraídos pela tintura. No caso de plantas secas, é melhor retirar as folhas e as flores do caule, já que este geralmente contém poucos óleos voláteis.

2. Coloque as ervas em um pote de conserva limpo e seco, de boca larga. Você vai ver por que a boca larga é essencial quando chegar a hora de limpar o pote! Cubra as ervas com álcool de alta graduação, como vodca ou álcool de cereais.

3. Vede o pote com uma tampa limpa e mantenha-o em um lugar seco e escuro por um período de quatro a seis semanas para permitir a infusão. Agite o pote de vez em quando para ajudar as ervas a liberarem por completo as substâncias no álcool. Certifique-se de que o nível de álcool não baixe. Se baixar, complete novamente até cobrir as ervas para não estragar a tintura.

4. Após o período de quatro a seis semanas, coe o líquido usando um coador ou um pedaço de tecido de algodão fino. Esprema o excesso de tintura, evitando o desperdício de seu remédio valioso.

5. Despeje o líquido em um frasco para tintura ou em um pote novo, pequeno e limpo. Não se esqueça de colocar uma etiqueta com a data, o nome da erva, o tipo de álcool usado e sua porcentagem. Guarde o frasco ao abrigo da luz solar direta em um local escuro e fresco. As tinturas duram até um ano quando preparadas e armazenadas corretamente.

6. Para tinturas feitas pelo método popular, uma dose para adultos fica entre trinta e sessenta gotas com um pouquinho de água, ingeridas três vezes ao dia, desde que seja uma erva leve com baixa toxicidade.

Método da relação massa-volume

Esse método é excelente por muitos motivos, sendo o mais importante deles o fato de você ter certeza da dosagem, o que é essencial quando usamos plantas medicinais fortes. Também fica mais fácil reproduzir uma receita específica. Apenas se lembre de que as ervas não são máquinas: a quantidade de componentes medicinais pode oscilar muito, então é esperado que alguma variação ocorra naturalmente. Ao fazer uma tintura, é útil conhecer alguns termos:

- Bagaço: parte sólida da tintura, ou seja, as plantas.
- Mênstruo: o líquido da tintura.

Você precisará de:

- Copos graduados e outros recipientes de medição
- Uma balança para ervas
- Potes de vidro
- Uma faca afiada ou um liquidificador

As tinturas feitas com base na relação massa-volume levam em conta duas informações: 1) a proporção entre a massa do bagaço e o volume de mênstruo; 2) a quantidade de álcool e água no mênstruo. Em forma escrita, elas são uma proporção e uma porcentagem. Por exemplo, quando usamos uma parte de bagaço para duas partes de mênstruo em uma mistura de 75% de álcool e 25% de água, lê-se "1:2 75%". Isso permite que outras pessoas leiam sua receita de modo fácil e rápido. As partes da proporção na maioria das vezes são medidas em gramas. Infelizmente, as unidades de medida para líquidos e sólidos são diferentes, e isso precisa ser levado em consideração no preparo de um remédio.

O álcool é um mênstruo útil por muitos motivos. Ele preserva as substâncias químicas presentes na planta e quebra a parede das células vegetais para liberar seu conteúdo. Mais importante ainda: existem diversos componentes nas ervas, como óleos voláteis e fixos, resinas e alcaloides, que não são muito solúveis em água, mas se dissolvem em álcool.

Para preparar uma tintura 1:2, use vinte gramas de bagaço medidos com uma balança para cada quarenta mililitros de mênstruo medidos em um copo medidor (é aqui que as diferentes unidades de medida precisam ser levadas em consideração). Se tiver mais de vinte gramas de bagaço, multiplique o peso da matéria vegetal pelo segundo número da proporção. Por exemplo:

- Com 140 g de erva para uma tintura 1:2, use 280 mL de mênstruo:
- $2 \times 140 = 280$.
- Com 140 g de erva para uma tintura 1:3, use 420 mL de mênstruo:
- $3 \times 140 = 420$.

No começo, pode ser confuso decidir qual proporção utilizar. Gosto de decidir com base na parte da planta que estou usando. Em geral, partes delicadas como as folhas e as flores são ótimas para uma proporção de 1:2 ou 1:3, enquanto proporções de 1:3 ou 1:4 são mais eficientes para raízes fibrosas e lenhosas, ou outras partes duras da planta[*].

---

[*] Carr, Julliette Abigail, "Making Weight-to-Volume Tinctures", Basic Recipes for Kitchen Witches, Old Ways Herbal, 18 nov. 2019. De diversas palestras e aulas com 7song, dono da Northeastern School of Botanic Medicine.

Pomadas

Qualquer pomada começa com a infusão da erva escolhida em um óleo; em seguida, acrescenta-se cera de abelha (ou cera de candelila, se preferir uma pomada vegana) para tornar a mistura sólida.

Aqui estão alguns óleos e gorduras comumente usados em pomadas; eles podem ser usados de forma isolada ou combinados entre si.

Você precisará de:

- Azeite de oliva extravirgem
- Óleo de jojoba
- Óleo de coco
- Manteiga de karité
- Sebo (de vaca ou de cervo)

Separe suas plantas desidratadas para a infusão. Aqueça as ervas picadas e o óleo escolhido em uma panela limpa, em fogo baixo ou médio, até que o aroma das plantas se espalhe pelo ambiente (ou por cerca de três horas). Se preferir um método mais passivo, você pode encher um pote com as ervas, cobri-las com o óleo de sua preferência e deixar infundir devagar perto do calor de um fogão à lenha por alguns dias. Quando o óleo ficar fragrante, separe a matéria vegetal com um coador.

Em banho-maria, acrescente um quarto de xícara de cera de abelha ou cera de soja por xícara de óleo infundido. Usar mais cera deixa a pomada mais dura, usar menos a deixa com uma consistência oleosa. Aqueça o conteúdo mexendo constantemente até que a cera derreta. Despeje tudo em um frasco ou em uma lata seca e limpa. Coloque uma etiqueta. Guarde a pomada em um local fresco, ao abrigo da luz solar.

A Roda do Ano: A Jornada da Bruxa pelas Estações

Contar histórias é um meio usado para transmitir conhecimento há séculos. Hoje não seria diferente, mesmo esse método de troca sendo menos popular. Na bruxaria moderna, chamamos a passagem das estações de Roda do Ano, pois as estações formam um ciclo que sempre se repete, como uma roda que gira. Esse ciclo abriga o conto metafórico da Deusa e do Deus conforme eles nascem, apaixonam-se um pelo outro, copulam, envelhecem e morrem, apenas para renascerem, como um reflexo do que ocorre no mundo natural. Começamos no solstício de inverno, conhecido como Yule, com o nascimento do Deus, conforme o sol retoma seus poderes crescentes.

Solstício de Inverno (Yule)

A luz retorna e a metade iluminada do ano começa. Esse dia é um feriado astrológico. Por isso, ele cai em dias diferentes, a depender do ano, podendo ocorrer em 20, 21 ou 22 de dezembro (ou de junho, para quem está no hemisfério sul). Na tradição da Roda do Ano, o Deus renasce em forma de Menino Sol. Yule vem da palavra *jol*, do idioma Nynorski, associado aos povos nórdicos antigos, à Islândia, às Ilhas Faroe e à Noruega*. Os saxões celebravam o solstício de inverno com um festival chamado Noite da Mãe, que acontecia em 24 de dezembro. O evento era dedicado às deusas Holda e Freya, marcando o Ano-Novo. Algumas bruxas comemoram o Samhain como o Ano-Novo, outras escolhem fazê-lo no solstício de inverno.

---

* Vladimir Orel, *A Handbook of Germanic Etymology* (Leiden: Brill Publishers, 2003), 205.

Os povos celtas também festejavam esse solstício. Em Newgrange, na Irlanda, existe uma tumba de passagem construída de modo que, no solstício de inverno, os raios do sol nascente penetram o santuário interior e iluminam três espirais gravadas em uma placa de pedra. Isso pode ter representado o sol fertilizando o corpo da Terra, despertando-a para um ciclo renovado de vida após seu sono de inverno. Também é possível que isso representasse o nascimento e o renascimento do Menino Sol no ventre da Grande Deusa Mãe.

Um fenômeno semelhante ocorre em Maeshowe, nas ilhas Órcades, e em outros círculos de pedra espalhados pelas ilhas britânicas. Talvez esses lugares fossem vistos como portões para o outro mundo, onde os vivos podiam contatar os mortos ou atravessar a passagem entre os mundos. Essa noite gira em torno dos mortos (assim como o Samhain). Acreditava-se que deixar uma lâmina de ferro ao lado da porta mantinha os trolls e outras criaturas assustadoras afastadas na noite mais escura da Escandinávia.

Da perspectiva esotérica, a época de Yule e dos Doze Dias é conhecida como o "entretempo" ou o "tempo entre tempo". O sol parece ficar parado no céu, o ano velho está morrendo e o novo aguarda para nascer. É uma época estranha e mágica, vista até hoje nas histórias sobre a magia e os milagres de Natal contadas pela sociedade secular. Essas são lembranças que sobrevivem no subconsciente moderno sobre esse entretempo no qual a magia podia acontecer.

Em todo o mundo, rituais populares eram conduzidos no inverno para garantir que o sol voltasse, alguns envolvendo acender uma fogueira. É daí que vem a tradição do tronco ou vela de Yule, acesa um pouquinho a cada uma das 12 noites. Essas ocasiões eram vistas como momentos liminares de mistério e magia. As pessoas contavam histórias e festejavam para comemorar o retorno da luz.

Apesar dessa aura de alegria, o aspecto sombrio do inverno ainda não havia deixado completamente a terra, e as histórias de fantasmas também eram contadas nessa época, assim como no Dia de Todos os Santos. Acenda velas em cada janela para se proteger da escuridão que ainda vaga pela terra e abra espaço para a luz que chega. Decore sua casa com hera, azevinho e plantas perenes para trazer pensamentos de vida longeva.

Essa é a celebração do solstício, ou início do inverno, uma época em que a luz volta a iluminar a terra. Ela é geralmente considerada o início da metade iluminada do ano, já que os dias começam a ficar mais longos. A temporada de Yule é associada ao Natal no hemisfério norte, devido à prática inicial da Igreja Cristã de adotar a época dos festivais pagãos para comemorar seus próprios dias sagrados. Os líderes da Igreja perceberam que as pessoas convertidas ainda participavam dos antigos festivais pagãos e buscaram um meio de equacionar a religião "nova" com a antiga[*].

Muitos rituais populares na época do Yule dão as boas-vindas ao sol ou incentivam seu retorno com magias positivas. Em geral, isso envolvia acender uma fogueira e praticar um costume adotado pelas bruxas modernas: o tronco de Yule.

O Ritual do Tronco de Yule

Tradicionalmente, o tronco de Yule é uma tora de freixo ou carvalho, árvores representativas do Deus. Ele podia ser cortado em um bosque na véspera de Natal e levado para casa. No caminho, todos os transeuntes tinham de cumprimentar e tirar o chapéu para o tronco. Do contrário, acreditava-se que teriam azar no ano novo.

Na Escócia, o tronco de Yule recebia o nome de Velha Esposa do Natal. Ele era coletado pelo chefe da família e entalhado na forma de uma mulher velha. Quando lançado ao fogo, representava a queima ritualística de Cailleach, ou a deusa bruxa do inverno. Na Cornualha, desenhava-se uma figura masculina com giz sobre o tronco, transformando-o em uma efígie do Deus.

Em algumas áreas urbanas, o tronco de Yule foi substituído pela vela de Yule: uma vela grande, nas cores vermelho e branco, decorada com azevinho. Ela era acesa por um curto período em cada um dos Doze Dias de Natal. Hoje, a vela de Yule é adotada por algumas bruxas tradicionais em lugares onde a calefação central substituiu as lareiras nas casas. A cera poderia ser pingada sobre um arado para trazer boas safras.

---

[*] Hollander, M. Lee, trans., *Heimskringla: History of the Kings of Norway* (University of Texas Press, 2007).

Você precisará de:

- Uma tora de madeira ou uma vela grande
- Um sino
- Incenso de sua escolha, preferencialmente de pinheiro, artemísia ou alecrim

Lenha: em uma área externa ou na lareira, acenda o fogo e prepare o ambiente. Queime o incenso de pinheiro, resina e artemísia para limpar o local. Toque o sino três vezes. Isso marca o início do ritual. Diga o seguinte:

> Ao tocar este sino, marco o início deste rito.
>
> Que possam partir todos os espíritos que interfeririam em meu trabalho, e se aproximem todos aqueles que me auxiliarão.
>
> Assim como este tronco queima e reluz, que também o Sol possa retornar.

Coloque sua tora especial no fogo e contemple-a enquanto queima. Reserve um tempo para pensar nos aspectos dos dias quentes dos quais sentiu tanta falta, e que logo retornarão. Agradeça o alento do inverno e suas lições, mas deixe o coração derreter diante das promessas da primavera. Queime a tora toda nessa única noite, ou pouco a pouco, durante as próximas doze noites.

Recolha as cinzas da lenha e espalhe-a no seu jardim para abençoá-lo com fertilidade no ano que chega.

Vela: esse ritual é feito da mesma forma, mas pode ser praticado com segurança em um altar dentro de casa. Acenda a vela um pouquinho a cada noite ou queime-a inteira de uma vez. Use a cera para ungir os vasos para o plantio de ervas.

Feitiço I:
Incenso Ritualístico para o Solstício de Inverno

É ótimo preparar nosso próprio incenso. Gosto de fazer incensos de resina com plantas que coleto e cultivo e, por sorte, eles são muito fáceis de produzir. Muitos incensos comprados em lojas contêm aglutinantes tóxicos ou substâncias químicas que podem ser prejudiciais para nosso sistema respiratório. Por isso, existem motivos suficientes para produzir seu próprio incenso. O processo de fabricar seus próprios instrumentos ritualísticos nos convida a assumir a responsabilidade sobre como e por que usamos plantas, pedras e árvores diferentes em nossas práticas. Se utilizamos muitos cristais, devemos saber que eles foram retirados, por mãos humanas, de uma mina em algum lugar e nos questionar como chegaram até nós. Para mim, essas e outras perguntas são determinantes para praticar magia de forma justa.

O incenso de resina não precisa de uma base de madeira, que muitas vezes é colhida em florestas tropicais e viaja quilômetros para chegar até você. Assim como estamos aprendendo cada vez mais a nos alimentarmos localmente, também estamos aprendendo a ouvir a terra ao nosso redor e a enxergar os remédios e a magia que habitam nela.

Eu produzo meu incenso de solstício de inverno da seguinte forma: primeiro, prepare os ingredientes em pequenas tigelas separadas ou sobre folhas secas largas.

Você precisará de:

- 1/2 parte de alecrim desidratado, triturado no almoxarife
- 1 parte de resina de conífera bem envelhecida e triturada
- 1/4 de folhas e galhos de artemísia triturados
- 1 parte de casca de bétula em pedaços e bem desidratada
- 1/4 de maçãs desidratadas em pedaços

Coloque tudo no almoxarife e, com o socador ou usando as mãos, misture bem o conteúdo. Para encantar o incenso e usá-lo no culto ao inverno, imagine a luz dourada do sol enchendo seu coração. Conforme você inspira, assim como o fogo sendo soprado gentilmente, a luz cresce mais brilhante e mais forte. Quando expira, a luz se atenua. Aproveite esse momento, mantendo a luz dourada do sol dentro de você. Quando estiver pronta, imagine a luz passando de suas mãos para o almoxarife. Se quiser, diga ou mentalize com intenção o seguinte:

> Com a luz do Sol dourado,
> que agora retorna,
> abençoo estas ervas.
> Pois queimá-las significa honrar
> aos que pertencem ao Frio
> e nos ajudar
> a encontrar o Alento do Inverno.
> Esta é a minha Vontade,
> Pois que assim Seja.

Polvilhe essas ervas em um carvão aceso em seus rituais de inverno.

Feitiço II:
Feitiço de Amor da Rosa Murcha

Esse é um feitiço para ser iniciado na véspera do solstício de verão, que ocorre por volta de 21 de junho no hemisfério norte e 22 de dezembro no hemisfério sul, e usado no solstício de inverno. Prepare-se tomando um banho ou defumando-se com a fumaça purificadora de pinheiro, junípero, cedro ou artemísia. Exatamente à meia-noite, pegue uma rosa sem dizer uma palavra e embrulhe-a em um pedaço limpo de papel marrom. Não olhe para ela e deixe-a desidratar em um local escondido até o solstício de inverno. Nessa ocasião, desembrulhe a rosa desidratada com cuidado. Prenda-a no busto com um grampo limpo e use-a em todos os eventos dessa época aos quais você for. Quem a remover, será seu amor verdadeiro.

Remédio I:
Tintura do Coração de Espinheiro

No inverno, consumo os remédios de minha biorregião, mesmo quando a terra está coberta de neve. Faço remédios com quadris de rosa tardios e com outra planta membro da família das rosas, cujos frutos eu procuro processar a tempo de utilizar no inverno: o espinheiro. Essa erva (*Crataegus monogyna*) produz um remédio incrível. Como árvore da família das rosas, o espinheiro é associado às fadas há muito tempo. Dá azar cortar o espinho velho ou solitário de uma fada. A planta também serve de ponto de encontro para as bruxas[*]. Seus frutos são pequenos como suas primas, as macieiras-bravas. Os espinheiros crescem em todo o território dos EUA, perto da margem de córregos e em pontos ensolarados nas bordas dos pastos. São nativos das áreas de clima temperado dos Estados Unidos, Ásia, Europa e Norte da África. Seus galhos cheios de espinhos facilitam sua identificação. Mas cuidado, eles mordem.

O espinheiro é associado a remédios para o coração e usado como tônico circulatório, talvez devido aos seus frutos vermelhos, vivos como o sangue. Na medicina popular russa e alemã, a angina era tratada tradicionalmente com um extrato alcóolico dos frutos do espinheiro[†]. Eu faço um elixir dos frutos para melhorar a circulação sanguínea até o coração, uma de suas funções comprovadas[‡]. Para preparar um elixir do espinheiro, colha os frutos após estarem maduros e vermelhos. Encha um pote de vidro com eles. Cubra-os com um bom conhaque (gosto de usar o conhaque de maçã), certificando-se de que os frutos estejam submersos no líquido. Deixe-os descansar por quatro semanas em um local fresco, seco e escuro. Depois disso, retire os frutos e descarte-os na composteira. Sirva duas colheres de sopa por dia sobre um cubo de gelo ou adicionadas a um chá quente de gengibre, como um tônico para o coração. Esse elixir também ajuda os corações sofredores ou passando pelo luto. Tome conforme necessário.

[*] Evans, Emyr Estyn, *Irish Heritage: The Landscape, the People and Their Work* (Irlanda: W. Tempest, 1949).
[†] Kurennov, Pavel Matveevich, *Russian Folk Medicine* (Reino Unido: W. H. Allen, 1970).
[‡] Hoffman, *Medical Herbalism*.

Remédio II:
Unguento Descongestionante de Pinheiro

O pinheiro e outras plantas perenes são usadas há muito tempo como remédios aromáticos para desobstruir os seios da face com seu aroma forte e fresco. Utilize esse unguento para massagear o peito e abrir as passagens de ar, como perfume sólido amadeirado, ou para aliviar a dor nas juntas.

Qualquer pomada ou unguento começa com a infusão das ervas de sua escolha em óleo, seguida do processo de endurecê-la com cera de abelha (ou de candelila, se preferir uma pomada vegana.)

Aqui estão alguns óleos e gorduras mais usados. Eles podem ser usados isoladamente ou combinados entre si:

- Azeite de oliva extravirgem
- Óleo de jojoba
- Óleo de coco
- Manteiga de karité
- Sebo (de cervo, carneiro ou vaca)

Colha agulhas e resina de pinheiro, abeto ou espruce. Aqueça as ervas picadas e o óleo escolhido em uma panela limpa, em fogo baixo ou médio, até que a resina derreta ou o aroma das agulhas se espalhe pelo ambiente. Se preferir um método mais passivo, você pode encher um pote com as agulhas picadas, cobri-las com o óleo de sua preferência e deixar perto do calor de um fogão à lenha por alguns dias para infundir lentamente. Quando o óleo ficar fragrante, coe as agulhas..

Em banho-maria, acrescente um quarto de xícara de cera de abelha por xícara de óleo infundido. Usar mais cera deixa o unguento mais consistente; usar menos torna a consistência mais oleosa. Aqueça o conteúdo mexendo de forma constante até que a cera derreta. Derrame tudo em um frasco ou em uma lata seca e limpa. Cole uma etiqueta. Guarde o unguento em um local fresco, ao abrigo da luz solar, e lave a panela imediatamente com água quente para evitar que a cera endureça. Esse pode ser o mais encantador presente de solstício de inverno.

Remédio III:
Licor de Inverno

Os licores são, em essência, tinturas adoçadas, um jeito delicioso de tomar um remédio. Eu amo tornar indefinida a fronteira entre uma bebida de cura e outra tomada só por prazer. Afinal, por que não ter as duas coisas em uma bebida só? O frio do inverno nos deixa resfriadas e desafia nosso sistema imunológico. Por isso, é importante incorporar na dieta e nas práticas de autocuidado frutas e ervas que nos aqueçam e fortaleçam as defesas do corpo.

Para fazer um delicioso licor de inverno, comece enchendo um pote de conserva até a metade com uma mistura de quaisquer das ervas a seguir, picadinhas:

- Alecrim fresco
- Agulhas de conífera frescas (pinheiro, espruce ou abeto)
- Casca de laranja desidratada ou fresca
- Quadris de rosa desidratados
- Dois paus de canela
- Uma pitada de noz-moscada em pó
- Uma pitada de cravo-da-índia em pó
- Uma fava inteira e aberta de baunilha

Cubra o conteúdo com uma boa vodca ou conhaque e reserve por quatro semanas. Coe o líquido para um novo pote. Eu geralmente acrescento uma parte de adoçante para cada parte de álcool. Assim, para cada meio litro, você pode adicionar meio litro de mel. Misture bem, coloque uma etiqueta e reserve em local fresco e escuro. Despeje um pouco sobre cubos de gelo, na água com gás ou no chá para espantar o frio.

Imbolc (Candlemas)

O Imbolc, ou Candlemas, acontece entre os dias 1º e 2 de fevereiro no hemisfério norte e no dia 1º de agosto no hemisfério sul. Esse é um festival de luzes que algumas pessoas chamam de Renascimento na Bruxaria Tradicional: é a época da Lua Cheia da Neve ou do Osso. Seu nome gaélico, Imbolc, significa "leite de ovelha" e se refere ao início da temporada de nascimento dos cordeiros. É hora de afastar o velho inverno e dar as boas-vindas à luz que retorna por meio de rituais de limpeza da primavera. A data é um dia sagrado para a deusa celta Brigid, ou Bride. Ela é a estrela dessa época entre o inverno e a primavera. A cruz de Brigid, tradicionalmente feita de palha, é seu símbolo. As nascentes e os poços se enfeitam para ela nesse dia, para garantir a pureza das águas e sua abundância contínua. Na Escócia, Cailleach, a deusa bruxa do inverno, bebe as águas da fonte da juventude e se torna Brigid, a linda donzela, vivendo o ciclo eterno de juventude e envelhecimento[*].

O Imbolc foi cristianizado para se tornar a purificação da Virgem Maria no templo, após o nascimento de Jesus[†]. O nome Candlemas deriva de um antigo costume pagão de acender tochas para honrar a deusa do inverno. A Igreja adaptou as tochas para velas acesas em nome da Virgem Maria e criou uma missa especial para abençoar as velas usadas na igreja no ano que se iniciava.

---

[*] Hutton, Ronald, *Stations of the Sun: A History of the Ritual Year in Britain* (Reino Unido: OUP Oxford, 2001), 134.
[†] Ferguson, Diana, *The Magickal Year* (Reino Unido: Batsford, 1996), 78.

Ritual de Previsão do Tempo

Os saberes em torno desse dia vêm de algumas fontes importantes. A mais conhecida é provavelmente a tradição europeia do Urso ou Texugo de Candlemas. Esses animais despertavam da hibernação, e as pessoas registravam sua reação ao ambiente externo. Com isso, eram feitas previsões sobre a chegada da primavera e planos relacionados a lavrar a terra e semear as plantações.

Gerald C. Milnes, em seu livro *Signs, Cures and Witchery*, destaca a escolha da marmota como um substituto do Novo Mundo:

> O texugo era... usado na previsão do tempo na Alemanha, mas no Novo Mundo, os alemães da Pensilvânia o substituíram pela marmota, já que, diferentemente dos texugos, os gambás não hibernam... [embora o autor reconheça que sua gordura era utilizada do mesmo jeito que os curandeiros do Velho Mundo usavam a gordura do texugo] Os protestantes alemães trouxeram a velha tradição de prever o tempo para a Pensilvânia, onde ela ainda existe de modo muito ativo em algumas comunidades alemãs. A marmota substituiu o texugo (e o urso) nas tradições da Europa. Foi assim que a marmota que hiberna adquiriu seus supostos poderes de prever o tempo.

Para fazer sua própria previsão do tempo na manhã do Imbolc ou Candlemas, você pode experimentar este encantamento escocês:

> Se no Candlemas o sol brilhar,
> O inverno vai continuar.
> Se no Candlemas chover,
> O inverno vai morrer*.

Assim como uma sombra lançada em um dia ensolarado para assustar a marmota, o dia de sol também anuncia mais frio.

* Walsh, *Curiosities of Popular Customs and of Rites, Ceremonies, Observances, and Miscellaneous Antiquities*, 171.

Feitiço I:
Como Fazer uma Cruz de Brigid com Grama ou Junco Coletado

O principal símbolo de Brigid é a roda do sol (ou roda de fogo), uma versão do símbolo ancestral que representa a força vital cósmica. A roda do sol de Brigid flui da esquerda para a direita, no movimento do sol em sentido horário. Ela aparece nas comemorações do Imbolc e é produzida tradicionalmente com juncos entrelaçados; depois, é pendurada sobre portas, janelas e berços para afastar o mal e proteger as pessoas do fogo[†]. Você pode fazer a cruz de Brigid usando qualquer material forte o suficiente para suportar ser dobrado. Eu utilizo diversos tipos de grama silvestre que coleto perto de casa.

Reúna alguns ramos de palha, grama ou juncos fortes e relativamente limpos.

1. Dobre um caule de palha pela metade em volta do meio de um caule de palha na vertical. Com o polegar e o dedo indicador, segure firme o ponto em que eles se cruzam e gire tudo um quarto de volta para a esquerda.

2. Acrescente outro caule de palha dobrado com as pontas voltadas para a direita e gire novamente o conjunto para a esquerda.

3. Adicione outro caule dobrado, gire mais uma vez a cruz para a esquerda e continue assim. Sempre que acrescentar um novo caule de palha, dobre-o sobre todas as outras partes já trançadas. Gire e repita o processo.

4. Quando já tiver chegado ao tamanho desejado, amarre as quatro pontas da cruz e apare-as para que tenham o mesmo comprimento. Pendure a cruz acima da porta de casa ou no carro para obter proteção.

[†] Berger, Pamela, *The Goddess Obscured: Transformation of the Grain Protectress from Goddess to Saint* (Boston: Beacon Press, 1985), 42.

Feitiço II:
Amuleto do Prego de Ferro
e do Fio Vermelho para Proteção

Se precisar proteger alguém ou algum lugar do mal, experimente usar o amuleto do prego de ferro. Faça um amuleto com dois pregos de ferro amarrados por um fio vermelho para se proteger do mal e dos espíritos descontentes. Pregos de ferro e outros objetos de metal são utilizados há muito tempo como talismãs em diferentes culturas. Nas ilhas britânicas, o ferro serve de proteção contra bruxaria do mal, fadas mal-intencionadas e outras forças perversas.

O tabu relacionado a esse metal data do início da Idade do Ferro, quando o conservadorismo religioso proibiu o uso desse estranho material novo no lugar do já conhecido bronze. Já foi sugerido que a importância mágica do ferro surgiu de sua susceptibilidade ao magnetismo que, conforme acreditavam os romanos supersticiosos, provinha da bruxaria[*].

Na Escócia, fazia-se um amuleto com cruzes de madeira da sorveira-brava e fios vermelhos para afastar o mal.

> Sorveira-brava e fio vermelho
> Coloquem as bruxas para correr[†].

Adaptei o amuleto protetivo combinando a proteção mágica do ferro com a de um fio vermelho. Uma espécie de sorveira-brava, a *Sorbus americana*, cresce em nossa região, mas só a uma certa altitude. Por isso utilizo os pregos, sempre disponíveis, em seu lugar. Em vez de usar madeira da sorveira-brava para fazer uma cruz, crie um amuleto contra o mal amarrando dois grandes pregos de ferro em forma de X com um

---

[*] Burriss, E.E., *Taboo, Magic, Spirits* (Nova York: Macmillan Company, 1931).
[†] Davidson, Thomas Davidson, Rowan Tree and Red Thread (Edimburgo, 1949), 76–77.

fio de linha vermelho. Este por si só, na cor da força vital do sangue, era um amuleto poderoso contra a magia do mal e os espíritos malignos na magia popular escocesa[‡].

Pendure o amuleto em algum lugar alto dentro de casa ou, melhor ainda, esconda-o em um lugar que só você saiba.

Remédio I: Vinagre Vital e Nutritivo feito com Alho-das-Vinhas

O vinagre é usado desde os primórdios da humanidade como remédio e condimento. Ele é resultado do processo de fermentação do açúcar natural dos alimentos, presente em frutas ou vegetais, e a consequente transformação em álcool. Em seguida, bactérias (*Acetobacter*) convertem o álcool em ácido acético. A cultura de bactérias do ácido acético cresce na superfície do líquido e a fermentação acontece devagar durante semanas ou meses, similar ao processo de fazer kombucha. Os períodos longos de fermentação permitem a acumulação de uma espécie de limo não tóxico, composto pelas leveduras e bactérias do ácido acético. Ele é conhecido como a "mãe" do vinagre e, com frequência, o percebemos flutuando alegremente nas garrafas. O uso do vinagre é bastante antigo, sobretudo porque ele é fácil de fazer a partir de outra concocção favorita dos humanos: o vinho. Ele é utilizado como remédio e conservante de alimentos há muitos, muitos anos.

O ácido acético é o principal composto químico do vinagre, o que dá a ele suas propriedades extraordinárias. O vinagre é conhecido por matar certas bactérias e evitar que elas se multipliquem e alcancem níveis perigosos. Ele é um ácido que ajuda o estômago a alcançar melhores níveis de acidez, auxiliando na absorção mais eficiente de proteína e minerais. Em alguns estudos, o vinagre de maçã foi promissor na melhora da sensibilidade à insulina e contribuiu para reduzir os níveis de

---

[‡] Stewart, William Grant, *The Popular Superstitions and Festive Amusements of the Highlanders of Scotland* (1823), 114.

glicemia após as refeições*. Na condição de desinfetante e conservante natural, é um excelente produto de limpeza caseiro! De modo geral, quando for usá-lo para fazer um remédio, procure produtos com 5% de acidez, já que alguns vinagres de frutas são mais fracos.

Como dosar remédios à base de vinagre

A dosagem de uma tintura à base de vinagre será maior que aquela à base de álcool feita com as mesmas ervas. Isso acontece porque o vinagre não é um extrator tão poderoso quanto o álcool. Você não precisa tomar um cuidado excessivo com as doses de tintura de vinagre feitas com ervas suaves como a urtiga (*Urtica dioica*), o morrião-branco (*Stellaria media*), o dente-de-leão (*Taraxacum officinale*), o galião (*Galium aparine*) e a violeta (*Viola spp.*), porque elas não contêm muitas substâncias alergênicas. Essas plantas são consideradas nutritivas pois estão mais para alimento do que para remédio. Você pode tomar uma colher de sopa uma a três vezes ao dia. Gosto de misturar minha tintura com água para fazê-la descer melhor.

Amo fazer vinagre infundido com alho-das-vinhas (*Allium vineale*). Esse membro da família do lírio libera sua fragrância poderosa quando cortado! O cheiro sempre me transporta para as primaveras de minha infância. Se uma planta tem cara de cebola e cheira como a cebola, você pode comê-la. Se uma planta tem cara de alho e cheira como o alho, você pode comê-la. Caso não sinta o aroma do alho ou da cebola, mas a erva tiver cara de cebola, tenha cuidado! Pode se tratar de uma espécie similar, porém tóxica, da família do lírio. O cheiro é um poderoso fator de identificação das plantas.

---

* Kausar, Sofia, Muhammad Arshad Abbas, Hajra Ahmad, Nazia Yousef, Zaheer Ahmed, Naheed Humayun, Hira Ashfaq, and Ayesha Humayun, "Effect of apple cider vinegar in type 2 diabetic patients with poor glycemic control: A randomized placebo controlled design", *International Journal of Medical Research & Health Sciences 8*, n. 2 (2019): 149–159.

O alho-das-vinhas cresce em temperaturas amenos, na primavera ou no outono. Perto de casa e em lugares onde eu sei que nenhum produto químico foi pulverizado, procuro os canteiros cheios de caules côncavos, verde-azulados e fragrantes, parecidos com grama. E os bulbos pequenos são tão lindos! Para fazer um vinagre infundido, você precisará do seguinte:

- Pote de vidro limpo
- Alho-das-vinhas em quantidade suficiente para encher um pouco o pote
- Um bom vinagre de maçã, com acidez de 5%

Colha e lave uma quantidade suficiente da planta para encher um pouco o pote de sua escolha. Despeje vinagre de maçã até cobrir e tampe o pote com um plástico ou uma tampa de metal protegida por papel de cera. Deixe descansar por duas semanas e coe o líquido. Gosto de bater o alho retirado do vinagre no liquidificador e temperar com sal e pimenta. Adicione uma colherzinha desse saboroso purê de alho sobre os ovos ou cogumelos servidos em seu banquete de equinócio de primavera.

O vinagre, que geralmente fica com uma cor verde-clara, dá um ótimo tempero para saladas, rico em compostos que contêm enxofre. Foi constatado que essas substâncias ajudam a prevenir alguns tipos de câncer[†]. A planta também contém um alto teor de vários antioxidantes, e a adição de vinagre torna essa receita saborosa uma excelente auxiliar da digestão. Gosto de usá-lo como marinada, mas também para temperar carne e cogumelos.

---

† Fujiwara, Y., et al., "Onionin A, a sulfur-containing compound isolated from onions, impairs tumor development and lung metastasis by inhibiting the protumoral and immunosuppressive functions of myeloid cells", *Mol Nutr Food Res. 60*, n. 11 (2016): 2467–2480.

Remédio II:
Tônico de Dente-de-Leão

Um jeito simples de definir um tônico é dizer que se trata de uma substância da medicina preventiva ingerida para dar a sensação de vigor e bem-estar. A maioria dos tônicos são bebidas, geralmente feitas com um chá forte ou decocção (que ferve as ervas, raízes ou cascas junto com a água, em vez de só as imergir em água já quente) adoçadas a gosto com açúcar ou mel. Verdinhas primaveris, como o dente-de-leão (*Taraxacum officinale*), a língua-de-vaca (*Rumex spp.*), o alho-das-vinhas (*Allium spp.*), a casca de cerejeira-negra (*Prunus spp.*) e a urtiga (*Urtica dioica*), também podiam ter um efeito purificador/tônico. Até o suco de algumas plantas, como o galião (*Galium aparine*), era considerado um purificador do sangue na medicina popular estadunidense. Uma água servida com rodelas de raiz de bardana (*Arctium lappa*) também servia como um tônico.

Você pode beber um tônico quando a digestão parecer lenta ou tiver exagerado nos doces, alimentos pesados ou bebidas alcoólicas durante os feriados. É assim que gosto de fazer um tônico com dentes-de-leão:

No início da noite, colha folhas e raízes suficientes para encher metade de um pote de conserva com capacidade para um litro, depois de ligeiramente picadas. Antes de cortá-las, lave-as bem, separe as folhas e as enxague. Em seguida, coloque as raízes em uma tigela grande coberta com água fria e esfregue-as com uma escovinha. Pique tudo e coloque no pote. Ferva água suficiente para encher o pote e despeje o líquido nele.

Deixe descansar durante a noite. De manhã, coe o líquido e acrescente uma colher de chá de melado-de-cana para incrementar a bebida com ferro. Mexa bem e guarde na geladeira. Eu bebo uma xícara três vezes por dia. Dá para guardar por uma semana na geladeira. É ótimo para ingerir após a menstruação e em geral pelas pessoas que menstruam.

Remédio III:
Pomada de Fim de Inverno para as Mãos

Nossas mãos sofrem nos meses de clima frio e, mesmo se você mora em um lugar de clima tropical, lavar as mãos e mexer na terra com frequência podem desidratar a pele e fazê-la rachar. Por isso, um bom hidratante é indispensável.

Para fazer uma pomada cicatrizante para as mãos, experimente usar:

- Tanchagem
- Raiz de confrei
- Óleo essencial de alecrim

Pegue três quartos de xícara de folhas de tanchagem desidratadas, meia xícara de raízes secas de confrei e duas xícaras de óleo ou azeite. Para essa receita, gosto de usar azeite de oliva e sebo em proporções iguais, mas faça como for melhor para você. Para preparar pomadas, é melhor utilizar ervas desidratadas, já que a água contida nas ervas frescas pode estragar a receita. Aqueça gentilmente as plantas picadas e o óleo em uma frigideira limpa por três horas, em fogo baixo ou médio. Você também pode usar uma panela elétrica! Se preferir um método mais passivo, é possível encher um pote com as ervas, cobri-las com o óleo de sua preferência e deixar perto do calor de um fogão à lenha por alguns dias para infundir de forma lenta. Depois disso, separe as plantas com um coador.

Em banho-maria, acrescente um quarto de xícara de cera de abelha por xícara de óleo infundido. Aqueça o conteúdo mexendo devagar, até que a cera derreta. Quando a pomada tiver começado a esfriar, acrescente dez gotas de óleo essencial de alecrim. Isso ajudará a prevenir infecções em cortes pequenos nas mãos, além de estender a validade de sua pomada. Despeje o conteúdo em um pote ou uma lata limpa e seca. Cole uma etiqueta. Guarde-o em um local fresco, ao abrigo da luz solar, e lave a frigideira imediatamente com água quente para evitar que a cera endureça.

Aplique a pomada na pele seca e rachada à vontade, sobretudo após lavar as mãos.

Equinócio de Primavera (Ostara)

Para tudo há um momento certo e um tempo para cada propósito sob os céus: um tempo para nascer e para morrer; um tempo para plantar e para arrancar o que foi plantado.
— Eclesiastes 3:1-2

Ritual: Plantar a partir dos signos

Todos os signos, com exceção de Libra, ganharam o nome de animais ou criaturas, de tal modo que o zodíaco significa o "cinturão dos animais".

Os signos sempre aparecem em uma ordem específica. Primeiro vem o Carneiro, Áries, ou a cabeça, e o cinturão desce até Peixes, ou os pés. Depois de Peixes, o Carneiro reaparece, começando uma nova sequência. Cada signo tem atributos específicos, como ser masculino, feminino, seco, frutífero, infrutífero, muito infrutífero, característico do ar, do fogo, da terra, da água e do ar. A melhor ocasião para qualquer tarefa de jardinagem é quando o dia cai em um signo ideal e em uma boa fase da lua. Por exemplo, um dia de lua crescente em Câncer é excelente para semear. Câncer é o signo mais frutífero que existe, e a lua crescente incita as sementes que plantamos a fazer o mesmo.

No decorrer do ciclo lunar de 29 dias e meio, a lua passa por quatro fases básicas: nova, cheia e duas fases de quartos. Durante metade desse ciclo, entre a fase nova e a cheia, a lua está crescendo (a parte iluminada aumenta). Depois, após a lua cheia, ela começa a minguar (a parte iluminada diminui).

Culturas acima do solo

Todas as culturas acima do solo devem ser semeadas quando a lua está crescendo. A lua nova é a melhor época para semear e transplantar plantas anuais folhosas, como alface, espinafre, repolho e aipo. Por outro lado, a fase do quarto crescente é boa para frutas e alimentos anuais com sementes externas, como tomate, abóbora, brócolis e feijão.

Culturas abaixo do solo (raízes)

As culturas de raízes se saem melhor quando a lua está minguando. É bom semear e plantar as culturas de raízes e árvores frutíferas, como maçã, batata, beterraba, aspargo e ruibarbo, quando a lua tiver acabado de sair da fase cheia. Na fase do quarto minguante, entre o dia oficial da lua minguante e a lua nova, é melhor evitar o cultivo de qualquer coisa. Em vez disso, procure melhorar o solo, tirar as ervas daninhas, trabalhar na cobertura e na compostagem etc.

No entanto, conhecer a fase da lua não é suficiente. Plantar conforme as fases da lua também exige um conhecimento sobre o lugar da lua no zodíaco, com base em saberes ancestrais que pregam que cada signo proporciona certas condições de crescimento às plantas.

A história

O plantio baseado nas fases da lua pode ter sido a primeira "utilidade" dada pelos humanos ao ciclo lunar. Registros dessa prática datam de milhares de anos, desde os povos antigos dos vales dos rios Nilo e Eufrates. Fazendeiros dessas civilizações plantavam conforme as fases da lua e seu signo no zodíaco.

Os colonos alemães começaram a chegar aos Estados Unidos no início dos anos 1700 pela Filadélfia, instalando-se primeiro na Pensilvânia. Eles acabaram descendo até Maryland e Virgínia. Quando teve início o século XIX, os colonos alemães e seus pares já haviam alcançado regiões ao Sul, como as Carolinas, e a Oeste, como Kentucky, Tennessee,

Ohio e mais além. Diferentemente de muitos de seus colegas ingleses e irlandeses, os alemães trouxeram suas tradições e sua cultura do Velho Mundo para o século XIX. Mais do que qualquer outro povo, eles foram os responsáveis pela aceitação e prática de muitos norte-americanos de plantar conforme as fases da lua e os signos do zodíaco.

Nos Estados Unidos, até 1750, havia cerca de cinquenta almanaques diferentes impressos. Nenhum outro gênero de publicação teve mais circulação no país, no século XVIII, do que um almanaque, que era repleto de saberes agriculturais e astrológicos e previsões do tempo. Essas publicações representavam um meio certeiro para difundir informações sobre o ocultismo, principalmente os conhecimentos lunares e astrológicos, já que devido ao seu alinhamento com fenômenos naturais e observáveis, essas eram as ciências ocultas mais aceitas[*].

O caráter diverso da sabedoria de plantar conforme os signos ocorreu graças a uma combinação de observações astronômicas experimentais, específicas de cada região, e à forma como o Iluminismo afetou a magia e o pensamento oculto no século XVIII. As divisões entre classes começaram a definir de maneira mais clara quem acreditava e praticava ou não a magia. Do mesmo modo, a diversificação das camadas populares influenciou até que ponto as pessoas interagiam com o oculto[†]. Isso fez com que a magia e esse tipo de conhecimento astrológico folclórico se tornassem uma série de regras mais parecidas com receitas do que com partes de uma ciência unificada.

Com o passar dos anos, normas mais específicas em torno de atividades como o plantio e a colheita se desenvolveram em torno do zodíaco. Essas regras levam em consideração tanto o signo que governa o dia quanto a fase da lua naquela data específica. No começo da temporada de plantio, por exemplo, quem planta consulta seu calendário, escolhe um dos catorze dias favoráveis que acontecem a cada mês e faz o plantio apenas no dia

---

[*] Butler, Jon, "Magic, Astrology, and the Early American Religious Heritage, 1600–1760", *The American Historical Review 84*, n. 2 (1979): 317.

[†] Eisenstadt, Peter, "Almanacs and the Disenchantment of Early America", *Pennsylvania History: A Journal of Mid-Atlantic Studies 65*, n. 2 (1998): 143.

escolhido dentre esses catorze dias "frutíferos". Quem crê nessa prática afirma que, se alguém perder a data e semear suas lavouras em um dos dias infrutíferos, as plantações não produzirão metade de sua capacidade.

Signo	Parte do Corpo	Corpo Celestial	Elemento
Áries	Cabeça	Marte	Fogo
Touro	Pescoço/Garganta	Vênus	Terra
Gêmeos	Braços/tórax	Mercúrio	Ar
Câncer	Peito/Estômago	Lua	Água
Leão	Coração/Costas	Sol	Fogo
Virgem	Intestinos	Mercúrio	Terra
Libra	Rins	Vênus	Ar
Escorpião	Região pélvica	Marte	Água
Sagitário	Coxas	Júpiter	Fogo
Capricórnio	Joelhos	Saturno	Terra
Aquário	Pernas	Urânio	Ar
Peixes	Pés	Netuno	Água

Plante tudo que desenvolve sobre o solo durante o crescimento da lua, e tudo que se desenvolve sob o solo (raízes) quando a lua está diminuindo ou escurecendo. Jamais plante no primeiro dia de lua nova ou no dia em que a lua faz a transição entre os quartos. No último quarto, quando a lua estiver se tornando 100% escura, revire a relva, arranque as ervas daninhas e as destrua. Esse é seu período de descanso, quando a lua está com a menor força gravitacional e a luz mais fraca — representa a melhor época para colher, cultivar, transplantar e podar, mas não é absolutamente uma boa época para plantar[‡].

Quando for plantar seguindo as diferentes fases da lua, sempre o faça nos dias regidos pelos signos de Câncer, Escorpião, Peixes, Touro, Libra ou Capricórnio. O primeiro dia do signo é melhor do que o segundo. Não plante em Áries, Sagitário, Aquário, Leão, Gêmeos ou Virgem.

[‡] Llewellyn, George, *Powerful Planets Astrologically Considered* (Kissinger Publishing, 1931).

Plantio/Colheita

É melhor fazer o plantio durante os signos frutíferos de Escorpião, Peixes, Touro ou Câncer (região pélvica, pés, pescoço e peito). Sempre transplante mudas em signos da água ou da terra. Existem catorze dias de signos frutíferos por mês.

Aqui estão os signos, listados por ordem de efetividade:

Câncer: Peito. Um signo da água muito frutífero. Faz as sementes germinarem de maneira rápida. É favorável ao crescimento e garante que a planta produza de forma abundante. Trata-se do signo mais frutífero que existe. Lavouras plantadas em Câncer suportarão a seca.

Escorpião: Região pélvica. Um signo frutífero da água. Aproxima-se de Câncer quanto à capacidade frutífera.

Peixes: Pés. Um signo frutífero da água. Produz resultados excelentes para frutos e bulbos. Proporciona crescimento rápido e boas raízes. Não plante batatas nesse período (pés) ou elas desenvolverão pequenos nós, parecidos com dedos. É melhor plantá-las em uma noite escura de março.

Touro: Pescoço. Terroso e úmido. Esse é um signo fixo da terra. É produtivo, especialmente no cultivo de raízes. Lavouras plantadas em Touro suportarão a seca.

Libra: Rins. Um signo do ar, móvel e forte. Produz um crescimento vigoroso e raízes com uma quantidade razoável de grãos. Também dá muitas flores (sobretudo as bonitas e fragrantes), folhas pequenas e poucas sementes. É melhor plantar flores em Libra, já que esse é o signo da beleza. Plante-as quando a lua estiver em quarto crescente.

Capricórnio: Joelhos. Esse é um signo móvel, úmido e terroso. Ele é um tanto produtivo e favorece as culturas de raízes.

Signos Infrutíferos

Leão, Virgem, Gêmeos e Aquário representam os signos mais infrutíferos, mas são ótimos para remover ervas daninhas e preparar o solo. Áries e Sagitário, signos móveis do fogo, governados pelo sol, são os melhores para preparar o solo, mas podem ser usados para plantar alho e cebola.

Eliminar ervas daninhas

Destrua ervas daninhas, corte árvores e revire o solo nos signos infrutíferos de Gêmeos, Leão ou Virgem (principalmente se a lua estiver em quarto minguante).

Leão: Coração. Esse é um signo do fogo, seco e infrutífero. Ele só favorece a eliminação de ervas daninhas. Não pode árvores ou vinhas quando a lua estiver em Leão, pois isso com certeza as mataria. Jamais plante nesse signo, pois ele é um dos signos da "morte".

Gêmeos: Braços. Esse é um signo seco e infrutífero do ar. É uma boa época para revirar o solo e extinguir todas as ervas daninhas. Corte a grama para retardar seu crescimento e arranque botões para impedir o crescimento indesejado. Plante feijão, abóbora e milho quando o signo está nos braços, ou seja, em Gêmeos.

Virgem: Intestinos. Esse é um signo seco e infrutífero da terra. Corte as ervas daninhas.

Áries: Cabeça. Seco e infrutífero. Aproveite para arar e preparar o solo. Jamais plante nesse signo, pois ele é um dos signos da "morte".

Colher

A melhor época para colher é quando a lua se esconde (quarto minguante seguindo para a lua nova), quando ela está "envelhecendo". Os melhores signos para isso são Sagitário, Aquário e Áries. Jamais faça a colheita de frutos, grãos ou vegetais nos signos da água ou durante a lua nova, pois eles vão estragar ou brotar. Colha raízes na época dos joelhos e dos pés, no quarto minguante.

Fertilizar

Use signos frutíferos como Câncer, Escorpião e Peixes. Os fertilizantes orgânicos devem ser aplicados durante a diminuição da lua, entre as fases cheia e nova.

Podar

Para reduzir o crescimento, pode as plantas nos signos de Áries e Sagitário, durante o aumento da lua, ou seja, entre as fases nova e cheia. Para promover o crescimento, use os signos de Câncer ou Escorpião, durante a diminuição da lua.

Feitiço I: Feitiço dos Quatro Elementos para Limpar a Casa

Esse é um feitiço simples para limpar a casa nova ou uma forma de incluir uma limpeza espiritual em sua faxina, depois de retirar a sujeira física.

Você precisará reunir o seguinte em seu altar ou sobre uma mesa:

- Uma vela branca ou preta
- Um fósforo
- Sal
- Uma tigela com água
- Uma planta para defumar (experimente cedro branco, artemísia ou pinheiro)

Comece pela vela. Acenda-a e entoe o seguinte enquanto percorre todos os cantos de seu lar:

"Limpo este espaço pelo Fogo".

Coloque a vela de novo sobre a mesa e deixe que ela continue queimando.

Repita o processo com a tigela de água, respingando um pouquinho no ambiente enquanto diz:

"Limpo este espaço pela Água".

Repita com a tigela de sal, salpicando pequenas pitadas dele ao se mover pelo ambiente

"Limpo este espaço pela Terra".

Repita com a planta defumadora:

"Limpo este espaço pelo Ar".

Termine o ritual soprando a vela e varrendo o sal do chão.

Feitiço II:
Feitiço da Aveia e dos Ovos da Fertilidade

Os ovos são usados em muitas tradições para proteger, amaldiçoar ou curar. Os anglo-saxões e os egípcios colocavam ovos em suas câmaras funerárias, assim como sobre os túmulos. Não há outro símbolo para uma nova vida que seja tão universal e aparente quanto um ovo, esperando para dar à luz qualquer criatura ou intenção mágica que ele contenha. A tradição de pintar ovos, tão popular nos costumes da Páscoa, provavelmente veio do Leste Europeu, onde nasceram as artes da Pêssanka e Krashanka (duas formas distintas de decorar ovos).

Os pêssankas são ovos esvaziados, tingidos e decorados, usados há muito tempo como amuletos para proteção, fertilidade e prosperidade. Motivos florais e ramos de trigo eram desenhados para criar amuletos que trouxessem colheitas abundantes. Costumava-se enterrá-los em duas das trincheiras formadas pelo arado — na primeira e na última; ou na última cova aberta pela pá, se a terra não tivesse sido arada. Isso garantia um bom crescimento à lavoura. Quando tingidos de azul ou verde, serviam para proteção contra o fogo.

As cascas eram tingidas de muitas cores, que correspondiam ao seu uso e origem. Para alertar os habitantes do outro mundo de que a primavera havia chegado e a estação do sol retornara, jogavam os ovos pintados de vermelho nos rios. Também os colocavam sobre o túmulo dos entes queridos e conferidos no dia seguinte para ver se ainda estavam lá. Se algo estivesse fora do lugar, isso indicava que o espírito inquieto precisava de orações, oferendas ou de outro ritual de libertação.

Os ovos também eram posicionados debaixo das colmeias, para impedir que as abelhas fossem embora e garantir uma boa produção de mel. Na Ucrânia, os ovos pintados agiam como amuletos para a fertilidade quando cobertos de aveia e enterrados nos campos. Você também pode escrever um encantamento ou desejo na casca do ovo e enterrá-lo em algum local secreto. Conforme ele se decompuser, seu desejo vai se disseminar para o éter[*].

Para fazer um amuleto de aveia para a fertilidade (se não estiver tentando engravidar, lembre-se de que fertilidade também se aplica ao plano mental), comece com o seguinte:

- Um ovo caipira cru
- Repolho roxo
- Farinha de trigo
- Aveia

---

[*] Campanelli, Pauline, and Dan Campanelli, *Ancient Ways: Reclaiming the Pagan Tradition* (Estados Unidos: Llewellyn Worldwide, Limited, 2015).

Usando um alfinete, fure com cuidado cada lado do ovo. Vá para uma área externa onde você não fará sujeira e assopre por um dos furos, até que todo o conteúdo do ovo tenha sido expelido. Enxague-o gentilmente e deixe-o secar sobre papel toalha. Prepare uma cola usando uma colher de chá de farinha e água suficiente para transformá-la em uma pasta rala. Tinja o ovo de verde utilizando o repolho roxo: pique uma xícara de repolho roxo e cozinhe-o em uma xícara de água por quinze minutos. Retire o repolho com um coador. Deixe esfriar e acrescente uma colher de chá de vinagre branco. Mergulhe o ovo no líquido até obter o tom de verde desejado.

Quando seu ovo verde tiver secado, aplique uma camada de cola de farinha. Polvilhe um pouco de aveia em um prato e role o ovo sobre ela até grudar. Passe mais cola se a aveia não aderir. Deixe secar.

Enterre o amuleto no local onde pretende plantar, para abençoar seu terreno com fertilidade; ou, para atrair fertilidade, enterre-o em um vaso de flores dentro de casa. Tome cuidado: os feitiços de fertilidade funcionam mesmo!

Remédio I: Detox de Língua-de-Vaca para o Fígado

Você não está suja. Seu corpo não está sujo. Quando estão em boas condições, nossos corpos fazem detox por conta própria constantemente. Algumas plantas amigas, no entanto, podem ser uma mão na roda. As espécies de língua-de-vaca (*Rumex spp.*) ajudam muito graças às suas propriedades que estimulam o fígado. Não sou uma grande entusiasta de limpezas e jejuns extremos, pois creio que muitos deles são exigentes e desnecessários; mas jejuar é uma técnica muito efetiva de cura, além de ser bom para nos tornarmos conscientes de nossa visão sobre nós mesmos e sobre nosso corpo. Você não precisa passar fome para ser saudável nem deve abdicar da comida para dar apoio à sabedoria do corpo que se purifica.

Dito isso, uma decocção das raízes da língua-de-vaca pode estimular a produção de bile e ajudar a digestão. Ela nos ajuda a obter o máximo de nosso alimento. Experimente tomar essa decocção por uma semana durante a primavera para movimentar as coisas.

Você precisará de:

- 1/2 xícara de raízes frescas de língua-de-vaca picadas (a crespa ou a amarela são ótimas)
- Uma panela média

Leve ao fogo a panela contendo meia xícara de raízes frescas de língua-de-vaca picadas e um litro de água; cozinhe em fogo baixo por quinze a trinta minutos. Coe o líquido e tome meia xícara seis vezes por dia entre as refeições até acabar.

Remédio II:
Tônico de Cogumelo Cauda de Peru

Cauda de peru (*Trametes versicolor*) é um fungo maravilhoso, fácil de identificar e abundante o ano todo em muitos locais de clima temperado. Eu o encontro sempre quando saio para coletar plantas, embora ele não seja uma delas. Os chineses o chamam de *yun zhi* ("fungo nuvem") e os japoneses, de *kawaratake* ("cogumelo à margem do rio"). Esses políporos crescem em troncos de árvore apodrecidos, formando prateleiras e rosetas de corpos frutíferos finos, listrados e pilosos no topo. Há muito o que estudar sobre os cogumelos, mas essa espécie é ótima para começar, se você nunca trabalhou com cogumelos na natureza.

Como identificar o fungo cauda de peru

- Ele tem pequenos poros ou buraquinhos que parecem feitos por um alfinete em uma área branca sob a "copa"?
- Ele é fino e flexível?
- Quando partido ao meio, ele parece ser recheado de uma fibra parecida com algodão?

- A parte de cima tem uma aparência quase peluda ou aveludada?
- O topo é listrado com diferentes tons de marrom, rosa, bronze, branco e até índigo ou azul (quase como a cauda de um peru!)?

Se a resposta para todas essas perguntas for "sim", então, com certeza, você encontrou um cogumelo cauda de peru! Existem outros semelhantes, por isso lembre-se de jamais ingerir um cogumelo se não tiver certeza da espécie à qual ele pertence. Você sempre pode pedir a clubes ou grupos locais especializados para identificá-lo. Não confie em aplicativos, pois às vezes eles erram!

Esses cogumelos são usados há séculos na medicina chinesa. Eles servem para fortalecer o sistema imunológico e prevenir o câncer e ajudam até a combater o HPV*. Contêm polissacarídeos que contribuem para impedir a recorrência de câncer, sendo utilizados também em conjunto com a quimioterapia. Gosto de beber uma decocção desses cogumelos com frequência. Embora seu sabor não seja muito forte, ele vai muito bem com outras ervas em um tônico diário que ajude as defesas do corpo. Eles também podem ser desidratados e muito bem conservados em potes.

Para fazer uma decocção, cozinhe os cogumelos, frescos ou desidratados, numa panela com água limpa em fogo baixo. A proporção é de uma colher de sopa de cogumelo picado para cada duas xícaras de água. Você pode misturá-lo com agulhas de pinheiro e mel para fazer uma bebida quente especial para os meses frios.

---

* Donatini, Bruno, "Control of Oral Human Papillomavirus (HPV) by Medicinal Mushrooms, Trametes Versicolor and Ganoderma Lucidum: A Preliminary Clinical Trial", *International Journal of Medicinal Mushrooms* 16, n. 5 (2014): 497–498.

Remédio III:
Xarope para Tosse de Casca de Cerejeira-Negra

As cerejeiras silvestres oferecem remédios para os humanos da América do Norte há muito tempo. Embora existam cerca de quatrocentas espécies do gênero *Prunus* de clima temperado, são três as espécies de cerejas nativas da Costa Leste que me interessam: *Prunus serotina* (cerejeira-negra), *P. virginiana* (cerejeira-da-virgínia) e *P. pensylvanica* (cerejeira-alfinete), todas abundantes.

Embora haja diferenças entre as três espécies, em termos bioquímicos e energéticos seus efeitos no corpo são parecidos, e elas podem servir de alimento (as cerejas) e remédio (a casca e os ramos). As infusões e xaropes da casca de cerejeira-negra são remédios contra tosse e resfriado muito conhecidos no Sul dos Apalaches. Elas têm um longo histórico de uso por diferentes povos originários e colonos da região.

A cerejeira-negra (ou cerejeira de rum/cerejeira-negra da montanha) é uma espécie pioneira, o que significa que foi uma das primeiras árvores a crescer em uma área degradada. Isso a transforma em uma espécie de marcadora, permitindo-nos conhecer a história da floresta graças à sua mera presença. É intolerante à sombra e prefere crescer em plena luz do sol. Dessa forma, ela nos indica que houve uma degradação que abriu espaço no céu da floresta e permitiu que mais luz solar chegasse ao solo. A cereja silvestre cresce com frequência em áreas que um dia foram pastos, ou no alto de serras expostas a ventos fortes. Ela já foi encontrada em altitudes próximas de mil metros.

O cerne do tronco seco era comumente usado pelos povos originários do Leste. Eles faziam infusões para tratar resfriado, febre, diarreia, dores do parto e aliviar dores em geral, graças às suas propriedades tranquilizantes e sedativas. Esses usos foram transmitidos aos primeiros colonizadores europeus, que incluíram a cereja-negra em muitas receitas de elixir para tosse. As raízes também serviam para tratar vermes intestinais, queimaduras, herpes labial e outros males da pele. Tribos como a dos Delaware utilizavam os frutos para fazer xaropes. Os europeus copiaram essa prática. A casca de cerejeira-negra é usada até hoje em xaropes e chás herbais para tosse e resfriados. Removia-se a casca de árvores jovens no outono, quando os componentes químicos estavam distribuídos pela árvore, e a casca brilhosa e parecida com a da bétula podia ser retirada mais facilmente.

Nos Apalaches, adicionavam a casca de cerejeira no preparo de remédios para tosse, tônicos e sedativos leves. Os frutos eram usados em tortas e conservas e para conferir sabor ao rum. Isso deu a eles seu nome menos conhecido: cereja de rum. A casca funciona como um antiespasmódico, que ajuda a diminuir os reflexos da tosse e permite à pessoa doente ter um sono um pouco mais tranquilo. Por esse motivo, ela também servia para tratar a asma.

Assim como nossa amiga nogueira-preta, a cerejeira tem fama de planta venenosa. As folhas, os ramos e a casca da cerejeira-negra contêm um glicosídeo cianogênico chamado prunasina. Todas as cerejeiras apresentam essa substância, além da amigdalina, que se converte em ácido cianídrico (ou ácido prússico) em contato com a água. No entanto, doses pequenas dessa substância podem estimular o sistema respiratório, melhorar a digestão e proporcionar uma sensação acentuada de bem-estar. É a dose que faz o veneno.

A casca da cerejeira é meu ingrediente favorito para fazer um xarope para tosse. Eu amo preparar um xarope simples, tipo oximel, com mel e vinagre, que nem sequer necessita ir ao fogo. O oximel é um extrato herbal originário principalmente da Pérsia e da Grécia Antigas. Escolha alguns galhos pequenos da cerejeira e corte-os rente ao tronco com uma tesoura de poda afiada. Retire a casca ou corte os galhos com a tesoura e encha um pote de conserva até a metade com os pedaços.

Aqui vai uma das formas de preparar oximel:

A proporção desejada de ervas desidratadas para vinagre e mel é de 1:3 ou 1:4, ou seja, uma parte de ervas secas para três ou quatro partes de mel e vinagre. Você pode medir facilmente enchendo menos de um quarto de um pote com ervas e depois cobrindo com partes iguais de mel e vinagre. A maioria das receitas mais antigas pede mais mel. As mais recentes usam mais vinagre, porém faça conforme seu gosto. O oximel é uma ótima opção para ervas como hortelã, erva-cidreira e frutas. Um oximel de amoras-pretas e framboesa fica incrível quando misturado com água com gás e gelo!

Coloque as cascas de cerejeira frescas em um pote (até um quarto a um quinto do tamanho do pote), cubra-as com vinagre de maçã e mel, mexa bem com uma colher limpa (de preferência uma colher de pau) e deixe o pote descansar em algum lugar fresco e escuro por duas semanas, agitando algumas vezes por semana. Coe o líquido para um pote limpo e etiquetado.

Tome uma colher de chá até seis vezes por dia para aliviar a tosse.

Beltane

Beltane (celebrado em 30 de abril ou 1º de maio no hemisfério norte e em 31 de outubro ou 1º de novembro no hemisfério sul) significa "fogo de Bel" em idioma gaélico. É a época do ano em que tem início o grande rito simbólico do arado e do solo, e a terra comemora o casamento sagrado entre a Deusa e o Deus Cornífero no folclore pagão. Grandes fogueiras são acesas no topo de colinas para afastar o mal e relembrar a força do sol todo-poderoso. Esse é um festival do fogo que celebra o início do verão para aqueles cuja vida agrária era o centro de sua existência.

No livro *The Silver Bough*, de F. Marian McNeill, a autora escreve: "Em Beltane, os rebanhos iam para seus pastos de verão; no Hallowmas (Samhain), eles voltavam aos seus abrigos de inverno". Esses dois festivais do fogo, que se situam em oposição um ao outro na Roda, eram grandes eventos do ano para quem os celebrava. Hoje, mesmo que não cultivemos nossa própria comida, ainda é tempo de honrar a fertilidade, renovação e purificação.

As cinzas dessas fogueiras sagradas, frequentemente acendidas com plantas sagradas, como a bétula, eram espalhadas sobre os campos para abençoá-los. Galhos de sorveira-brava eram pendurados para afastar as fadas, que costumam viajar nessa noite. É o dia seguinte à Noite de Santa Valpurga (30 de abril), uma data antiga de reuniões de bruxas[*]. Uma tradição adotada nessa manhã de maio é acordar junto com o nascer do sol para saudá-lo, enquanto lavamos o rosto com o orvalho da manhã, na intenção de conservarmos o frescor da juventude. Poços sagrados são visitados e decorados. Preces e velas os adornam.

---

[*] Thiselton-Dyer, *The Folk-lore of Plants*, 62.

Ritual: A Dança do Mastro

No folclore inglês, a rainha e o rei de maio são escolhidos e adornados com flores. Ainda hoje, os eventos e festivais do dia 1º de maio são populares em algumas cidades pequenas da zona rural inglesa. As oferendas de alimento e bebidas que fazemos na atualidade nos lembram da época em que o sacrifício significava algo muito diferente do que significa hoje: ele era uma garantia contra a doença e os infortúnios. Ao imitar a dança sagrada da natureza, os humanos buscavam encontrar tanto seu lugar nesse espetáculo quanto conhecer mais intimamente os outros dançarinos. É por isso que conservamos a tradição da Dança do Mastro, popular desde o século XVI, pelo que sabemos. O Mastro de Maio representa as forças gerativas da natureza em forma de mastro e terra.

Como dançar em torno do mastro

Cave uma boa cova com a ajuda de seus amigos e familiares! Nós usamos uma cavadeira, mas uma pá também serve! Encontre uma árvore robusta ou um mastro de madeira medindo no mínimo quatro metros e meio de comprimento e peça permissão para remover suas folhas.

Amarre fitas coloridas no topo fixadas por um prego ou um parafuso grande. Em seguida, reúna todo mundo, pois você precisará de muitas mãos para erguê-lo no lugar. Coloque o mastro no chão e assente-o, compactando bem a terra para garantir que ele não permaneça estável durante a dança.

Quando o mastro estiver preparado, reúna dois grupos de dançarinos, A e B, com o mesmo número de pessoas em cada. Aqui vão as instruções de Rod Stradling, um músico da dança do Mastro de Maio:

> Integrantes do grupo A devem formar pares com integrantes do grupo B. Certifique-se de que os As e os Bs estejam dispostos alternadamente em torno do mastro, com cada pessoa do grupo A de frente para alguém do grupo B. Em seguida, comece a tocar a música. Cada pessoa do grupo A deve passar pela esquerda da primeira pessoa do grupo B e depois pela direita da próxima (sempre

adiante, nunca na direção contrária), fazendo zigue-zague até que as fitas fiquem curtas demais para continuar. Conforme as pessoas passam umas pelas outras, elas devem erguer e abaixar o braço de modo ritmado para mover a fita sobre os outros dançarinos. Para destrançar a fita, lembre-se de refazer seus passos de modo correto, atravessando primeiro o último dançarino e depois alternando o lado, até que a fita esteja completamente solta do mastro. Certifique-se de que todo mundo dance em um ritmo constante sem ultrapassar a pessoa que está à sua frente. Assim, você completa a sua segunda dança da fita. É possível variar com duas ou mais pessoas dançando juntas, lado a lado, e entrelaçando a fita na mesma direção.

Qualquer que seja a coreografia escolhida, perceba o lindo padrão que vocês formaram com as fitas no mastro enquanto dançavam[*].

Com certeza é mais fácil aprender a dançar assistindo a um tutorial!

Feitiço I:
Semeando um Futuro Feitiço

O poder de uma semente germinando consegue romper o revestimento mais duro. As forças gerativas de uma semente são incríveis de se aproveitar na magia. Eu planto muitas coisas em nosso jardim na época próxima do Beltane, pouco antes de a última geada enfeitá-lo com flocos de gelo. Se em Beltane você se pegar sonhando com o ano adiante, como é de se esperar que imaginemos futuras colheitas quando plantamos, pergunte-se: O que devo plantar?

---

[*] Stradling, Rod, "May Pole Dance Steps", All About Maypole Dancing, 2020.

Todo ano, eu pego uma semente grande, como as de abóbora ou batata-doce, e as planto como parte de um feitiço. Para fazer o poder da semente nova levar seus desejos à fruição, experimente o feitiço a seguir.

Você precisará de:

- Uma vela
- Um vaso
- Uma semente
- Um desejo
- Água
- Uma planta para defumação (experimente alecrim ou um maço de galhos de amoreira-preta)

Acenda uma vela (de preferência verde). Prepare o vaso, lavando-o com a água e defumando-o com a fumaça das ervas, para que assim ele fique livre de qualquer energia acumulada. Conecte-se com o silêncio dentro de si. Sente-se e respire até se sentir focada e pronta. Encha o vaso com solo de qualidade. Segure a semente. Mentalize aquilo que deseja alcançar. Certifique-se de que seu desejo não interfira na vontade de outros seres vivos e de que ele visa ao seu bem maior. Sussurre-o para a semente, transmitindo sua respiração e força vital, e conte a ela os desejos secretos que você deseja colher no Samhain, ou Halloween. Visualize que nada permaneça entre você e seu desejo. Imagine uma estrada desobstruída que a leva em frente. Mentalize a ajuda chegando quando precisar.

Plante a semente e cubra-a de modo apropriado, se necessário. Passe a fumaça das ervas sobre a terra, salpique algumas gotinhas de água sobre o vaso e comece a cuidar desse ser. Conforme a planta brotar e se desenvolver, assim também será com seu desejo. Toda vez que for cuidar dessa erva, pergunte-se: Estou fazendo tudo que posso para realizar o meu desejo? Deixe que ela espelhe o modo como você se dedica aos seus objetivos e sonhos.

Feitiço II:
O Ovo dos Desejos

Esse feitiço pode ser lançado de modo similar ao da fertilidade. Faça dois furos em cada lado de um ovo e sopre para fora o conteúdo. Quebre a casca com cuidado mais ou menos na metade. Escreva seu desejo em um pedaço pequeno de papel e coloque dentro do ovo, fechando-o em seguida com cola de farinha ou outra cola não tóxica. Enterre-o em algum lugar e esqueça-se dele. Como está enterrado debaixo da terra, o ovo imita a força potencial do nascimento, e seu desejo será impulsionado por essa energia. Logo ele se tornará realidade.

Remédio I:
Chá de Forsítia para Tosse e Gripe

A forsítia é um arbusto ornamental, cultivado em todo o país, que dá flores lindas e abundantes na primavera. As flores amarelas e alegres são usadas para decorar as comemorações do dia 1º de maio no Norte do estado de Nova York, onde moramos por um tempo, porque elas sempre florescem em Beltane. Aqui no Sul, florescem já em fevereiro. Muitas espécies foram plantadas, mas, por sorte, as flores de todas elas são comestíveis e medicinais. Os pequenos frutos produzidos pelas flores também têm uso medicinal. Conhecida na medicina chinesa, a *Forsynthia suspensa*, ou *lian qiao*, é usada para lidar com inflamações crônicas e vírus, entre muitas outras coisas. Ela faz parte da família das oliveiras, cujas diversas espécies são ótimas para combater infecções[*].

Faça um chá das flores para dor de garganta da seguinte forma:

Colha um punhado de flores frescas e descarte o pequeno cálice (a partezinha verde que se prende à base da flor). Amasse-as delicadamente com a mão e coloque-as em sua chaleira favorita. Ferva um pouco de

---

[*] Muluye, R.A., Y. Bian, and P.N. Alemu, "Anti-inflammatory and Antimicrobial Effects of Heat-Clearing Chinese Herbs: A Current Review", *Journal of Traditional and Complementary Medicine 2* (Abr. 2014): 93–98.

água e derrame-a sobre as pétalas frescas. Deixe descansar por cinco minutos, coe o líquido e sirva com mel. As flores também servem para fazer xarope com mel ou geleia!

Remédio II:
Tintura de Erva-Cidreira para Doenças Virais

A erva-cidreira é uma planta muito fácil de cultivar e abundante. Embora possa ser um pouco persistente e tomar conta do terreno, ela sempre está lá quando você precisa. A planta é de grande ajuda para aqueles que têm herpes labial ou outras infecções por herpes simples (HSV). O chá ou a tintura dela são uma ótima opção para ajudar a mitigar a experiência dolorosa e estressante de uma crise. Como já aprendemos, a erva-cidreira é calmante e ajuda a tranquilizar o sistema nervoso. Ela também apresenta muitas substâncias químicas complexas que comprovadamente ajudam na recuperação de infecções por HSV[*].

Algumas vezes, a tintura arde demais para uso tópico, mas o chá pode aliviar o desconforto. Para herpes labial, coloque de duas a quatro colheres de chá de folhas desidratadas esmagadas em uma xícara de água fervente e deixe descansar por um período de dez a quinze minutos. Espere esfriar. Aplique bolas de algodão com chá nas bolhas ao longo do dia e certifique-se de jogá-las fora e lavar as mãos depois.

Gosto de tomar a tintura ao primeiro sinal da doença ou daquela sensação de formigamento que alerta para a chegada do herpes labial. Tomo sessenta gotas três vezes por dia até que a sensação vá embora.

Existe uma certa preocupação de que a erva-cidreira interaja com determinados medicamentos para o HIV e a tireoide. Por isso, consulte um herborista profissional ou um terapeuta holístico antes de começar qualquer protocolo herbal.

Para fazer uma tintura de erva-cidreira, experimente o feitiço a seguir.

[*] Blumenthal, M., A. Goldberg, and J. Brinckmann, "Herbal Medicine: Expanded Commission E Monographs", (Newton, MA: Integrative Medicine Communications, 2000), 230–232.

Você precisará de:

- Uma boa vodca 40% ou álcool de cereais orgânico
- Um pote de vidro de sua escolha
- Erva-cidreira fresca, o suficiente para encher o pote

Pique a erva-cidreira e coloque-a no pote. Gosto de amassá-la com um macerador ou uma colher de pau grande para fazê-la liberar os óleos. Cubra as ervas com álcool, tampe o pote e coloque uma etiqueta. Deixe descansar por um período de quatro a seis semanas em um local fresco e escuro.

Remédio III:
Chá de Folha de Mirtilo para ITU

Os mirtilos são maravilhosos de cultivar ou coletar na natureza. Os frutos são deliciosos e nutritivos, mas as folhas também dão um remédio excelente. Assim como as *cranberries*, as folhas do mirtilo têm uma substância chamada proantocianidina, que evita que bactérias se fixem nas paredes do trato urinário.

Você precisará de:

- Um punhado de folhas frescas de mirtilo
- Um pote de conserva com capacidade para 2 L

Despeje água recém-fervida sobre as folhas picadas de modo grosseiro e deixe descansar por quinze minutos. Coe o líquido e beba o quanto quiser. Lembre-se de tomar muita água também.

Solstício de Verão
(Midsummer)

Quando o sol atinge o seu zênite, estamos no dia mais longo do ano no Ocidente. Fogueiras sagradas eram acessas no topo das colinas e cortejos de pessoas segurando tochas cruzavam os campos para queimar as doenças e proteger as plantações. As pessoas se vestiam de animais com frequência e se "disfarçavam" como no solstício de inverno. Na Irlanda antiga, o gado e o milho eram abençoados pelas chamas das fogueiras do solstício. Essa é uma das quatro noites dos espíritos (junto com o Dia de Todos os Santos e as vésperas de Yule e Beltane), quando são feitas previsões e as ervas para os trabalhos mágicos são colhidas. As plantas ceifadas nesse dia auspicioso estão em seu poder pleno.

A noite anterior é conhecida como Noite de São João por aqueles que foram cristianizados. Há muito folclore em torno desse entretempo. As fadas estão ativas nessa noite, então as pessoas deixam muitas oferendas e amuletos de proteção para se defenderem delas e agradá-las em igual medida. Os dias começam a ficar mais curtos de novo, e a foice do ceifador lança uma longa sombra sobre os campos verdejantes.

Ritual: Banindo as Doenças do Jardim

Esse é um ritual que amamos fazer todos os anos em nossa fazenda comunitária. Ao percorrer a terra e o jardim portando chamas, usamos o poder do fogo para espantar os espíritos e as doenças que prejudicariam nossas lavouras e as plantas silvestres das quais cuidamos. Os povos antigos das ilhas britânicas utilizavam diversas fogueiras e práticas com o fogo para garantir que seu gado e milho se mantivessem saudáveis e livres de enfermidades.

Você precisará de:

- Tochas: usamos tochas de bambu encontradas em lojas de material de construção
- Um balde d'água por perto, caso alguém deixe cair uma tocha
- Um tambor
- Instrumentos musicais ou itens que façam barulho (isso inclui a própria boca)

Reúna um bando alegre de foliões. Certifique-se de que todos estejam sãos de corpo e mente, de forma que ninguém decida fazer gracinhas com as tochas acesas. Verifique também que todas as pessoas com cabelo comprido estejam com as madeixas presas para trás, de modo seguro. Em alguns lugares, apenas uma pessoa segura a tocha e o grupo a segue alegremente. Acenda sua tocha enquanto os demais exclamam: "Banimos as doenças tão alto e forte quanto possível!".

Se der, consiga alguém para tocar um tambor. Isso ajuda muito com a cantoria conforme o grupo marcha em torno do terreno ou do jardim, afugentando todos os espíritos maus que afetariam suas plantas e trariam doenças. Em muitas tradições mágicas e populares ao redor do mundo, os sons altos, como os de cornetas, tambores, sinos e gongos, assustam os maus espíritos. Se tiver crianças por perto, dê a elas chaleiras, frigideiras e colheres de pau para fazerem barulho. Essa é uma maneira excelente de envolvê-las no ritual de proteção ao jardim.

Feitiço I:
Feitiço para Pedir Madeira ao Sabugueiro

Do ponto de vista espiritual, poucas plantas são tão perigosas de colher quanto o sabugueiro. As lendas dizem que o espírito de uma bruxa vive em cada sabugueiro e causará muitos infortúnios se você retirar parte dela sem pedir sua permissão de maneira apropriada. Esse encantamento da Baixa Saxônia era repetido três vezes, de joelhos e com as mãos unidas:

Velha Senhora,
Dá-me um pouco da tua madeira.
Dar-te-ei um pouco da minha,
quando ela crescer na floresta*.

Gosto de usar esse encantamento durante a colheita. Adaptei-o para que rime e possa ser encaixado em uma melodia de sua preferência:

Sabugueiro sem fim,
quero seu tronco para mim,
se árvore eu virar, madeira vou lhe dar.

Eu me sento diante desse ser especial e canto a estrofe pelo menos três vezes antes de colher uma parte dele.

Feitiço II:
Feitiço do Amor com Tanchagem

A tanchagem cura muitas de nossas feridas, mas também nos ajuda a responder às perguntas do coração. Ela é usada na Inglaterra para previsões amorosas.

Para saber se um possível pretendente é uma boa pessoa, retire as pequenas flores do caule da tanchagem. Verifique-a no dia seguinte: se alguma flor ainda estiver fresca, isso significa que há boas chances de se relacionar ou se casar com aquela pessoa.

Assim como se faz com o verbasco, dobre o caule da tanchagem à noite. No dia seguinte, veja se ele voltou a ficar reto. Se voltou, isso significa que seu amor verdadeiro com certeza corresponderá aos seus sentimentos.

Se colher nove flores ou folhas da tanchagem e colocá-las debaixo do travesseiro, você sonhará com seu futuro cônjuge na véspera do solstício de verão.

* Friend, Hilderic, Flowers and *Flower Lore*, 39.

Remédio I:
Chá de Artemísia, Camomila e Milefólio para Divinação

Você não precisa de muitas outras plantas quando tem artemísia, camomila e milefólio por perto. As três apresentam um histórico mágico poderoso. Para mim, esse é o melhor chá para lavar instrumentos preditivos, beber antes de dormir e ter sonhos proféticos, ou antes de entrar em transe:

- Uma colher de chá de flores de cada uma das plantas a seguir: artemísia[†], camomila e milefólio

Misture as ervas com as mãos em uma tigela de cerâmica. Concentre-se e faça algumas respirações para limpar a mente. Misture as plantas enquanto foca sua intenção na ajuda que receberá para realizar a previsão.

Ferva um bule d'água e adicione uma colher de chá da mistura das ervas em um infusor ou coador pequeno. Coloque o infusor em uma xícara e encha-a com a água fervendo. Cubra e deixe descansar por dez minutos. Gosto de usar o pires para cobrir a xícara. Tome um gole do chá antes de praticar divinação ou antes de dormir. Depois de frio, ele pode ser usado para lavar bolas de cristal, espelhos e outras ferramentas preditivas, principalmente se você as emprestou para alguém e precisa livrá-las de energias estranhas. Guarde o restante da mistura de ervas em um pote de vidro limpo e etiquetado para uso futuro.

[†] Não use artemísia se estiver grávida ou amamentando.

Remédio II: *Nocino*, o Licor Italiano Sagrado de Nozes Pretas

Faça esse licor lendário na véspera do solstício de verão e sirva no solstício de inverno.

Você precisará de:

- Um pote de conserva limpo com capacidade para 1 L
- Nozes pretas recém-colhidas
- Luvas
- Uma faca afiada
- Vodca
- Três paus de canela
- Uma colher de sopa de cravos-da-índia inteiros
- Uma laranja
- Uma xícara de açúcar mascavo de boa qualidade

Corte as nozes com cuidado, pois elas mancham tudo! Eu uso uma tábua de cortar que já seja marrom-escura, pois as manchas deixadas pelas nozes têm uma cor muito parecida. Eu as corto em quatro partes, formato tradicional para algumas receitas. Coloque-as no pote com a canela, o cravo-da-índia, a laranja cortada e o açúcar. Mexa com vontade. Gosto de deixar o pote do lado de fora de casa na véspera do solstício de verão para ele ser abençoado pelo orvalho. Guarde-o em um local fresco e escuro e coe o líquido. Sirva com gelo no solstício de inverno.

Remédio III:
Óleo de Erva-de-São-João para Nevralgia

A erva-de-são-joão é uma das estrelas da véspera do solstício de verão. As flores amarelas brilham com a glória desse zênite em meio ao poder do sol. Se você mora em uma região onde ela floresce perto dessa época, colha algumas flores nesse dia auspicioso. A planta é ótima para dores nos nervos, e seu óleo extraído rende um remédio maravilhoso de se esfregar na pele para esse fim. Mas lembre-se: ela pode causar fotodermatite em algumas pessoas. Portanto, tente não pegar muito sol depois de aplicar o óleo.

Você precisará de:

- Um pote de vidro limpo
- Azeite de oliva suficiente para encher o pote
- Erva-de-são-joão esmagada em quantidade suficiente para encher o pote

Quando fabrico o óleo, eu quase sempre uso ervas desidratadas para evitar que ele se estrague. Porém, a erva-de-são-joão é a exceção dessa regra. Eu prefiro utilizar a espécie *Hypericum perforatum* nessa receita. Colha a planta do jardim e deixe-a murchar durante a noite. Eu deixo as minhas sobre toalhas limpas em um lugar escondidinho, ao abrigo da luz solar. Isso faz com que um pouco da umidade evapore, mas ao mesmo tempo preserve os delicados óleos que queremos aproveitar no remédio. Corte de modo grosseiro as flores do topo e os botões fechados e permita-se maravilhar com as manchas vermelhas que a erva deixa nos dedos. Cubra o conteúdo com o azeite e exponha ao sol por um dia. Se fizer isso no dia do solstício de verão e o tempo estiver ensolarado, melhor ainda. Depois, mantenha o pote em um lugar quentinho e escuro por quatro semanas, ou até que o óleo fique vermelho. Retire a matéria vegetal com um coador e descarte-a na composteira. Guarde o óleo etiquetado ao abrigo da luz solar. Use para dores nos nervos ou como óleo de massagem para rigidez e dores musculares.

Lammas/Lughnasadh/Michaelmas

Na tradição popular, o Lammas, ou Lughnasadh, era a época em que, no início do outono, aqueciam uma enorme roda de carroça até ficar incandescente. Em seguida, rolavam-na colina abaixo e sua descida era um presságio de como seria a colheita: se livre de obstáculos, isso significava que a colheita seria boa. As rodas de fogo usadas no solstício de verão simbolizavam o movimento do sol no céu, enquanto a roda incandescente de Lughnasadh pode ser entendida como o pôr do sol, descendo das alturas do céu e mergulhando no submundo.

O objetivo dos ritos do Lammas é se preparar para a colheita e conduzir rituais de magia que favoreçam a produção de alimentos saudáveis e um clima agradável para colhê-los. Em Buckinghamshire, as bruxas saíam para os campos antes que a colheita terminasse e corriam por ali montadas em tábuas com cabeça de cavalo. A intenção era que os passos da "cavalgada" traçados no chão afastassem as doenças e evitassem o apodrecimento das plantas, atraindo o desenvolvimento das plantações*. A palavra *Lammas* vem de uma frase em inglês arcaico que significa "massa de pão". Nos primórdios da Igreja Católica, os primeiros pães da temporada eram abençoados durante a missa, prática que remonta a comemorações muito mais antigas. Para nós, o Lammas é um tempo de celebrar a primeira das colheitas, já que este é o primeiro de três festivais de colheita que celebraremos. Essa é a colheita dos brotos.

---

* Howard, *Children of Cain: A Study of Modern Traditional Witches*.

Ritual: Oferenda da Primeira Colheita

Todo ano, colhemos algo no dia 1º de agosto e fazemos uma receita assada para oferecer no que chamamos de Oferenda dos Primeiros Frutos. Historicamente, o pão assado com os primeiros grãos colhidos nesse dia era sagrado e abençoado pelas igrejas. Ele era um amuleto mágico e podia ser despedaçado em um celeiro de armazenamento de grãos para preparar o local e abençoar os grãos que logo seriam guardados ali. O sacrifício talvez seja importante não só pelo ato de se privar de alguma coisa ou sofrer como uma espécie de oferenda, mas na condição de partilha da plenitude e da abundância. O sacrifício é um ato real de gratidão. Ao compartilhar a primeira colheita, oferecemos o que nos sustenta às forças responsáveis por multiplicar o alimento que dá a vida. Qualquer fruta, flor ou semente comestível servirá para esse ritual. Verifique qual é o alimento da época em sua região.

Você precisará de:

- Sua receita favorita de pão (gostamos de usar a de pão de milho)
- Uma fruta, flor ou semente comestível que você tenha colhido (experimente as flores de vara-de-ouro ou as sementes de língua-de-vaca)
- Uma panela de ferro fundido ou um forno holandês
- Velas brancas ou douradas

Prepare tudo para fazer sua receita favorita de pão de milho. Se for usar as flores da vara-de-ouro, substitua um quarto de xícara de farinha da receita por meia xícara de flores da vara-de-ouro bem picadas. Misture bem, derrame o conteúdo em uma assadeira untada com capricho (eu gosto de usar a panela de ferro fundido com manteiga derretida) e leve ao forno.

Enquanto isso, prepare o altar: transforme-o em uma mesa de banquete, quem sabe montando-o sobre sua mesa de jantar. Disponha seu pão recém-assado sobre a mesa e acenda uma vela. Corte-o em fatias e certifique-se de que sejam bem grossas: não tem motivo para ser mão de vaca com o mundo espiritual. Coloque uma fatia de pão em um prato e diga o seguinte:

> Esta é a Oferenda da Primeira Colheita,
> Sentamo-nos maravilhados perante o
> milagre da vida que está diante de nós.
> A Terra nos alimenta e, um dia,
> iremos nós alimentá-la.
> A Roda gira e somos gratos,
> A Roda gira e continuamos dançando,
> A Roda gira e agora é tempo de colher.
> É com esta oferenda que manifestamos nossa gratidão.
> Somos gratos aos Antigos por nos protegerem,
> aos nossos semelhantes de folha e
> osso que nos alimentam,
> Recebam, por favor, esta humilde oferenda.

Aproveite o restante de seu banquete de Lammas, mas deixe a oferenda do lado de fora de casa, para que aqueles que vivem na floresta possam se nutrir dela.

Feitiço I: Encantamento das Nove Ervas para Ferimentos

O Encantamento das Nove Ervas era um feitiço mágico e herbal praticado na Inglaterra anglo-saxã. Em parte, ele era um encantamento pronunciado e, em parte, um remédio herbal feito para tratar infecções e envenenamento. As ervas usadas nesse feitiço são tanchagem, artemísia, camomila, urtiga, macieira-brava, tomilho, betônica, agrião-menor e funcho. Dito isso, existem debates ocasionais sobre a identidade de algumas dessas plantas. O poema também é incrível, porque é uma dentre duas referências conhecidas a Woden (ou Odin), o antigo deus nórdico, na poesia em inglês arcaico.

Esse feitiço está registrado em *The Lacnunga*, um manuscrito anglo-saxão do século XI escrito por volta do ano 1.000 EC. O livro *Leechcraft; Early English Charms, Plant Lore and Healing*, de Stephen Pollington, é uma tradução popular, mas trata-se de apenas uma das muitas traduções de livros antigos repletos de remédios e magia daquele período. O encantamento é longo e deve ser dito até o fim.

Essas ervas foram dadas à humanidade por Odin, ou Woden, para curá-la. Em um mundo onde os demônios e os maus espíritos provocam a maioria das doenças, entendemos por que o feitiço chama o adoecimento de "ameaça que vaga" pela terra:

> Lembra-te, Artemísia, da notícia que espalhaste,
> do que fizeste em Regenmeld.
> Chamaram-te Una, a erva mais antiga,
> Tens poder contra três e contra trinta,
> tens poder contra veneno e contra infecção,
> tens poder contra a abominável ameaça que vaga por sobre
> a terra.
> E tu, tanchagem, mãe das ervas,
> aberta para o Leste, poderosa por dentro.
> Sobre ti carruagens rangeram, sobre ti rainhas cavalgaram,
> sobre ti noivas choraram, sobre ti touros farejaram.
> Resististe a todos eles, irrompeste contra eles.
> Resistes também contra o veneno, a infecção
> e contra a abominável ameaça que vaga por sobre a terra.
> "Stune" é o nome dessa erva que crescia sobre uma pedra,
> ela faz frente ao veneno, ela irrompe contra o veneno,
> ela expulsa aquele que é hostil, ela expulsa o veneno.
> Essa é a erva que lutou contra a serpente,
> ela tem poder contra o veneno, ela tem poder contra a infecção,
> ela tem poder contra a abominável ameaça que vaga por sobre
> a terra.
> Betônica, põe em fuga, abominadora da peçonha, o
> veneno maior,
> embora sejas o menor,

tu, que podes mais, derrotas os venenos menores, até que ele
se cure de ambos.
Lembra-te, camomila, da notícia que espalhaste,
do que fizeste em Alorford,
que jamais um homem deva perder a vida para a infecção
depois de servida a camomila.
Essa é a erva chamada de "Wergulu".
Uma gaivota a trouxe da Costa Leste,
um tormento para o veneno, uma ajuda para os outros.
Ela faz frente à dor, ela irrompe contra o veneno,
ela tem poder contra três e contra trinta,
contra a mão de um diabo e contra ardis poderosos,
contra o feitiço de criaturas más.
Lá a Maçã triunfou contra o veneno
que ela (a serpente abominável) jamais habitaria a casa.
Cerefólio e Funcho, os dois muito poderosos.
Foram criados pelo sábio Senhor,
sagrado nos céus como Ele;
Ele os fez e os enviou para os sete cantos,
aos desgraçados e aos sortudos, para ajudar a todos.

Algumas vezes esta parte é chamada de "Balada dos Nove Ramos de Woden":

Estes nove têm poder contra nove venenos.
Uma minhoca veio rastejando, sem nada matar.
Woden tomou nove ramos de glória,
ele golpeou a víbora que se despedaçou em nove partes.
Agora, essas nove ervas têm poder contra nove maus espíritos,
contra nove venenos e contra nove infecções:
contra o veneno vermelho, contra o veneno odioso,
contra o veneno amarelo, contra o verde,
contra o preto, contra o azul,
contra o marrom, contra o escarlate.
Contra a bolha de verme, contra a bolha d'água,

contra a bolha de espinho, contra a bolha de cardo,
contra a bolha de gelo, contra a bolha de veneno.
Contra os males do ar, contra os males
do chão,
contra os males do mar.
Se algum veneno vier voando do Leste
ou vier do Norte (ou vier do Sul)
ou vier do Oeste junto com o povo.
Woden vigiava as doenças de todo tipo.
Só eu conheço uma fonte de água corrente,
e que as nove víboras tenham cuidado com ela.
Que todas as daninhas brotem como ervas desde as raízes,
que os oceanos se separem, toda a água salgada,
quando eu extrair esse veneno de ti.

O final do feitiço descreve como preparar a pomada:

Artemísia, tanchagem aberta para Leste, agrião menor, betônica, camomila, urtiga, maçã, cerefólio e funcho, sabão velho. Triture as ervas até virarem pó, misture-as com sabão e suco da maçã. Depois, prepare uma pasta com água e cinzas, ferva o funcho com essa pasta e molhe-o em um ovo cru batido antes e depois de aplicar a pomada.

Entoe o feitiço três vezes para cada erva no momento anterior ao seu preparo e faça o mesmo com a maçã. Antes de aplicar a pomada, entoe o mesmo encantamento para a boca do homem, para seus dois ouvidos e depois para a ferida[*].

Você também pode fazer uma pomada conforme as instruções deste livro, usando as Nove Ervas desidratadas. Assim, é possível criar uma pomada segura e com precedentes históricos para usar em feridas pequenas e irritações na pele. Você pode deixar o sabão e o ovo de fora, é claro.

[*] Storms, Godfrid, *Anglo-Saxon Magic* (Alemanha: Springer Netherlands, 2013), 187.

Feitiço II:
Previsões do Amor com Mil-Folhas

Os grandes temas das previsões giram em torno de saúde, riqueza e amor. Essas eram as mesmas preocupações de nossos ancestrais, já que existem muitas previsões do amor feitas ao chacoalhar de um ramo de milefólio. Ao longo da história, ele foi usado para predizer quem seria o futuro amor de alguém ou para saber se uma pessoa era amada de verdade. Nos Apalaches, a planta era inserida no nariz para prever se o verdadeiro amor de alguém correspondia ao seu sentimento: "Mil-folhas de verde cor, que meu nariz sangre agora se me ama o meu amor". Isso me cheira a meter o nariz onde não fui chamada, mas o que não fazemos por amor?

Na Irlanda, o milefólio colhido do túmulo de um homem jovem era ideal para ser usado em uma previsão para o amor[*]. Dormir com um graveto da planta debaixo do travesseiro com certeza faz a pessoa sonhar com o futuro amor, independentemente do local de onde o galhinho tenha sido obtido. Corte as flores do topo antes de dormir e coloque-as debaixo do travesseiro para experimentar esse feitiço.

Remédio I:
Chá de Vara-de-Ouro para Alergia

A vara-de-ouro ilumina os campos no Lammas. A extremidade cheia de flores pesadas se curva em direção à terra, linda e brilhante. Eu colho as flores e as deixo desidratar para fazer chá. A erva é acusada com frequência de ser alérgena, mas ela é um ótimo remédio para combater a alergia provocada por outra planta parecida com ela, a ambrosia. Esta também tem flores amarelas e floresce na mesma época que a vara-de--ouro, na maioria dos locais de clima temperado. Então, confundi-las é compreensível. Para fazer um chá tiro e queda contra as alergias do outono, experimente esta mistura.

---

[*] Mac Coitir, Niall, Ireland's Wild Plants—Myths, Legends & Folklore (Irlanda: Collins Press, 2010).

Você precisará de:

- Uma parte das flores do topo da vara-de-ouro
- Uma parte de flores de sabugueiro
- 1/2 parte de folhas de hortelã-pimenta
- Uma parte de folhas de urtiga

Misture os ingredientes na quantidade desejada em uma tigela de cerâmica ou madeira e reserve uma colher de sopa da m istura. Ferva um bule d'água e adicione uma colher de sopa da mistura para cada duas xícaras de água. Deixe descansar por quinze minutos. Se quiser, adoce com mel e desfrute do chá três vezes por dia enquanto estiver espirrando.

Remédio II:
"Gruitbier" Regional

As *Gruitbiers* são cervejas herbais do passado. Você pode fazer a sua com o que cresce à sua volta, para desfrutar dela como remédio, pelo prazer, ou ambos. Aqui vai minha receita favorita.

Você precisará de:

- Um pote de conserva bem limpo com capacidade para 2 L
- Flores frescas de dente-de-leão
- Ervas frescas de sua preferência (eu gosto de usar hera terrestre, *Glechoma hederacea*), milefólio, erva-cidreira e hortelã
- Mel puro
- Água

Lave bem as mãos. Higienize o pote com água quente e sabão. Colete pelo menos uma xícara bem cheia de flores frescas de dente-de-leão. Elas fornecerão a levedura necessária para fermentar essa bebida mágica. Coloque as flores no pote e pique as outras ervas em pedaços grandes.

Gosto de triturar a hera terrestre e a hortelã. Corte de um quarto a meia xícara de ervas aromáticas ou amargas frescas e adicione-as aos dentes-de-leão. Acrescente duas xícaras de mel e encha o restante do pote com água. Mexa bem com uma colher limpa. Cubra com uma tampa sem fechá-la completamente, para que o gás carbônico produzido pela fermentação possa ser liberado. Eu disponho o pote sobre uma assadeira para o caso de o líquido borbulhar para fora. Isso evita a bagunça. Você pode fazer cerveja "de verdade" comprando leveduras de uma loja, mas eu gosto dessa versão silvestre.

Deixe fermentar por cinco dias, erguendo a tampa de vez em quando para deixar os gases saírem. Experimente a bebida no quinto dia. Ela deve ter um sabor complexo, excitante e levemente efervescente. Nessa etapa, o teor alcóolico é baixíssimo. Você pode desfrutar dessa bebida como se fosse refrigerante caseiro ou deixá-la fermentar por mais tempo. Retire as partes vegetais com um coador e descarte-as na composteira. Continue monitorando a fermentação e experimentando a *Gruitbier*. Quando ela atingir o ponto de sua preferência, refrigere-a para desacelerar a fermentação. Dá para produzir muitos sabores e bebidas fermentadas assim. Só fique de olho para ela não mofar e certifique-se de acrescentar mel suficiente!

Remédio III:
Chá de Raiz de Amoreira-Preta para o Intestino

As raízes da amoreira-preta são um poderoso adstringente. Quando o problema é intestino solto e diarreia, essa planta humilde, porém voraz, está aqui para ajudar. As folhas são ótimas, mas as raízes são o verdadeiro gerador de tanino, uma substância mágica contida na amora-preta e que firma os tecidos e ajuda a tonificar a parede intestinal. Leve ao fogo uma colher de sopa de raiz de amoreira-preta, desidratada e picada, e três xícaras de água. Deixe ferver em fogo baixo até que um terço do líquido tenha evaporado. Beba água entre as xícaras de chá para se manter hidratada até a melhora dos sintomas.

Equinócio de Outono (Mabon)

Os reis tinham uma responsabilidade enorme para com seu povo, que englobava garantir uma boa colheita, um bom clima e livrar a população das pragas e doenças. Eles deveriam ser os provedores do ponto de vista mágico e físico. Na verdade, eram casados com a deusa da terra e, se a desagradassem, todos sofreriam por isso. Nada menos que um sacrifício do próprio corpo dos reis apaziguaria a raiva dela se eles a chateassem.

Sabemos que existiam crenças assim no mundo todo, onde um rei--xamã considerado sagrado era oferecido em sacrifício ao fim de um período específico ou em tempos de crise. Ele era o mediador com o divino, mas nem sempre era um líder teocrático de seu povo. Sua própria posição tinha uma natureza sagrada, se não efêmera.

James George Frazer introduziu a ideia do rei sagrado em seu livro *O Ramo de Ouro*, uma leitura obrigatória para a bruxa estudiosa, na minha opinião. Ele via o rei como uma espécie de representação viva do "deus que morre e renasce", similar às narrativas sobre a vida de muitos deuses na história da humanidade (Osíris, Dionísio e Átis, para citar alguns nomes). Embora as pessoas possam concordar ou não com as ideias de Frazer sobre antropologia e magia, sinto-me tocada por suas suposições conforme assisto à mudança das estações e vejo a história da vida, da morte e do renascimento tomando forma repetidas vezes.

As referências mais longevas ao sacrifício de um monarca parecem vir do encontro entre a mitologia e a história germânica e escandinava. Em *European Paganism*, Ken Dowden fala de uma renovação metafórica do reinado; essa pode ser uma explicação mais realista do que os sacrifícios reais da hipótese de Frazer. Em vez de oferecer o próprio corpo em sacrifício, eles comungariam com os próprios deuses e revelariam seu novo conhecimento como reis renovados que, portanto, renovariam o povo e governariam como "novos" soberanos. Embora a monarquia seja um desastre completo, esse arquétipo do rei está disponível para todas as pessoas que desejarem assumir papéis de liderança e de orientação em vez de apenas mandar nos outros.

Tais ideias do monarca como um deus e vice-versa são muito interessantes. Sejam elas práticas históricas bastante difundidas ou mitos metafóricos que conotam a morte e o renascimento do senhor das colheitas, estamos falando de imagens centrais para essa época do ano. Essas concepções também explicam os estranhos corpos encontrados nos pântanos da Irlanda.

Tudo isso para dizer que sentimos um estranho prazer na reencenação desse sacrifício em forma de peça todo ano. Um ritual em forma de peça teatral. É assim que encenamos o ritual da morte do rei:

Ritual do Sacrifício do Rei

Escolha um rei. Nosso amigo John geralmente tem o azar de perder no par ou ímpar e já foi "sacrificado" em nossas peças em várias ocasiões. Certifique-se de que o papel seja atribuído em igual número de vezes entre as pessoas que participam. É importante dizer que o papel não é destinado a um só gênero e qualquer pessoa com disposição para encená-lo será apropriada. Prepare uma cama para a personagem. Nós usamos uma mesa de massagem coberta com tecido ou uma mesa dobrável firme coberta com nossa toalha de altar favorita. Espalhe frutas da estação em torno e debaixo da mesa para decorá-la. Em nosso caso, enfeitamos o altar com abóboras, buquês grandes de assa-peixe, vara-de-ouro e maçãs.

Vista seu monarca. Nós o enfeitamos com tecidos de cores vibrantes, como bordô, dourado e preto. Formamos uma procissão e seguimos nosso rei até a mesa. Você pode ou não abrir um círculo mágico para esse ritual, mas lembre-se de que ter alguém tocando tambor é um excelente acréscimo para marcar o ritmo da cena. Quando chegarem à mesa, o soberano deve morrer de modo dramático, talvez caindo gentilmente no chão. Todas as pessoas choram e suspiram, pois seu monarca está morto. Deixe-as lamentar o fim do verão, a morte do rei. Essa é uma ocasião triste, mas também de renovação que virá.

Uma pessoa deve cobrir o soberano morto com um pano preto. Quando o grupo estiver pronto, comecem a substituir as exclamações de luto por outras de júbilo. Ergam as mãos para os céus e vejam o rei se levantar mais uma vez. Assim como John Barleycorn* depois de ceifado, o grão deve brotar novamente na primavera. Agora que o grande sacrifício foi recebido, o monarca viverá mais uma vez, renovado, abençoando a terra com fertilidade.

Guie o rei, enrolado em pano preto, até a mesa. Gritem e cantem, pois a terra recebeu a promessa da primavera!

Feitiço I:
Feitiço da Boneca de Raiz de Dente-de-Leão

Entalhar formas humanas em raízes e trabalhar com magia a partir delas é um ato quase universal da magia popular. Usar um objeto com formas humanas para trazer a magia à tona é uma manifestação prática da magia positiva que visa alcançar um objetivo. Com certeza dá para aprontar muito com esse tipo de prática, mas eu a considero ótima para lançar feitiços de cura à distância. Historicamente, as *alrunas*, como se chamam as bonecas feitas com raízes de mandrágora, eram muito populares na Inglaterra e na Alemanha, mas a planta é de difícil acesso para a maioria das pessoas que não vivem no Mediterrâneo ou em outros climas quentes onde ela cresce. Eu gosto de usar as raízes de dente-de-leão para fazer bonecas mágicas, pois elas são um remédio potente e têm muitas ramificações, produzindo formas únicas e apropriadas para esse tipo de magia.

Para fazer uma boneca de raiz de dente-de-leão:

---

* John Barleycorn é uma personagem do folclore britânico e norte-americano. Trata-se de uma personificação da cevada ("barley", em inglês). No poema escrito pelo escocês Robert Burns em 1787, três reis decidem matá-lo, mas ele renasce com a chuva da primavera.

Desenterre uma planta inteira durante a lua nova. Encontre uma que seja robusta e bonita. Mantenha as folhas, mas use uma faca afiada para gravar um pequeno rosto nas raízes, tornando-as parecidas com uma pessoa. Prepare um vaso especial para replantar as raízes em um rico substrato. Eu gosto de queimar artemísia e passar a fumaça pelo vaso primeiro. Se estiver fazendo um boneco para curar meu amigo John, sussurrarei o nome "John" na boca recém-entalhada do boneco. Replante o "John" com cuidado e regue em seguida. Cuide da planta por um mês, prestando atenção para não regar demais. Na próxima lua cheia, desenterre-a de novo. O rostinho gravado nas raízes deve ter cicatrizado. Retire as folhas e lave bem as raízes. Deixe-as secar naturalmente, virando-as de vez em quando para evitar que embolorem. As raízes estarão prontas quando desidratarem e parecerem uma pessoinha enrugada. Faço uma caixa especial só para guardá-las, embrulhadas em um paninho de seda. Aqui vai um exemplo de ritual de cura que eu poderia fazer com ela, para ajudar na reestabelecimento de um amigo que tem algum vício ou comportamento autodestrutivo:

Prepare seu boneco. Certifique-se de que ele esteja limpo e enrolado em um tecido em bom estado. Purifique-o em nome dos quatro elementos. Defume-o com artemísia, passe-o pela chama de uma vela, respingue um pouquinho de água e, por fim, salpique-o com uma pitada de sal. Segure um espelhinho diante do boneco e então diga:

> Meu amigo John, veja o quanto me importo contigo.
> Você é precioso,
> você é amado.
> Invoco os bons espíritos desta terra
> Para te mostrar teu valor,
> E assim como vê teu reflexo neste espelho,
> Você também verá a força e a beleza que contém
> E enfrentará todas as adversidades,
> pedindo ajuda quando precisar;
> Aqui estou, veja como me importo contigo.
> Teu corpo se cura o tempo todo

> Tua mente se cura o tempo todo.
> É meu desejo que esteja em boa saúde,
> que teu coração encontre a felicidade.
> Esse é o meu desejo.

Expire um sopro de vida para o boneco e o embrulhe gentilmente. Deixe-o em um lugar confortável junto de uma pequena oferenda de seu alimento favorito e repita o ritual conforme necessário, de preferência durante o ciclo crescente da lua.

Feitiço II:
Amuleto de Tecido com Ervas para Proteção em Viagens

Para fazer um amuleto que proteja alguém que você ama durante uma viagem, experimente usar esse quadradinho de tecido cheio de ervas protetoras. Pegue um pedaço de tecido preto (gosto de garimpar tecidos de seda, algodão ou linho e de cortá-los para projetos assim). Corte um retângulo que, quando dobrado ao meio, forme um quadrado perfeito, menor do que a palma da mão. Costure duas das laterais, deixando uma extremidade aberta. Desvire.

Escolha um enchimento. Gosto de usar artemísia, alguns espinhos de amoreira-preta removidos com uma tesoura de poda, absinto, erva-de-são-joão e outras plantas historicamente usadas como talismãs. Encha o quadradinho com algumas ervas desidratadas e costure a lateral que faltava. Costumo bordar runas ou outros símbolos de proteção no tecido depois de fechar o saquinho. Mantenha o quadradinho na carteira, na bolsa ou em um de seus bolsos. Se ele rasgar ou for danificado, queime-o e confeccione um novo.

Remédio I:
Chá de Tulsi para os Nervos

O tulsi (*Ocimum sanctum*) é uma erva popular que veio do Sudeste da Ásia. Sagrado na tradição Hindu e conhecido como manjericão-santo, ele é muito fácil de cultivar o ano todo em áreas externas das zonas 10 e 11. No entanto, por ser uma erva anual, seu cultivo acontece em quase todos os lugares. Se for plantada em vaso, então, cresce em qualquer lugar! Amo cultivar grandes quantidades de tulsi a cada ano. Ele tem um longo histórico de uso como erva medicinal e rende um chá delicioso. Existem algumas variedades da espécie, sendo a Kapoor minha favorita. Plante algumas em um vaso com substrato rico e mantenha-o homogeneamente úmido e sob a luz direta do sol. Nesse nosso clima de zona 6 a 7, sempre colho o tulsi inteiro em setembro ou outubro e deixo desidratar para fazer chá no inverno.

Gosto de beber um chá para lidar com a ansiedade. Essa planta é ótima para estresse crônico graças ao seu alto teor de flavonoides*. Para preparar esse chá delicioso e fragrante, faça o seguinte:

Corte um bom punhado de galhos do topo do tulsi (tudo bem se eles tiverem flores) e coloque em um pote de conserva limpo com capacidade para um litro. Derrame quatro xícaras de água fervida sobre a erva e deixe descansar por vinte minutos. Passe o líquido no coador e adoce com mel. Beba até seis xícaras por dia para ansiedade leve e para os nervos.

---

* Tierra, Michael, and Karta Purkh Singh Khalsa, The Way of Ayurvedic Herbs (Lotus Press, 2008).

Remédio II: Tintura de Artemísia-Chinesa para Todos os Males

Já conhecemos o absinto e a artemísia, mas outra espécie que eu amo é a artemísia-chinesa (*Artemisia annua*). Ela tem sementes miudinhas e se vira muito bem em quase todos os lugares na condição de planta anual de semeadura espontânea. Eu a cultivo no jardim e, além do perfume maravilhoso e de poder ser usada na confecção de guirlandas lindas, é uma planta medicinal potente. A artemísia-chinesa tem sido utilizada como antimalárico e antiparasitário e é nativa do Norte da China. Na medicina chinesa, serve para baixar a febre há 2.000 anos. A erva foi inclusive estudada no tratamento contra o coronavírus e se mostrou efetiva na ação contra o vírus da SARS, identificado em 2005, graças a uma substância chamada artemisinina[†].

Você precisará de:

- Um pote de conserva limpo no tamanho de sua preferência
- Artemísia-chinesa fresca picada na hora, o suficiente para encher o pote depois de cortada
- Vodca 40% para cobrir a matéria vegetal

Corte a artemísia-chinesa e ponha no pote. Cubra com a vodca e deixe descansar por um período de quatro a seis semanas. Retire a matéria vegetal com um coador e descarte na composteira. Encha um frasco conta-gotas com a tintura e tome meio conta-gotas de quatro a seis vezes por dia, diluído em água. Use quando suspeitar de uma febre viral, mas não exceda o uso por mais de uma semana. Essa tintura não deve ser consumida durante a gravidez ou amamentação.

[†] Nair, Manoj S., Yaoxing Huang, David A. Fidock, Stephen J. Polyak, Jessica Wagoner, M. J. Towler, and P. J. Weathers, "Artemisia annua L. extracts inhibit the in vitro replication of SARS-CoV-2 and two of its variants", *Journal of Ethnopharmacology 274* (2021): 114016.

Remédio III:
Chá de Folha de Verbasco para Catarro

O verbasco tem muitas utilidades mágicas, mas o poder dessa planta de soltar as secreções respiratórias é um dos mais úteis no outono. Gosto de colher um bom punhado de folhas bonitas e de prepará-las para tratar resfriados e doenças respiratórias que pareçam "presos na garganta". Na erva é possível identificar a presença de saponinas, que podem ser entendidas como um expectorante natural que torna a tosse mais eficiente em seu esforço para expelir secreções dos pulmões. Ela contém mucilagem, uma das palavras mais interessantes na fitoterapia. Mucilagem é uma substância gelatinosa que acalma membranas irritadas — nesse caso, o tecido dos pulmões e da garganta.

Gosto de picar as folhas de verbasco até ter duas ou três colheres de sopa bem cheias. Eu as deixo cozinhar abaixo do ponto de fervura por cinco minutos na boca do fogão. Em seguida, coo o líquido e despejo o chá sobre uma colher de sopa de folhas de hortelã (frescas ou desidratadas). Deixe descansar por dez minutos, coe e adoce o chá com mel, se preferir.

Beba à vontade quando estiver com tosse carregada, para ajudar a soltar e expectorar todo o muco.

Samhain

Estamos na época sombria do ano. Embora os dias ainda sejam quentes, as folhas estão ficando enrugadas e marrons e a base das colinas parece estar em chamas devido às folhas vermelhas, douradas e amarelas. As galinhas começam a botar menos ovos, aconchegando-se umas às outras em busca de calor nas noites cada vez mais frias. As abóboras tornaram-se alaranjadas e já foram todas colhidas. As pimentas vermelhas estão penduradas em cachos nos beirais de casa, desidratando para nos aquecer no inverno. A Mãe Anciã e o Pai Bruxo logo passarão seus dedos gélidos pelo caule verde das varas-de-ouro e das rainhas-dos-prados, deixando-as sem vida e secas, para apodrecerem no solo e alimentarem os brotos do próximo ano.

Nessa época, quando o véu que separa os vivos dos mortos está mais fino, ouvem-se sussurros em cada árvore, e o cheiro do perfume das avós paira no ar. É nesse período que sentimos um arrepio de medo com as sombras estranhas em torno da fogueira e experimentamos o primeiro abraço do frio que nos envolverá nos próximos três meses. Celebramos toda a morte ao nosso redor, pois sabemos que ela será o solo do Ano-Novo quando o sol aquecer nosso rosto mais uma vez.

Nesse período perto do início de novembro, os animais eram abatidos e armazenados para o inverno pelos povos anglo-saxões. Em seus registros datados do século VIII, o Venerável Beda dizia que os saxões pagãos chamavam novembro de *"Blodmonath"*, ou "mês de sangue". O *Blót* também acontecia nessa época, contribuindo para o nome do mês, já que era o período de sacrificar animais aos deuses e obter sua ajuda para sobreviver ao rigoroso inverno que viria pela frente.

Os povos celtas, saxões e nórdicos comemoravam essa época do ano como um momento dedicado aos mortos. O período entre o verão e o inverno faz surgir espíritos errantes e sombras que se movem. A véspera de Todos os Santos, ou Samhain, é uma das três "noites dos espíritos" do ano, quando o véu entre os mundos se torna tênue e os espíritos e as fadas estão particularmente inquietos*. Beltane e a véspera do solstício de verão são as outras duas, como podemos perceber em todo o folclore de proteção herbal que nasceu a partir dessas datas. Proteger o lar de fantasmas errantes, aquecer-se à luz reconfortante da fogueira e sair por aí 'almapenando" de casa em casa, pedindo um agradinho em troca de uma oração para os mortos: todas são práticas que persistem de algum modo até hoje, apesar dos esforços da Igreja para apagar essas tradições.

Ritual: A Ceia Muda

É difícil não deixar o Samhain se instalar no coração como meu sabá ou festival favorito na Roda do Ano. Eu sempre amei e me senti atraída por coisas assustadoras e histórias de fantasmas. Na condição de bruxa, não resisto à sensação de ter um pouquinho de orgulho ao ver o mundo à minha volta se iluminar com abóboras, fantasias, festas e risos, mesmo que muitas pessoas não conheçam a longa história do Samhain ou de suas raízes pagãs. Um dos rituais mais significativos que testemunhei em todos esses anos é o ritual da Ceia Muda.

Uma Ceia Muda exige outro entendimento para a palavra "mudo": silencioso. É uma expressão mais antiga usada geralmente para descrever quem era incapaz de falar, e hoje não é um jeito educado de se referir a uma pessoa portadora desse tipo de deficiência. No entanto, nesse contexto, ela atesta a idade do ritual. Em resumo, trata-se de um jantar oferecido aos mortos e compartilhado com eles no Samhain. Essa refeição é feita em silêncio absoluto, daí o nome Muda. O silêncio cria espaço para os Antigos estarem conosco. Quando fazemos alguma coisa pouco usual ou que vai contra o senso comum, essa contradição — como ficar em silêncio em um jantar normalmente alegre e barulhento — gera um espaço mágico potente que pode ser

---

* Howard, Michael, *Liber Nox: A Traditional Witch's Gramarye* (Reino Unido: Skylight Press, 2014).

utilizado. Em alguns casos, a refeição é uma forma de comungar com os entes queridos que já faleceram. Em outros, o ritual também pode servir de previsão amorosa.

A Ceia Muda em forma de ritual de divinação exige pôr a mesa andando de costas e deixar uma cadeira vazia. Se uma moça fizer isso, a sombra de seu futuro marido apareceria na cadeira vazia durante e refeição. Esse é um costume popular da Inglaterra e de algumas partes da Escócia, que veio parar nos Estados Unidos[†].

Para fazer esse ritual, proceda da seguinte forma:

Reúna os amigos ou faça-o sozinha, como preferir. Prepare a refeição. O cardápio pode incluir o que você quiser, mas uma refeição com alimentos da estação é sempre bem-vinda. Eu gosto de preparar pão de milho com vara-de-ouro e maçãs assadas, já que esses são pratos folclóricos dos mortos ilustres, além de um belo assado do veado que meu amor caçou, ou um bom pedaço de carne da fazenda vizinha. Faço uma salada com as últimas alfaces e verdinhas silvestres do jardim, acompanhada de um vinagrete que leva um oximel, como o do fruto do sabugueiro ou da casca de bétula, misturado com azeite de oliva, sal e pimenta. Também já organizamos esse ritual pedindo que cada convidado traga um prato, o que dá muito certo.

Para começar, dê as boas-vindas aos bons espíritos que vivem à sua volta. Acenda algumas velas para decorar a mesa e toque um sino, tambor ou outro instrumento barulhento três vezes:

> Saudações e boas-vindas às sombras errantes,
> Todos aqueles que têm fome são
> bem-vindos à nossa mesa,
> Encontrem descanso e paz nesse alimento,
> E agradecemos por essa abundância diante de nós.
> Juntem-se a nós, ancestrais e bons amigos,
> e depois partam em segurança.
> Saudações e boas-vindas.

[†] Hand, Wayland D., "Anglo-American Folk Belief and Custom: The Old World's Legacy to the New", *Journal of the Folklore Institute 7*, n. 2/3 (1970): 136-155.

Ponha a mesa andando de costas e alterando a ordem das etapas. É claro que a toalha de mesa deve vir primeiro. Gosto de usar uma de linho preto. Assim que a toalha estiver no lugar, fiquem em silêncio. Em seguida, coloque os copos, depois os talheres e por último os pratos, na tradição da ordem inversa. Quando o último prato estiver na mesa, sirva a refeição, certificando-se de que haja um lugar posto para os mortos com uma cadeira vazia e bons talheres. Ofereça a eles uma porção pequena de cada prato e molho. Deixe que eles provem tudo que for servido.

Sente-se em seu lugar e aproveite a refeição em silêncio. Nós também fazemos o ritual à luz de velas. Perceba as sombras à sua volta; você vê alguma movimentação? Quando terminar, apague as velas e, no escuro, diga:

> Saudações e Até mais,
> Espíritos que se juntaram a nós/mim
> nesta véspera de Todos os Santos.
> Voltem e vão para longe,
> Partam sentindo-se amados e obtenham
> conforto desse alimento.
> Saudações e adeus.

Toque o sino ou o tambor três vezes e acenda todas as luzes. Nós geralmente exclamamos e pulamos de alegria para marcar o fim do ritual e espantar quaisquer espíritos teimosos.

Feitiço I: Feitiço de Proteção com Nabo contra Sombras Errantes

A abóbora é um dos ícones mais reconhecidos da temporada do Halloween. No entanto, as lanternas de Jack eram feitas originalmente com nabo, e não com abóboras. Estas só começaram a ser usadas pelos europeus após sua chegada na América do Norte, onde ela era um alimento básico dos povos indígenas. Antes de as abóboras serem recortadas na forma de rostos e iluminadas com velas acesas na entrada das casas, os nabos eram as lanternas de Jack originais. Essa é uma tradição irlandesa e é muito provável que a prática de recortar rostos contorcidos nas raízes de vegetais tenha chegado aos Estados Unidos com a imigração irlandesa[*]. Escavadas e com uma vela acesa dentro, essas pequenas raízes simulando rostos eram colocadas na soleira das janelas para espantar os maus espíritos[†].

É muito fácil cultivar nabos em climas que experimentam alguns dias mais friozinhos, até mesmo na Flórida! Eu amo comer nabos, mas fazer deles um amuleto também é uma maneira incrível de usar essa planta barata e fácil de cuidar. Para confeccionar uma lanterna de Jack ao estilo clássico, experimente o seguinte:

Pegue um nabo grande, pois quanto menor ele for, mais difícil será escavá-lo. Use uma faca afiada e uma tábua de corte. Corte uma "tampa" no topo do nabo e reserve-a para cobrir a lanterna mais tarde. Com a faca, recorte o interior do nabo, deixando pouco mais de um centímetro junto à casca. Utilize uma colher de metal para remover o conteúdo demarcado. Assim que tiver uma pequena cavidade, você pode escavar o rosto no nabo como faria com uma abóbora. Eu considero uma faca X-Acto ou um estilete muito útil para isso.

Coloque dentro uma velinha de réchaud e acenda-a. Esse amuleto funciona com base na antiga crença de que os espíritos também se assustam com uma cara sinistra, assim como nós. Disponha o nabo sobre um prato ou algum outro tipo de apoio à prova de fogo, posicionando-o na entrada de casa para protegê-la nessa noite em que os espíritos vagam livres por aí.

[*] Smith, Andrew F., The Oxford Companion to American Food and Drink (Oxford University Press, 2007), 269.
[†] Palmer, Kingsley, *Oral folk-tales of Wessex* (David & Charles, 1973), 87–88.

Feitiço II:
Feitiço das Maçãs da Cornualha

A maçã é considerada um símbolo de imortalidade há muito tempo — o que é estranho, já que ela também é lendária como alimento para os mortos. Na mitologia celta, um galho de macieira que tivesse frutos, flores e botões que ainda não se abriram era uma espécie de chave mágica para o submundo. Existem muitas previsões amorosas feitas com a maçã, um fruto tão vermelho quanto o sangue do coração. Espere até a meia-noite e corte-a em nove partes. Leve-os para um quarto escuro com um espelho (pode ser um grande, pendurado na parede, ou um espelhinho de mão.) À meia-noite, comece a comer os pedaços enquanto olha para o espelho. Quando chegar ao nono pedaço, jogue-o para trás, por cima do ombro. O rosto de seu amado deve aparecer no espelho[*]. Se desejar, você também pode jogar um jogo desafiador e mais ou menos perigoso chamado Maçãs de Allantide, que é uma previsão amorosa por si só.

Ele requer maçãs suspensas e se tornou popular na região de Penzance, na Inglaterra, por volta da virada para o século xix. Allantide é outro nome para o Samhain, ou Véspera de Todos os Santos.

Para jogar, faça o seguinte:

Pegue duas ripas de madeira, cada uma com cerca de 45 a cinquenta centímetros de comprimento e mais ou menos dois a quatro centímetros de largura. Pregue-as, formando uma cruz simples. Quatro velas devem ser colocadas na parte de cima de cada braço da cruz, que precisa ser pendurada no teto (geralmente o da cozinha). Em seguida, uma maçã é pendurada em cada braço da cruz por um fio curto.

Assim como se fazia na brincadeira de tirar as maçãs de dentro de uma bacia d'água com a boca, as jovens moças em idade de casar escreviam suas iniciais ou sua "marca" em uma das maçãs, antes de elas serem penduradas na cruz. Na hora de brincar, acendiam-se as velas e os meninos se reuniam debaixo do "lustre" de Allantide. Os garotos se revezavam pulando e tentando alcançar uma maçã com a boca. A melhor

---

[*] Rogers, Nicholas, *Halloween: From Pagan Ritual to Party Night* (Oxford University Press, 2002).

parte do jogo, e o que o torna mais interessante, é que a cera quente pode cair no rosto da pessoa conforme ela tenta morder uma maçã[†]. Brinque com cuidado e, claro, você não precisa separar as pessoas por gênero.

Nós jogamos esse jogo, embora não pulemos. Até hoje, ninguém perdeu um olho. Alguns participantes chegam a usar óculos de proteção, o que dá um ar ainda mais engraçado para um evento que já é muito divertido e bobo.

Remédio I: Elixir com Quadril de Rosa Selvagem para Resfriado e Gripe

As rosas são uma das flores mais amadas pelos humanos. Pense só na importância dada ao ato de oferecê-las à pessoa amada, além do fato de que muita gente adorna a própria pele com tatuagens de rosas. Uma de minhas coletas favoritas no clima frio é a dos quadris de rosa selvagem que pipocam nas colinas no fim do outono e resistem durante todo o inverno onde moramos. Quando achamos que não há mais nada disponível para nos nutrir, sempre há alguma coisa, talvez escondida, esperando. Eu colho esses pequenos frutos, tão parecidos com suas primas maiores da família das maçãs, e os desidrato para fazer chá. Se você tem a sorte de morar em um clima litorâneo, deve ter algumas das variedades de frutos grandes perto de você, como os da *Rosa rugosa*. São grandes o suficiente para fazer geleia!

Eu colho as rosas silvestres invasoras e abundantes. Originária do Leste da Ásia (China, Japão e Coreia), essa planta odiada é muito útil. Seus frutos são alimento para pássaros, corças e outros animais, incluindo os seres humanos! As folhas e as flores dessa espécie (e de todas as espécies de rosa) são úteis para refrescar a pele e curar o fígado.

[†] Kane, Kathryn, "Halloween in Cornwall: Allantide and Allan Apples", The Regency Redingote, The Regency Redingote, 1º nov. 2015, regencyredingote.wordpress.com/2015/10/30/halloween-in-cornwall-allantide-and-allan-apples/.

Você precisará de:

- Duas xícaras de quadris de rosa
- Conhaque
- Mel
- Tecido ou coadores usados na fabricação de queijos
- Um pote de conserva limpo com capacidade para cerca de 500 mL
- Um pote de conserva limpo com capacidade para mais ou menos 1 L

Aqueça delicadamente os quadris de rosa em uma chaleira com água até amolecerem. Usando um liquidificador, bata os frutos com cuidado (se precisar deixá-los esfriar primeiro, tudo bem!). Coe as partes sólidas e guarde o líquido em um pote de conserva limpo. Esvazie a chaleira usada para ferver os quadris de rosa. Meça o volume de líquido coado e despeje-o de novo na chaleira. Aqueça-o e acrescente a mesma medida de mel. Mexa devagar em fogo baixo até que o mel se misture bem.

Você pode usar esse remédio à base d'água como xarope e tomar uma colher de sopa dele para resfriados e gripes, só para obter aquela dose extra de vitamina C. Para fazer o elixir, siga estes passos:

Ponha os pedaços de quadris de rosa que você coou no pote de conserva menor e derrame conhaque sobre eles até cobri-los, ultrapassando-os em cerca de dois centímetros e meio. Acrescente meia xícara de mel. Deixe descansar por um período de duas a quatro semanas, agitando de vez em quando. Quando a tintura estiver pronta, aqueça o pote lentamente em banho-maria para amolecer o mel. Coe o líquido e armazene-o em uma garrafa: aí está um elixir para ser saboreado com gelo e água com gás, ou tomado a colheradas para tratar um resfriado.

Remédio II:
Sálvia para Dor de Garganta

Na medicina popular dos Apalaches, a sálvia é vista como um poderoso antibacteriano e um remédio para dores de garganta. Amo fazer um gargarejo com o chá dela quando tenho uma dor de garganta que não vai embora. Separe duas colheres de sopa bem cheias de sálvia desidratada e despeje sobre elas quatro xícaras de água recém-fervida. Deixe descansar por dez minutos. Adoce com mel e tome pequenos goles para tratar a garganta; ou deixe esfriar e use para fazer gargarejo, sem ingerir.

Uma maneira excelente de conservar e usar a planta é fazer mel infundido com ela. Pegue um pote de conserva com capacidade para aproximadamente um litro; encha até um quarto com sálvia desidratada, de preferência de seu próprio jardim, e cubra com mel até a boca do pote. Mantenha em um local aquecido, mas ao abrigo da luz solar, por um mês. Gosto de infundir o mel perto, mas não muito, do calor suave do fogão à lenha. Dá até para usar a saída de ventilação de um apartamento. Se preferir, você pode acelerar a infusão aquecendo o pote em banho-maria por três horas e depois coando a matéria vegetal. Sempre que precisar, dissolva uma colher de chá desse mel em água quente para tratar a dor de garganta. Ele também fica ótimo adicionado a molhos para salada e marinadas. Que o alimento seja teu remédio!

Remédio III:
Refrigerante Caseiro de Artemísia

Essa bebida é maravilhosa para quem não ingere álcool, embora ela tenha um leve gostinho alcoólico (parecido com o kombucha, então não se esqueça de avisar quem for consumi-la). Essa concocção é perfeita para tomar antes de dormir e impulsionar o trabalho com os sonhos, ou para ajudar na digestão depois de um banquete. Para fazer essa bebida mágica, reúna o seguinte:

- Um pote de conserva limpo, com capacidade para aproximadamente 1 L
- Duas xícaras de artemísia picada (use as folhas e extremidades)
- Duas xícaras de mel
- Nove flores de dente-de-leão

Ponha a artemísia picada dentro do pote transparente. Envolva-a com o mel e complete o restante do pote com água. Adicione as flores de dente-de-leão e mexa com cuidado. Cubra a boca do jarro sem tampá-lo completamente e coloque-o sobre uma assadeira para não fazer sujeira: a fermentação acontece um pouquinho mais rápido do que você imagina e pode fazer o líquido transbordar. Mantenha em algum lugar ao abrigo da luz solar, mas com boa circulação de ar. Deixe fermentar por um período de três a cinco dias, abrindo a tampa de vez em quando para deixar o gás carbônico sair e evitar uma explosão! Assim que você vir bolhas, saberá que o processo está em andamento! Sempre que destampo o pote, uso uma colher limpa (isso é importante para evitar contaminação) para provar, até que o sabor esteja do meu agrado. Coe a artemísia e descarte-a na composteira. Despeje o líquido em uma garrafa bonita e guarde na geladeira por até dois meses. Saboreie a bebida pura ou acrescente água com gás para cortar a doçura. Não beba se estiver grávida ou amamentando.

Conclusão

Vislumbro um futuro muito diferente de nossa realidade atual. Não sei como serão os governos, como os carros vão funcionar, nem mesmo se eles ainda existirão. Tudo que sei é que desejo que todas as pessoas voltem a se sentir em casa em meio à natureza. Sonho com o dia em que as fronteiras que nos trancam dentro de nossos lares e mantém a natureza do lado de fora se dissolverão. Sonho com o dia em que as cercas vivas que a maioria de nós vê do lado de fora incluirão plantas e árvores únicas, que conhecemos pelo nome e consideramos nossas aliadas. Se nunca experimentou ser cuidada pela Terra incrível, complexa, sagrada e especial onde vive, minha esperança é que, após aprender mais como zelar por alguns de seus habitantes, você se perceba menos como uma observadora externa e mais como a personagem principal dessa história de empoderamento na procura pela cura e pela prática da magia que ama.

Na condição de pessoas que lidam com plantas, uma das buscas mais valiosas que podemos empreender é reservar um tempo para conhecermos a história do lugar onde vivemos e para entendermos o que foi preciso para que tivéssemos acesso ao saber vegetal diverso da fitoterapia ocidental e da cura popular norte-americana. Pode parecer desafiador preencher a lacuna entre a herborista que trabalha em sua torre de marfim e a pessoa que reconhece a história singular do lugar onde vive; mas acredito que todo mundo consiga fazer isso com um pouquinho de paciência e humildade, pedindo ajuda sempre que precisar. Minha esperança é que este livro seja uma ferramenta aliada, que ele a ajude a alcançar esses objetivos e a se sentir confortável de novo do lado de fora das quatro paredes, entre as plantas.

Agradecimentos

Espero que este seja o primeiro de muitos livros. A sensação é monumental, assustadora, eletrizante e preciosa. Gostaria de agradecer às muitas pessoas que me apoiaram, seja neste mundo ou no outro, em minha jornada. Agradeço ao meu parceiro amado, Corby, por seu apoio e amor incansáveis, por me dar feedback e encontrar as melhores palavras junto comigo. À minha melhor amiga, Saro, que me apoia em tudo que faço e me dá forças para afirmar minha verdade quando sou autocrítica demais para fazer isso sozinha. Ao meu querido amigo John, que é meu eterno editor e acredita que sou pelo menos uns trinta centímetros mais alta do que realmente sou. Ao meu amado amigo Liam, que ajudou a despertar em mim essa prática viva do folclore. À minha amada amiga Baylen, que acreditou em mim e me ofereceu uma nova vida quando me ensinou a tatuar, além de prover o espaço e o tempo para que isso desse certo. Eu amo todos vocês.

Agradeço aos meus irmãos, Kurt e Will, por me amarem, apesar de eu ser a mais esquisita das irmãs mais velhas, aquela que vocês jamais poderiam ter pedido; e ao meu pai por incutir em mim uma vontade enorme para o trabalho. À toda a minha comunidade de amizades, alianças, companheiros e companheiras que me inspiram e me desafiam a fazer perguntas difíceis e a assumir o compromisso de sempre me esforçar para refletir e melhorar enquanto praticante e pessoa. Este livro não seria possível sem as ideias e o lampejo jogados em uma fogueira por Natasha Yglesias, aquela que veio atrás de mim e me pediu para dar vida a este trabalho.

Agradeço às muitas pessoas invisibilizadas desta terra que habito: os povos indígenas, negros e mestiços, cujo conhecimento me beneficia como herborista popular ocidental. Agradeço aos meus ancestrais por suas tradições herbais, e obrigada por me permitirem viver esta vida linda, dolorosa, perfeita e caótica com a qual fui agraciada. Eu prometo a vocês: não desperdiçarei seu presente. Por fim, mas não menos importante, agradeço ao Mundo Verde Silvestre por me permitir conviver com ele e por curar meu corpo, mente e espírito conforme busco me aproximar de tudo nele, seja planta, arbusto ou árvore.

Rebecca Beyer é a fundadora da Blood and Spicebush School of Old Craft. Ela vive nas montanhas do Oeste da Carolina do Norte, onde gerencia uma propriedade rural e ensina bruxaria tradicional, forrageamento e medicina folclórica dos Apalaches. Possui um bacharelado em Ciências das Plantas e do Solo pela Universidade de Vermont e um mestrado em Estudos dos Apalaches e Sustentabilidade, com foco em Etnobotânica dos Apalaches, pela Universidade Estadual dos Apalaches. Também é membro da Association of Foragers. Ela dedica seus dias a aprender o que seus ancestrais faziam e a encontrar maneiras de compartilhar habilidades tradicionais, ao mesmo tempo em que enfrenta a apropriação cultural e as complexidades da vida no mundo moderno.

MAGICAE
DARKSIDE

MAGICAE é uma marca dedicada aos saberes ancestrais, à magia e ao oculto. Livros que abrem um portal para os segredos da natureza, convidando bruxas, bruxos e aprendizes a embarcar em uma jornada mística de cura e conexão. Encante-se com os poderes das práticas mágicas e encontre a sua essência.

DARKSIDEBOOKS.COM